동아시아의 해부학 전통과
제중원 해부학 교과서

연세의학사총서 10

동아시아 해부학 전통과 제중원 해부학 교과서

연세대학교 의학사연구소 엮음

역사공간

의학은 과학인가? 자연과학은 의학적 문제들에 접근하는 중요한 방법이다. 그러나 그것이 유일한 방법은 아니다. 인간의 질병과 건강을 다루는 의학에는 과학으로만 설명되지 않는 또 다른 차원이 있다. 의학은 진공 속에서 만들어지는 학문이 아니다. 그것은 한 사회의 문화, 제도와 관습, 그리고 이를 뒷받침하는 가치의 영향을 받아 형성된다. 따라서 질병과 건강의 문제를 총체적으로 파악하기 위해서는 이를 과학적 맥락만이 아니라 사회문화적 맥락 속에 위치시킬 필요가 있다. 이는 달리 표현하면 의학을 상대화시켜야 한다는 말과 같다. 어떤 대상을 상대화시키는 가장 좋은 방법은 그것을 역사적 대상으로 만드는 것이다. 의학의 역사, 즉 의학사가 중요한 이유는 바로 여기에 있다.

최근 학제 간 연구, 혹은 융합연구의 필요성이 강조되고 있다. 한층 복잡해진 현대사회의 다양한 문제들을 해결하기 위해서는 기존의 사고틀을 벗어난 새로운 접근법이 요구되기 때문일 것이다. 대표적인 융합학문이 바로 의학이다. 의학 안에는 자연과학뿐 아니라 공학, 사회과학, 인문학, 심지어는 예술까지도 들어 있다. 다만 현대에는 의학을 과학으로만 보는 시각이 우세하여 의학의 융합학문적 성격이 간과되었을 뿐이다. 의학의 융합학문적 성격을 잘 드러내는 중요한 방법은 의학의 역사를 살펴보는 것이다. 의학사는 인간의 건강을 지키고 질병을 극복하기 위해 다양한 영역의 지식과 실천들이 어떻게 의학에 통합되어 왔는가를 잘 보여주고 있다.

그간 한국의 의학사 연구는 개별 연구자들의 노력으로 괄목할 만한 성과를 이루어왔다. 그렇지만 학문은 개인의 창조적 역량에 의해서만이 아니라 개별 연구자들의 역량이 조직적으로 결집됨으로써 더욱 비약적인 발전을 할 수 있다. 연세대학교 의학사연구소는 한국의 의학사 연구의 구심점이 되기 위해 2008년 5월 국내 최초이자 유일의 의학사 전문연구기관으로 출범하였다. 의학사연구소는 의학에 대한 역사적 연구를 통해 현대 한국사회에서 의료가 처한 현실을 역사적인 관점에서 파악하고, 근본적인 문제점을 진단하여 그에 대한 대안적 성찰을 내어놓음으로써 의료가 한국사회의 현실 속에서 올바로 자리 잡을 수 있도록 하는 데에 기여하고자 한다. 또한 이러한 실천적 지향을 넘어서 다양한 시대, 다양한 문화권의 의학사에 대한 폭넓은 연구를 통해 인간과 사회에 대한 다채롭고 풍요로운 이해에도 도움이 되고자 한다.

연세의학사총서는 의학사연구소가 지향하는 이러한 연구의 성과들을 담아내는 기획물이 될 것이다. 이 총서가 앞으로 의학사 분야의 학문적 발전만이 아니라 이 사회를 보다 건강하게 만드는 데에도 기여할 수 있기를 희망한다.

연세대학교 의학사연구소 소장 여인석

책머리에

이 책은 2018년 9월 18일 연세대학교 의학사연구소와 국립한글박물관이 공동으로 개최한 학술행사에서 발표된 논문들을 모아 펴낸 것입니다. 이 학술행사는 한글박물관이 그간 제중원에서 발간한 한글 해부학 교과서 세 권에 대한 해제와 자료화 작업을 마무리하고 그 연장선상에서 기획한 전시회 '나는 몸이로소이다'(2018. 7. 19.-10. 14.)와 함께 이루어졌습니다. 이 기획전은 단순히 우리나라 해부학의 수용 역사에 대한 전시가 아니라 '한글'이라는 문자체계를 매개로 인체에 대한 새로운 지식이 수용되고 토착화되는 과정을 입체적으로 보여주는 뛰어난 전시회였습니다. 함께 발간된 도록에는 보기 어려운 귀중한 자료들이 한자리에 모여 있어 대중적으로 흥미로울 뿐 아니라 학문적으로도 유용한 자료집입니다. 규슈대학교 명예교수이자 이 책에 글을 기고해주신 미헬 교수는 일본이었다면 이 정도 알찬 내용의 전시회는 전국에 순회전시를 했을 것이라며, 이처럼 훌륭한 내용의 전시회가 짧은 기간 한글박물관에서만 열린다는 사실을 너무 안타까워하였습니다.

이 전시회가 열리는 기간에 기획전시와 관련하여 '동아시아의 해부학 전통과 수용'을 주제로 학술행사를 개최했고 다소 늦어지긴 했지만, 그 성과물을 이렇게 출판할 수 있게 된 것은 무척 의미 있는 일이라고 생각합니다. 사실 동아시아 각국의 해부학 수용이란 주제는 이미 많은 연구자들이 다룬 바 있습니다. 그러나 이를 동아시아 각국의 비교연구와 특히 한글이란 문자체계의 관점에서 조명한 경우는 처음이 아닐까 합니다.

흔히 언어는 인간이란 종의 가장 큰 특징이라고 합니다. 물론 다른 동물도 언어와 유사한 방식으로 소통하는 경우도 있습니다. 그러나 언어를 기록하는 문자의 발명은 인간만이 해낸 일입니다. 문자를 통해 지식의 축적이 이루어지고 이를 통해 문명의 발전이 가능해졌습니다. 문화의 우열을 논하는 것은 시대착오적이지만, 문명의 우열은 비교적 객관적 기준을 통해 판단할 수 있다고 생각합니다. 그 기준의 하나가 해당 문명권의 언어로 축적된 지식의 양과 질입니다. 오늘날 영어문명권이 세계를 이끌어가는 중요한 이유는 영어로 축적된, 그리고 생산되고 있는 지식과 정보의 양과 질에 있습니다.

한글은 우리의 자랑스러운 문화유산이며 문자체계로서 한글이 가지는 우수성은 누구나가 인정하는 사실입니다. 그러나 문자체계로서 한글이 가지는 우수성은 한글로 기록된 고급 정보와 지식, 그리고 아름다운 문학 작품들이 많을 때 더욱 빛을 발할 것입니다. 특히 문학작품은 한 언어가 가지는 아름다움과 그 가능성을 최대한 표현한다는 점에서 그 중요성이 큽니다. 셰익스피어와 괴테의 작품이 영어와 독일어의 발전에 미친 영향, 칸트의 저작이 독일어가 철학의 언어로 자리 잡는 데 미친 커다란 영향을 우리는 잘 알고 있습니다.

한글 창제 이후 한글로 기록된 많은 문학 작품들이 한국어를 풍부하게 만드는 데 크게 기여했으며, 이를 가능하게 만들었던 분들에게 우리는 깊이 감사하는 마음을 품고 있습니다. 그렇지만 아쉽게도 과학 언어로서 한국어가 가지는 가능성과 기여에 대해서, 그리고 이를 위해 노력해왔던 분들의 노고에 대해 우리가 가지는 관심과 아는 바는 너무나 적습니다.

조금 다른 이야기를 해보겠습니다. 2000년 이후 일본인으로 과학 분야에서 노벨상을 받은 사람은 18명에 달합니다(2000년 이전은 5명). 매년 1명꼴입니다. 흔히 일본도 우리와 유사하게 입시 위주의 주입식 교육을 하고 있다고 알고 있는데, 어떻게 이런 일이 가능했을까요? 그에 대해 여러 가지 설명이 가능하겠지만, 저는 한 일본 과학 기자의 설명에 크게 공감했습니다. 그의 설명은 간단합니다. 일본어로 축적된 고급 과학지식이 많았기 때문이라는 것입니다. 자기만의 독창적인 연구를 하기 위해서는 기존의 지식을 충분히, 정확하게 습득하는 과정이 선행되어야 합니다. 이 과정을 모국어로 밟는 일본인과 외국어로 된, 소위 '원서'로 느리게, 때로는 부정확하게 이해하는 시행착오를 거치며 밟아가는 한국인 사이에 차이가 생기는 것은 당연합니다. 그리고 그 결과가 노벨상에서 23 대 0이라는 객관적 수치 차이로 나타난 사실을 우리는 불편하지만 인정하지 않을 수 없습니다.

모국어로 과학지식을 쌓아가는 일은 이처럼 중요합니다. 백여 년 전, 서양의학이란 새로운 과학지식을 한국어로 된 지식체계 안에 쌓아가는 일을 처음으로 시작한 선구자들이 있었습니다. 그러나 불행히도 그들의 존재와 업적은 극소수의 한국의학사 연구자들 외에는 아는 사람이 거의 없습니다. 아무쪼록 이 책의 발간이 이들 선구자를 기억하고, 그들의 작업이 가지는 역사적 맥락과 과학 언어로서 한국어의 발전 가능성을 되짚어보는 계기가 되기를 바랍니다.

이러한 성과를 발표할 기회를 제공해준 국립한글박물관과 무엇보다 훌륭한 글을 기고해주신 선생님들께 깊이 감사드립니다. 마지막으로 이 책에 좋은 논문을 기고했을 뿐만 아니라 학술행사 이후 발표된 논문들을 모아 편집하고 지금의 모습으로 나오는 데 수고를 아끼지 않은 김영수 교수에게 깊은 고마움의 마음을 전합니다.

2021년 3월

연세대학교 의학사연구소장 여인석

일러두기

❖ 이 책에 실린 글은 아래의 글을 수정·보완한 것이다.

- 고은숙, 「최초의 한글 해부학 교과서 『해부학』(1906)의 서지와 번역 특성 고찰」, 『연세의사학』 21-2, 2018.
- 김대기, 「전근대 중국의 해부와 신체관」, 『연세의사학』 21-2, 2018.
- 김성수, 「일본의 해부학 수용 초기의 특성」『해체신서(解體新書)』와 『중정해체신서(重訂解體新書)』에 나타난 세계와 인체」, 『연세의사학』 21-2, 2018.
- 김영수, 「일본의 해부학 서적 번역과 한말 해부학 교과서」, 『연세의사학』 21-2, 2018.
- 신규환, 「식민지 체질인류학적 해부학 지식의 지적 계보: '생체계측학'적 연구방법론을 중심으로」, 『연세의사학』 23-2, 2020.
- 이기복, 「동아시아 의학사 연구 방법론에 대한 비판적 시론: 이분법의 서사 및 저편의 "전통"을 넘어서」, 『의사학』 29-2, 2020.
- Wolfgang Michel−Zaitsu, "Exploring the "Inner Landscapes": the Kaitai shinsho (1774) and Its Prehistory," 『연세의사학』 21-2, 2018.

❖ 이 책에서는 국립국어원 외래어 표기법에 따라 외국어를 표기하였다.

차례

4 발간사

6 책머리에

1부 **동아시아 해부학 전통**

14 전근대 중국의 해부와 신체관 — 김대기

37 '내경(內景)'을 탐구하다: 『해체신서』와 그 전사(前史) — 미헬-자이쓰 볼프강(Wolfgang Michel-Zaitsu)

65 일본의 해부학 수용 초기의 특성: 『해체신서』와 『중정해체신서』에 나타난 세계와 인체 — 김성수

101 식민지 체질인류학적 해부학 지식의 지적 계보: 생체계측학적 연구방법론을 중심으로 — 신규환

127 동아시아 의학사 연구방법론에 대한 비판적 시론: 해부학 관련 역사서술을 중심으로 — 이기복

2부 **제중원 한글 해부학 교과서**

184 일본의 해부학 서적 번역과 한말 해부학 교과서 — 김영수

211 최초의 한글 해부학 교과서 『해부학』(1906)의 서지와 번역 특성 고찰 — 고은숙

241 제중원 의학 교과서의 의학사적 의미 — 여인석

265 찾아보기

1부

동아시아 해부학 전통

전근대 중국의 해부와 신체관

김대기

1. 머리말

중국에서 신체 해부의 기원은 오래되었는데, '해부解剖'라는 용어는 문헌상으로 『영추靈樞』에서 처음으로 보인다. 해부를 하였다는 최초의 기록은 『사기史記』 편작창공열전扁鵲倉公列傳[1]에 보이는데, 유부兪跗라는 의사가 배를 갈라 치료하였다고 한다. 다음으로 『한서漢書』 왕망전王莽傳(기원후 16년 10월)[2]에도 해부를 한 기록이 보인다.

그러나 전근대시기 중국에서 신체를 해부하는 것은 그 대상이 살아 있는 사람이든 죽은 사람이든 도덕적으로 금기시되었을 뿐만 아니라, 형률로써도 엄격히 금지하였다. 이렇다 보니 전반적으로 해부학적 지식의 발전은 제한적이었다고 볼 수 있다. 명말 청초 서양 선교사들에 의해, 그리고 아편전쟁 이후 서양 각국이 5개 개항장을 중심으로 의원과 의학교를 설

1 『史記』 卷105, 扁鵲倉公列傳45.

2 『漢書』 卷99中, 「王莽傳」 第69中, 天鳳 3년 10월조.

립하면서 서양 해부학을 접할 수 있는 기회가 확대되었다.

전근대시기 중국의 해부학적 지식의 변화를 가장 가시적으로 확인할 수 있는 방법은 각종 서적류에 등장하는 신체도를 비교·분석하는 것이다. 이 글에서는 고대부터 청대까지로 한정하여 각종 서적에 그려진 신체도와 이를 통한 해부학적 인식의 변화를 살펴보고, 명말 청초 이후 서양 해부학이 중국에 수용되는 과정을 살펴보고자 한다.

2. 고대의 해부와 도교적 신체관

『황제내경黃帝內經』에서 장부臟腑란 오장육부를 가리키는데, 여기에 단중膻中을 더하여 12장기(육장육부)를 이룬다. 『황제내경』에서 오장이 주로 나오는 것은 오행과 일치시키기 위해서이고, 12장기를 말한 것은 1년 12달에 상응시키기 위한 것이다. 오장은 자연의 질서와 상응하여 다양한 형태와 기능을 지닌 것으로 이해했으며, 육부 역시 마찬가지다. 대체로 오장은 정기精氣를 저장하는 기능을 하며, 육부는 수곡(水穀: 음식물)을 운반하고 소화시키는 것으로 이해했다. 또한 『황제내경』의 장부에 대한 인식은 국가 관료지배체제 관념이 투영되어 있다.

표 1 『황제내경』 장부 인식

장부	위계	역할
심(心)	군주	신명(神明)
폐(肺)	재상	치절(治節)
간(肝)	장군	모려(謀慮)
담(膽)	중정	결단(決斷)

해부에 대한 최초 기록인 『사기』 편작창공열전에는 유부라는 의사가 환자의 병의 징후를 보고 오장에 있는 수혈의 모양에 따라 피부를 가르고 살을 열어 막힌 맥脈을 통하게 하고 끊어진 힘줄을 잇고, 척수와 뇌수를 누

르고 고황과 횡격막을 바로 하고, 장과 위를 씻어내고 오장을 씻어내어 정기를 다스리고 신체를 바꾸어 놓았다고 한다. 『한서』 왕망전에는, "적의당翟義党 왕손경王孫慶이 잡혔을 때 왕망은 태의, 상방 그리고 교도에게 명하여 그를 해부한 후 오장과 육부를 측량하게 하였고, 가느다란 대나무 가지로써 그 맥을 통하게 하여 처음과 끝을 알면 병을 치료할 수 있다고 하였다"는 기록이 있다. 그러나 이때 해부를 통하여 얻은 지식이 그림으로 전하지 않아 해부학적 수준을 가늠하기는 어렵다. 그러므로 당시의 해부학적 수준을 판단하는 데 신체도身體圖는 결정적 단서가 된다.

중국 고대의 신체도[3]는 의가醫家와 도가道家에서 연원한다. 당唐 이전의 신체도의 경우, 의서에 포함된 것은 현재 서목書目으로만 확인되고 있고,[4] 다만 『도장道藏』에 수록된 몇 폭의 신체도가 전해질 뿐이다.[5] 『도장』에 수록되어 있는 그림은 모두 도교 존사사상存思思想의 영향을 받아 각 장부의

---

3 신체도는 그린 내용과 전하는 의서에 따라 이름이 다양하다. 먼저 신체의 내부, 즉 배를 가르고 그 속의 내장을 위주로 그린 그림을 내장도(內臟圖), 내경도(內景圖), 내조도(內照圖), 오장도(五臟圖), 장부도(臟腑圖) 등으로 칭하며, 그림의 각도에 따라 정면도, 배면도, 측면도 등으로 세분된다. 두 번째로 신체의 경맥(經脈)을 위주로 그린 그림으로서 침구법(針灸法)에 주로 사용되는 그림이 있는데, 이를 명당도(明堂圖)라 하며, 진맥을 중심으로 그린 그림을 맥결도(脈訣圖)라 한다. 이 글에서는 편의상 신체도(身體圖)라 통칭하겠다.

4 黃帝十二經脈明堂五臟人圖(『隋書』 卷34 志29 經籍3. 『舊唐書』 卷47 志27 經籍下와 『新唐書』 권59 志49 藝文3에는 '人'字가 없다); 華陀玄門脈訣內照圖(『崇文書目』 卷1); 孫思邈, 五藏旁通明鑑圖; 裵王庭, 五色旁通五藏圖(『宋史』 卷207 志160 藝文6 醫書類). 명대 이전의 신체도에 대해서는 靳士英, 「明堂圖考」, 『中華醫史雜誌』 21-3, 1991; 「五臟圖」, 『中華醫史雜誌』 24-2, 1994를 참조하였다.

5 황정오장도(黃庭五臟圖), 황정오장내경도(黃庭五臟內景圖), 황정내경오장육부도(黃庭內景五臟六腑圖), 황정내경오장육부보사도(黃庭內景五臟六腑補瀉圖) 등이 있다.

그림 1 『의방유취』에 수록된 오장도

신神과 동물을 그린 것으로, 오늘날의 해부학적 신체도와는 차이가 있다.[6] 이들 그림은 『의방유취醫方類聚』의 오장도(五臟圖, 그림 1)와 서로 같은 계통

6 '존사(存思)'란 도교에서 일찍부터 발달한 내단수련법(內丹修鍊法)의 일종으로 체내 장기들을 신(神)에 비유하고 그 체내신(體內神)의 이미지를 명상함으로써 도교의 구원관인 불로장생을 이루려는 것으로 노자 이래 추상적이고 단순한 형태에서 출발하여 『황정내경경(黃庭內景經)』에서 구체적이고 복합적인 존사수련법(存思修鍊法)으로 발전하였다. 金義正, 「『黃庭內景經』의 修鍊法: 存思」, 『道教와 生命思想』, 한국도교문화학회 엮음, 國學資料院, 1998, 278-280쪽.

의 것으로 보인다.

오대五代 시기(10세기 전반)에는 연진인燕眞人[7]이 그린 연라도烟蘿圖가 있다. 이 그림은 『도장道藏 · 수진십서修眞十書 · 잡저첩경雜著捷徑』에 수록되어 있다. 『수진십서』는 남송의 석태石泰가 편찬한 것으로 연라자의 체각가体殼歌 여러 편을 수록하면서 그림 6폭[8]을 함께 실었다. 내경우측도는 간담肝膽을 횡격막 위쪽에 위치시켰으며, 척추[髓道]가 금관金關: 精道과 연결되어 있다. 내경정면도는 간비肝脾의 형상이 기본적으로 정확하나, 간의 위치가 좌측이고 비의 위치가 우측으로 되어 있다. 내경배면도는 좌신우명문左腎右命門으로 되어 있다. 수부도와 조진도는 도가의 수련도로서 해부학적 의의는 없다. 좌측도와 우측도는 도가의 수련적 의미를 나타내는 그림과 혈위를 그린 것 외에 횡격막 위에 기관 · 폐 · 심 · 간담 그리고 횡격막 아래에는 좌신우명문을 그렸다. 또한 척추 24마디와 척추가 직접 금관(정도)을 통하도록 그렸다. 정 · 배면도는 간비의 위치가 좌우로 바뀐 것 외에 나머지 장부의 관계는 모두 정확하다.

---

7 『왕옥산지(王屋山志)』에 따르면 호는 연라자(烟蘿子)이며 후진(後晉) 천복(天福) 연간(936–943)의 인물이라고 되어 있으며, 『회경부지(懷慶府志)』 권8에 따르면 연라자의 성은 연(燕)이며 그 이름은 알 수 없고 후진 천복 연간의 인물이라고 되어 있다.

8 연라자수부도(烟蘿子首部圖), 연라자조진도(烟蘿子朝眞圖), 내경좌측도(內景左側圖), 내경우측도(內景右側圖), 내경정면도(內景正面圖), 내경배면도(內景背面圖) 6폭으로 구성되어 있다.

3. 송대~명대 실증적 해부와 이학(理學)적 사고의 투영[9]

신체도는 당 이후 북송시기를 전후하여 크게 변화한다. 이 시기에 행해진 두 차례의 해부활동은 구희범오장도歐希范五臟圖와 존진도存眞圖가 탄생하는 바탕이 되었다. 1045년(북송 경력 5년)에는 구희범과 그 무리가 사형되는 사건이 있었다. 관청에서는 의사와 화공을 불러 이들 시체의 배를 가르고 내부를 그리게 하였다고 한다. 이 그림은 현재 전하지 않고 있는데, 양개楊介의 존진도가 일찍이 이것을 저본으로 하였다고 한다.[10]

일본 가마쿠라鎌倉시대 의사인 가지와라 쇼젠梶原性全(1266-1337)이 지은 『돈의초頓醫鈔』(1304)와 『만안방萬安方』(1315)에 오장육부형五臟六府形 9폭이 실려 있는데, 이는 구희범오장도를 저본으로 한 것으로 보인다. 그렇게 보는 이유는 그림을 설명한 부분이 존진도에 서술되어 있는 것과 상당 부분 비슷하기 때문이다. 또 하나는 가마쿠라시대 일본에는 신체 해부를 한 사실이 없고, 1754년에 이르러서야 야마와키 도요山脇東洋가 처음 신체 해부

---

9 3절은 김대기, 「明 後期 醫學者의 身體觀」, 『江原史學』 21, 2006을 일부 수정한 것이다.

10 송 숭녕(崇寧) 연간(1102-1106)에 사주(泗州)에서 도적을 참형하고 군수 이이행(李夷行)이 의사와 화공을 보내 그들의 시체를 해부하고 그림으로 그리게 하여 상세한 사항을 얻었다. 양개(楊介)가 고서(古書)와 비교해 보니 다른 바가 적지 않고 구희범오장도에 비해 더 나아 의사들에게 실로 보탬이 있었다 한다. 1113년(政和 3) 존진환중도(存眞環中圖) 서(序)에 보면 "양개가 실제로 오장을 보고 그린 그림(繪)을 바탕으로 그림(圖)을 그렸는데, 연라자(烟蘿子)의 그림을 바탕으로 해서 그 그림을 분석·수정하고 여기에다 십이경을 더하여 존진환중도라 이름하였다"고 되어 있다. 여기에 따르면 존진환중도는 존진도가 있고 적어도 7년 이후에 나온 것으로 양개가 연라도(烟蘿圖) 등을 이용하여 수정하고 이십경맥도(十二經脈圖)를 더하여 오장내경(五臟內景)과 경맥주행도(經脈走行圖)가 있는 저작을 만든 것으로 볼 수 있다. 이영택, 「우리나라에서 實用되어 온 人體解剖圖」, 『서울대학교 논문집 자연과학편』 5, 1957.

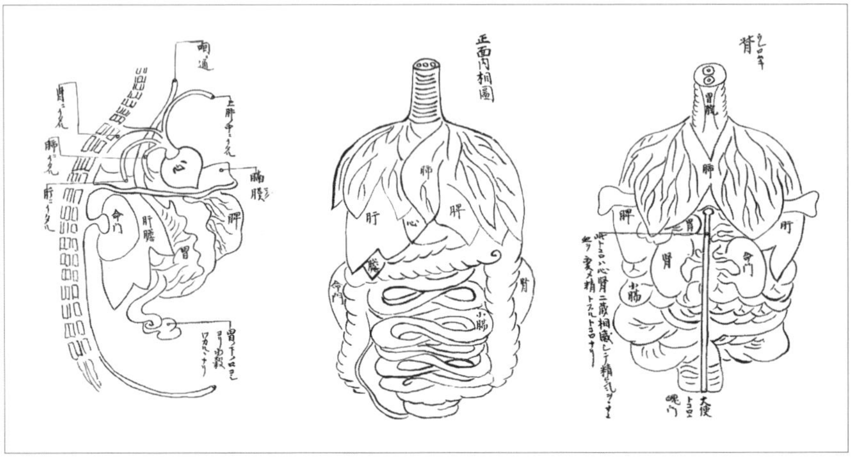

그림 2 『만안방』에 수록된 구희범오장도

를 실시하였기에,[11] 이 그림들은 분명 중국에서 전해진 것일 가능성이 높기 때문이다.

이 신체도들은 실증적 해부지식을 바탕으로 하여 기존의 도교적 색채를 탈피하고 오늘날의 해부학적 신체도에 보다 가까워졌다. 존진도가 세상에 나온 이후 많은 의사들이 장부의 중요성을 인식하게 되었고 신체도는 세 방면으로 분화되었다.[12] 명대 『의학입문醫學入門』(1575)의 장부도臟腑圖,

11 김성수·신규환, 『몸으로 세계를 보다: 동아시아 해부학의 성립과 발전』, 서울대학교출판문화원, 2017, 61쪽.

12 먼저 명당도(明堂圖) 속에 내경도(內景圖)가 포함된 것인데, 침구명당도(鍼灸明堂圖) 속에 장부도(臟腑圖)가 더해진 것은 이미 그 이전에도 있었지만(전하지 않음), 송대 이후 시작되었다고 볼 수 있다. 송대 양개의 존진환중도가 먼저 있고, 그 후 주굉(朱肱)의 내외이경도(內外二景圖)(1118)가 있었다. 둘째, 맥결(脈訣) 속에 포함된 내조도(內照圖)이다. 1095년 심수(沈銖)의 화타현문맥결내조도(華陀玄門脈訣內照圖)에 부록된 오장도(五臟圖)는 근거를 알 수 없지만, 원대 손환(孫煥)이 중간(重刊)한 현문맥결내조도(玄門脈訣內照

『만병회춘萬病回春』(1587)의 측신인도側身人圖, 공거중龔居中이 지은 『만수단서萬壽丹書』(1630)의 장부편臟腑篇이 모두 존진도에서 유래하였다.

그러나 이러한 변화 이후 중국에서의 해부학은 서양의 해부학 지식이 들어오기 전까지 큰 변화가 없었다. 그 원인은 의학자들에게만 있었던 것이 아니라 전통적으로 중국의 학자들에게 궁리의 대상은 형태학적 신체보다는 세상의 도道와 인간의 마음에 더 비중이 컸기 때문일 것이다. 혹 자연을 연구한다 하더라도 물리적 탐구로서 접근하기보다는, 천인상응의 관점에서 인간을 보다 잘 이해하고 더 나아가 마음을 깨치게 할 수 있다고 믿은 측면이 강하였기 때문일 것이다. 이러한 사상적 경향으로 『영추』, 『갑을경』, 『사기정의』 및 송대 이후 신체의 형태 해부에 관하여 기술한 많은 저작이 있지만, 이들은 기관의 대소와 중량을 측정하는 데 중점을 두었을 뿐, 계통과 조밀의 정도를 밝히는 데에는 제한적이었다. 왜냐하면 그들은 만물은 기로부터 생겨나는데, 기는 무형적인 것이어서 구조분석성이 없다고 여겼기 때문이다.[13]

전근대 중국의 의학자들은 인간의 신체도 천지의 기氣로부터 생겨난 것으로 이해했으며, 그들에게 신체는 끊임없이 기가 유동하는 '기 흐름의 공

圖, 1273)는 존진도(存眞圖)로서 원래의 장부도를 대신하였다. 셋째 장부신형 속에 포함된 오장도이다. 존진도가 나온 이후 기초의학과 임상의료의 지도로서 의서 속에 오장도가 포함되었다. 靳士英, 「五臟圖考」, 74쪽.

13 常存庫中, 「西醫解剖思想中的價值觀比較」, 『中華醫史雜誌』 19-1, 1989, 44-45쪽. 이러한 견해에 대한 반론도 있다. 중국의학자들의 신체에 대한 인식이 역사적으로 하나의 계통으로만 이어져 온 것은 아니다. 신체에 대하여 물질적·구조적 인식도 존재하였다. 이기복, 「동아시아 의학사 연구 방법론에 대한 비판적 시론: 이분법의 서사 및 저편의 "전통"을 넘어서」, 『의사학』 29-2, 2020 참조.

간[場]'이었다.[14] 곧 생명의 본질은 기의 흐름이었기에 체내와 체외 사이, 그리고 체내에서 기의 승강출입升降出入이 정지된 상태를 죽음이라고 보았다. 이러한 방식으로 신체를 이해하였으므로 중국의학에서는 해부를 그다지 중시하지 않았던 것이다. 바꾸어 말하면 인간의 시체는 기의 승강출입이 정지된 것이므로 그것을 통해 생명을 이해하는 데 제한적이라고 믿었고, 그래서 해부는 단순히 장부의 대소와 중량을 확인하는 의미밖에 지니지 못했던 것이다. 그리하여 중국 전통의학에서는 『난경·사십이난』에서 오장육부에 대한 해부학적 관찰 내용을 중량·길이·폭·형태 등을 구체적으로 서술한 이래로, 그 내용이 후대 의서에까지 계속 커다란 진전 없이 전재되었던 것이다.[15]

명대에 들어오면 이전 시대까지의 다양한 의학지식이 계통화·규범화·이론화되었고, 여러 의학사 문헌에 대한 정리·교정·주석 및 응용이 이루어졌다. 이 과정에서 형태해부학적 서술 외에 장부에 대한 묘사가 시도됨으로써 신체도가 여러 의서에 수록되기 시작하였다. 침구서인 『침구취영』(1529)을 시작으로 『의학입문』(1575) 권수에는 3폭의 신체도가 수록되었는데, 명당앙도·명당복도·장부도가 그것이다. 이어서 『만병회춘』(1587), 『유경도익』(1624), 『의종필독』(1637)에도 신체도가 수록되었다.

이 시기의 측신도는 이전 시대의 신체도와 비교해 보면 몇 가지 변화된 점을 발견할 수 있다. 즉 명대 의서의 측신도에 나타난 변화는 해부학적 지식에 의한 변화라기보다는 신체에 대한 인식의 변화를 반영한 것이라고

---

14 이시다 히데미 지음, 이동철 옮김, 『氣, 흐르는 신체』, 열린책들, 2000, 34쪽.

15 權寧奎, 「東醫生理學에서의 臟器概念에 關한 硏究」, 대구한의과대학 석사학위논문, 1989, 3쪽.

생각한다.

『의학입문』의 신체도(그림 3)를 중심으로 앞 시기의 의서들에 실린 오장도와 비교했을 때 두드러지게 변화된 점은 다음과 같다. 첫째 척추와 연결된 두부(뇌)를 모두 갖추었다는 점, 둘째 (횡)격막을 중심으로 상하로 장부를 위치시킨 점, 셋째 오장 중 심장을 위주로 하여 다른 네 개의 장이 줄로 연결되어 있다는 점, 넷째 측신도의 범주인 상반신의 체표(피부)를 온전히 묘사하고 그것을 바탕으로 단중膻中, 단전丹田까지 명확히 표기하였다는 점이다. 이러한 점들은 명대 이전의 신체도가 단순히 장부 위주로 묘사한 것과는 큰 변화이다.

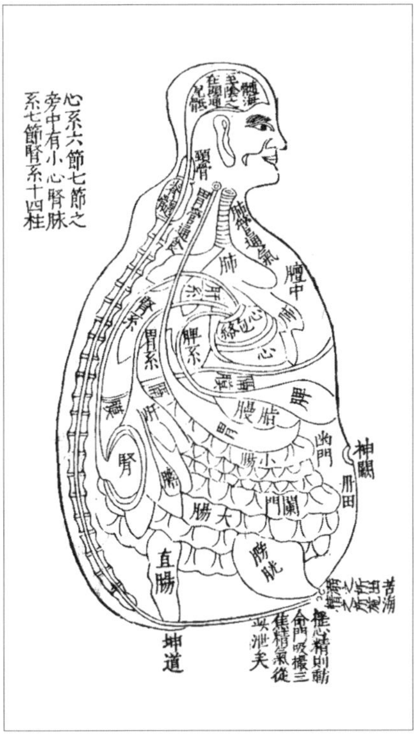

그림 3 『의학입문』의 신체도

두부, 즉 뇌는 고대부터 기항지부奇恒之府의 하나로서 오장육부의 하위 개념으로 취급되었다. 명대 이전의 신체도에서 두부를 제외하고 주로 장부 위주로 묘사한 것도 이러한 맥락에서 이해된다. 그런데 『의학입문』을 전후하여 편찬된 명대 의서에서는 공통적으로 두부와 더불어, 여기에 이어지는 척추를 포함한 신체도를 수록하고 있다. 이것은 두부를 천天으로 보았고 척추를 인人, 그리고 미저尾骶(꼬리뼈) 밑을 지地로 상정한 천인상응적 사유가 신체도로 구체화된 것이라고 생각된다.[16] 두부와 척추의 묘사가 내포하고 있는 의미는 여기서 그치지 않는다. 즉 뇌는 수해髓海라고 하여 수髓를 저장하는 곳이다. 수髓는 척추骨를 통로로 삼아 위로는 뇌에, 아래로는 미저에 이르는데, 신腎이 이를 주관한다는 사유의 표현이라고 본다.

중국의학에서는 경락학설 등에서도 알 수 있듯이 전통적으로 신체를 유체의 흐름으로 인식하는 사고가 있어왔다. 그래서 명당도라든가 침구도 등을 통하여 그러한 유체의 흐름을 나타내기도 했던 것이다. 그런데 이때의 신체도는 명당도라든가 침구도와는 달리 주로 고정화된 장부를 나타내는 목적으로 사용되어 왔던 것으로 보인다. 그래서 정면도와 배면도를 반드시 쌍으로 그렸으며, 오장육부에 포함되지 않았던 뇌는 여기에서 제외하였던 것이다. 그러던 것이 명대에 와서 정면도와 배면도가 측면도 한 폭으로 대체되면서, 거기에 뇌와 그로부터 이어지는 척추, 그리고 기해氣海인 단중과, 하초下焦로 일컬어지기도 하는 단전까지 표기하였다. 이것은 두부와 미저를 척추로 수직 연결시킴으로써 천인상응의 수직적 구조를 통해 신체 내부 기氣의 승강출입을 암시적으로 묘사한 것이라고 생각한다.

둘째, (횡)격막을 경계로 장부가 상하로 위치하고 있는데, 신체 내에서 격막의 역할을 통해 그 의미를 이해할 수 있다. 혼돈으로부터 천지가 생성될 때, 양의 가볍고 깨끗한 기는 위로 떠올라 천天이 되고, 음의 무겁고 탁한 기는 형形으로서 아래로 응결되어 지地가 되었듯이,[17] 신체 내부에서도 맑은 기와 탁한 기의 움직임은 천지 생성 시의 움직임을 따르고 있다. 신체도에서 (횡)격막의 묘사는 곧 신체를 천지의 상응 구조로 인식하였음을

16 김호, 『허준의 동의보감 연구』, 일지사, 2000, 184-188쪽.

17 『醫學入門』 卷首, 原道統說.

보여주는 것이다.

셋째, 오장 중 간·비·폐·신이 줄系로써 심장에 연결되어 있는데, 이는 오장 중 심장이 다른 네 장기를 주관하는 중심 장기임을 보여주는 것이다. 중국의학에서 심장은 『황제내경』 이래 전통적으로 중요한 위치를 차지하였다.[18] 이는 심장이 신神을 담고 있으므로 정신작용을 담당한다고 보았기 때문이다. 그런데 정신작용은 심장만 담당했던 것은 아니었다. 오장에 오행을 대응시켰듯 '정情'과 '신神'도 각기 오장에 대응시킴으로써 오장이 각각 정신과 도덕의 역할을 담당한다고 보는 정신의 국재론적 사고를 지니고 있었다.[19] 이러한 국재론적 사고는 금·원대를 지나 명대에 들어와서 의학자들에게 심心에 대한 중요성이 더욱 부각되는 것으로 변하였다. 이것은 성리학 이래 양명학에 이르기까지 심성론과 관련하여 심에 대한 인식이 더욱 부각되었기 때문일 것이다.

넷째, 명대 이전 의서의 측신도에는 장부 위주로 묘사하였을 뿐 체표(피부: 몸의 테두리)를 그리지 않았다. 체표 즉 피부는 단순히 물질적 신체 내외의 경계만을 상징한다고 볼 수 없다. 피부의 묘사를 통해 가능해진 것은 우선 '단중'의 표기였다. 단중은 기해氣海라고 일컬어지는 곳으로서 오장과 달리 실체성이 없는 '공간[場]'으로서 존재하는데, 이를 표기한 것은 장부 위주의 접근을 뛰어넘어 신체 내부의 기 흐름을 중요시하고 있음으로 파악된다. 더구나 이 단중을 음양의 기가 분포하고 있는 생명의 원천으로 보아 결코 손상되어서는 안 되는 곳이라고 하였다는 점에서, 태극에서 음양

18 『素問』, 靈蘭秘典論.

19 시기에 따라, 서적마다 오장에 대응된 정(精)과 신(神)이 동일하지는 않으나 기계적 대응 관계는 지속되었다. 가노우 요시미츠 지음, 동의과학연구소 옮김, 『몸으로 본 중국 사상』, 소나무, 1999, 203-216쪽.

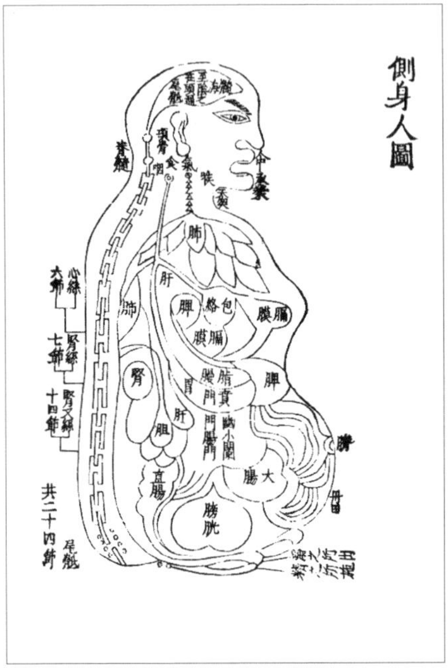

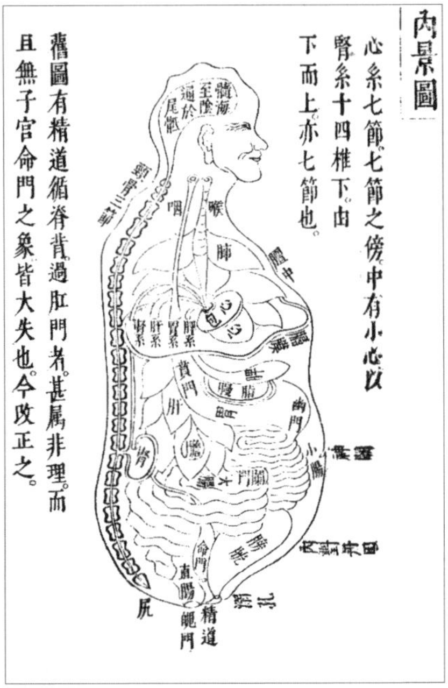

그림 4 『만병회춘』의 측신인도. 서울대학교 규장각 한국학연구원 소장본(奎 中 1796-1-10) 촬영

그림 5 『유경도익』의 내경도. 가노우 요시미츠 지음, 동의과학연구소 옮김, 『몸으로 본 중국 사상』, 소나무, 1999.

이 생성되고 여기에서 만물이 생성된다는 『태극도설』 이후의 유학적 인식이 이 시기 신체도에 직접적으로 반영된 것으로 보인다.

체표의 중요성은 여기서 그치지 않는데, 이것의 묘사를 통하여 '공간[場]'이 생겨났다는 것이다. 다시 말해서 체표를 경계로 인간의 모양을 한 '공간'이 생겨났다는 것이다. 신체는 기가 끊임없이 유동하는 '기 흐름의 공간'이며, 이는 즉 우주인 것이다. 인간이 위치하고 있는 천지, 즉 대우주 공간에 기가 끊임없이 흐르듯 신체도 끊임없이 기가 흐르는 소우주의 공간인 것이다. 이것은 장부 위주의 고정화된 신체가 아닌, 기에 의하여 체외와 체내 사이는 물론 체내에서도 끊임없이 기가 흐르는 신체로 인식하고 있음을 반영하는 것이라고 생각된다. 이것은 신체에 대한 천인상응적·기화론적 사유가 신체도로 구체화된 것으로 특히 신체를 끊임없이 기가 흐르는 우주적 공간으로서 인식한 것으로 해석된다. 이와 더불어 오장이 심장을 중심으로 줄系로 연결된 부분을 명확히 묘사함으로써 심心에 대한 인식이 부각되었음을 보여주는데, 이는 당시 흥성했던 양명학적 분위기를 반영하는 것으로 보인다.

전통시대 중국인의 사유구조 속에는 천인상응이라고 하는 연역적 사고가 존재하였다. 만물은 하늘天을 본받는다는 전제하에서 인간의 신체도 우주적 관점에서 파악하였던 것이다. 『의학입문』의 저자인 이천李梴도 신체에 대한 이해의 기본틀로 천인상응의 관점을 유지하고 있었다. 이천은 신체를 천지자연과 형태적·공간적·시간적 구조로 상응시켜 인식했으며, 이러한 인식은 생리적·심리적 측면까지 이어졌다. 또한 그는 인간은 천지자연과 유기적인 상응관계 속에서 체내와 체외 사이는 물론 체내의 조화와 평형을 유지하는 것이 중요하다고 보았다. 그래서 이러한 상응관계의 균형이 깨짐을 '병'으로 보았으며, '병'을 치료하는 것은 깨어진 상응관계의 균형을 되찾아 주는 것이었다. 그러므로 의사가 환자를 돌볼 때는 천지 오운육기의 작용을 잘 살펴야 한다고 했다.

이천은 신체를 이해하는 데 이학理學적 개념을 사용하기도 했는데, 의학에 이학적 개념이 적극적으로 사용된 것은 금·원대 의가로 거슬러 올라간다. 송대 이후 지식인 계층을 중심으로 전개된 경전을 연구하고 우주의 이치에 대하여 궁구하는 이학의 학풍은 금·원대 의가로 하여금 새로운 학풍을 세우게 하였다. 그것은 격물치지格物致知와 구리진성究理盡性의 논의로서 의가에서 이론 연구를 중시한 측면이 있다. 이학의 상수象數·태극太極·기화氣化·체용體用·선천후천先天後天 등의 이론은 의학이론의 신개념으로

표 2 천(지)인 상응관계

天(地)	五行(六氣)	陰·陽	365日	宿度(經水)
人	五臟(六腑)	血·氣	365骨節	經脈

표 3 오장과 방위의 상응관계

	北方 水(腎)－(冬)	
西方 金(肺)－(秋)	**中央** 土(脾)－(四季)	**東方** 木(肝)－(春)
	南方 火(心)－(夏)	

더해졌으며,[20] 이러한 이학적 개념과 사유방식은 중국의학의 신체관에도 영향을 미쳤다.

『의학입문』에도 그러한 경향이 보이는데, 그중 하나는 '신체에서 가장 먼저 생성된 것은 무엇일까' 하는 문제의식이었다. 이러한 의문은 '혼돈→천지→인'이 대우주의 생성 순서라고 할 때, 인간의 생성은 소우주의 생성이라는 점에서 당연한 의문이었을 것이다.

이천은 그에 대한 해답으로 '신腎'을 제시했다. 그 이유는 오행 중에서 '수水'가 첫 번째이기 때문으로, 천지가 나뉘지 않고 만물이 성립되지 않은 처음에는 먼저 '수'에서 나타나지 않은 것이 없으므로, 신체에서 수에 해당하는 장부기관인 신을 제시한 것이다.[21] 그런데 그는 신이 음양을 받아서 생성되었기에 두 개이며 남자는 좌측 신을 중심으로 삼고 여자는 우측 신을

20 孟慶云, 「宋明理學對中醫學理論的影響」, 『中華醫史雜誌』 32-3, 2002, 131－134쪽.

21 『醫學入門』 卷首, 運氣, 運氣總論.

표 4 천·지·인 상응관계

天	地	人					
		五臟	五情	神氣	九竅	色	主宰
風	木	肝	怒	魂	目	靑	筋
暑(熱)	火	心	喜	神	舌	赤	血
濕	土	脾	思	意	口	黃	水穀之氣
燥	金	肺	憂	魄	鼻	白	呼吸之氣
寒	水	腎	恐	精·志	耳	黑	髓

중심으로 삼고,[22] 두 신 중에서 우측 신을 '명문命門'이라고 불렀다.[23]

중국 의학에서 선천과 후천의 개념은 『황제내경소문』 칠편대론에 약간의 논술이 있기는 하지만, 대부분 송·원·명대 이학의 영향을 받은 송 이후의 의학자들에 의하여 선천·후천 이론은 전개되어 왔다. 이 과정에서 선천·후천의 함의에 관하여 다양한 이론이 나왔다.[24]

신체의 태극에 대한 규명은 금·원대 의학자들이 『황제내경』의 오행론과 장상론이 불완전함을 깨닫고, 신체에는 오장을 주재하는 보다 고차원적이고 시원적 구조가 당연히 하나 있을 것으로 여기면서부터였다. 그들은 이 기구를 당연히 주돈이가 언급한 태극이라고 보았다. 그리하여 의학자들은 지속적으로 신체에 대한 소우주의 태극을 확인하는 작업을 행하였

22 『醫學入門』 卷1, 臟腑, 臟腑條分.

23 『醫學入門』 卷1, 臟腑, 臟腑條分.

24 朱文鋒, 「宋明理學宇宙觀對金元明中醫人體觀的影向」, 『中華醫史雜誌』 30-3, 2000, 185-186쪽.

으며, 명대 이후에는 태극 개념이 의학에서 일반적으로 사용되었다.[25]

4. 청대 서양 해부학적 지식의 수용

명말 청초 예수회 선교사들에 의해 서양의 해부학적 지식이 중국에 전해지기 시작하였다. 마테오 리치Matteo Ricci, 利瑪竇(1552-1610)의 『서국기법西國記法』과 테렌츠Johann Terrenz Schreck, 鄧玉函(1576-1630)의 『태서인신설개泰西人身說槪』, 『인신도설人身圖說』이라는 중국어로 된 해부번역서가 출판되면서 서양의 해부생리학 지식이 전파되었다.[26] 테렌츠는 1621년 마카오에서 일본 선교신부 시체를 해부하였는데, 이것은 외국인이 극동에서 한 최초로 병리해부 중 하나이다. 그러나 이것은 중국에서 의학자들에게 관심을 끌지 못하였다.

아담 샬Adam Schall von Bell, 湯若望(1591-1666)은 천주교 교리서 『주제군징主制群徵』(1629)을 통해 조물주의 섭리가 천지만물과 신체에도 적용된다고 주장하고, 신체 각 기관의 존재와 작용 모두 일정한 원리와 목적성을 가지고 있다고 보았다. 테렌츠는 신경의 전달이 기氣에 의해서 이루어진다고 보았다. 즉, 기를 통해 신체의 해부생리를 설명하려고 한 것이다. 청대에는

25 조헌가(趙獻可), 장개빈(張介賓), 손일규(孫一奎) 등은 태극으로 명문(命門)을 논하였으며, 왕불(汪紱)은 태극으로 장부(臟腑)를, 고염조(高念祖)는 태극으로 약성(藥性)을, 장지총(張志聰)은 태극으로 배태(胚胎)를, 정흠안(鄭欽安)은 태극으로 병기(病機)를 논하였는데 이 중 중국의학에 끼친 영향이 가장 큰 것은 태극론을 채용하여 명문(命門)을 설명한 명문학설(命門學說)이다.

26 신규환, 「청말 해부학 혁명과 해부학적 인식의 전환」, 『의사학』 21-1, 2012, 67-97쪽.

강희제(재위 1662–1722)가 프랑스 선교사인 부베Joachim Bouvet(1656–1730)와 게빌롱Jean Francois Gerbillon(1654–1707)에게 두베르니Joseph-Guichard Du Verney(1648–1730)의 해부서를 기초로 번역하게 했다. 강희제는 손수 도공圖工에게 해부도를 그리게 하였으나, 건강 악화로 일시 중단되었다가 30여 년이 지난 후, 예수회 신부인 파레넹Dominique Parennin(1669–1741)에게 디오니스Pierre Dionis (?–1718)의 해부서(초판 1690)를 발췌해서 만주어 번역본을 만들게 했다. 1720년에 『격체전록格體全錄』이라는 이름으로 완성되었는데, 하비William Harvey(1578–1657)의 혈액순환이론을 포함한 것이었다. 그러나 당시 서양 해부학은 중국 내 의학계나 지식계에 학문적 영향력을 거의 미치지 못하였다.

중국에서 본격적으로 해부가 이루어진 것은 청대 왕청임王淸任(1768–1831)의 『의림개착醫林改錯』(1830)부터라고 할 수 있다. 왕청임은 큰소리로 탄식하기를, "저서가 장부를 명확히 밝히지 못하니, 어찌 어리석은 사람이 헛된 소리를 하는 것과 같지 않겠는가? 병을 치료함에 장부를 명확히 밝히지 아니하고선 눈 먼 사람이 밤길을 가는 것과 무엇이 다른가?"라고 하였다. 그는 직접 시체를 관찰하고서 친견개정장부도親見改正臟腑圖를 그렸다. 그러나 왕청임조차도 여자의 시체에 대해서는 남자가 아닌 까닭에 차마 가까이하지 못하였다고 한다.[27]

아편전쟁 이후 선교사와 의사들에 의하여 서양의학이 본격적으로 중국에 유입되었다. 1842년에서 1848년 사이 광저우·샤먼·닝보·상하이·푸저우 등 5개 항 지역에 교회의원과 진료소가 건립되었다. 이후로도 그 수는 계속 늘어나 1905년에는 전국에 교회의원이 166개소, 진료소가 241개

---

27 李天莉, 「中國人體解剖法史略」, 『中華醫史雜誌』 27-3, 1997, 160–161쪽.

소 생겼다. 서양의학의 체계적인 도입은 홉슨Benjamin Hobson(1816-1873)이 서양의학서를 중국어로 번역하면서 시작되었다. 1851년에 펴낸 『전체신론全體新論』은 해부학 용어의 번역에서 서양의학지식을 중국화하는 데 큰 기여를 하였다.[28]

중국에 진출한 서양 각국은 개항장이나 대도시에 병원을 설립하는 한편 약간의 중국인 학생을 뽑아 의학을 가르쳤다. 서양 선교단체가 중국에 가장 먼저 설립한 의학교는 1866년 광저우 박제의국朴濟醫局 내에 설립된 박제의학교朴濟醫學校였다. 이후 몇몇 의학교가 설립되었다.[29] 청 정부는 몇몇 의학교에서 해부학 과정을 개설하는 데 대하여 제재를 가했는데, 「흠정학교장정」 중에 해부학과의 실습에 대하여 "모형 관찰만을 허락하며, 시체 해부는 불허한다"고 규정하였다. 그러나 서양 각국은 의학원 경영, 의학학교 설립, 의학서적 발행 등의 방식을 통하여 중국에서 자신들의 영향력을 계속 확장해 나갔다. 신해혁명 이전까지 중국의 10개 의학원(의학학교) 중에 외국인이 운영한 곳은 8곳이나 되었고, 그들은 구미의 제도를 따랐으며 중국 법률에 구속받지 않았다.

중국인 의사와 의학생을 위한 최초의 시체 부검과 해부 시범은 1861년 상하이에서 이루어졌으며, 이에 관련된 최초의 강의는 헨더슨James Henderson이 하였다. 또 1867년 박제의원朴濟醫院에서도 시체 해부를 했는데, 이후 박제의학교에서 지속적으로 일가친척이 없는 몇몇 병자의 사체를 해부하였다.[30] 이러한 몇몇 의학원의 해부교육활동과 그 성과는 다른 학교로 제

28 여인석, 「동양삼국의 해부학 도입 역사에 관한 연구」, 연세대학교 석사학위논문, 1991.

29 여인석, 「동양삼국의 해부학 도입 역사에 관한 연구」.

30 李天莉, 「中國人體解剖法史略」.

공되었고, 그럼으로써 해부교육은 점차 체계화·정규화되었을 뿐만 아니라 해부학의 발전을 제한해 왔던 법적 제도가 완화되는 결과를 가져왔다. 1913년 11월 시체의 해부를 합법화하는 규칙이 총통 위임령으로 발표되었고, 같은 달 22일에 그 시행세칙이 공포되었다. 이듬해 4월 내무성령 제85호에 의해 보충되면서[31] 이후 해부학이 더욱 발전할 수 있는 법률적 토대가 되었다.[32]

5. 맺음말

전근대 중국에서 신체도의 발달은 크게 두 번의 분기점을 갖는다. 첫 번째는 당 이후 북송을 전후한 시기로서 이때에 행해진 두 차례의 해부활동을 바탕으로 구희범오장도와 존진도가 탄생하였다. 이들 신체도는 실증적 해부 지식을 바탕으로 도교적 색채를 탈피하여 오늘날의 해부학적 신체도에 가까워졌다.

그러나 이러한 변화 이후 중국에서의 해부학적 지식은 서양의 해부학 지식이 들어오기 전까지 큰 변화가 없었다. 왜냐하면 '만물은 기氣로부터 생겨나는데, 기는 무형적인 것이어서 구조분석성이 없다'고 여겼기 때문이다. 그러므로 앞 시대의 신체도와 비교하여 명대의 신체도에 나타난 변화는, 해부학적 지식에 의한 변화라기보다 당시의 이학적 담론에 영향을

31 여인석, 「동양삼국의 해부학 도입 역사에 관한 연구」.

32 청대부터 근대시기까지의 중국 해부학적 인식의 변화에 대해서는 김성수·신규환, 『몸으로 세계를 보다』, 63-122쪽을 참고할 수 있다.

받은 인식의 변화를 반영한 것으로 보인다.

아편전쟁 이후 서양 각국이 5개 개항장을 중심으로 의원과 의학교를 설립하면서 서양 해부학을 접할 수 있는 기회가 확대되기 시작하였다. 그러나 전통시대부터 중국에서는 산 사람을 대상으로 하든 죽은 사람을 대상으로 하든 도덕적으로나 법률적으로 해부를 금기시하였다. 청 정부에서조차도 몇몇 의학교에서 해부학 과정을 개설하는 데 대하여 제재를 가했을 정도였다. 그러나 그 속에서도 몇몇 의학교에서는 지속적으로 해부교육을 체계화해 나아갔고, 이러한 노력의 결과 1913년 11월에 비로소 시체의 해부를 합법화하면서 이후 해부학이 발전할 수 있는 법률적 토대가 마련되었다.

참고문헌

자료

『史記』, 『醫學入門』, 『漢書』, 『黃帝內經』.

연구논저

가노우 요시미츠 지음, 동의과학연구소 옮김, 『몸으로 본 중국 사상』, 소나무, 1999.

權寧奎, 「東醫生理學에서의 臟器槪念에 關한 硏究」, 대구한의과대학 석사학위논문, 1989.

金義正, 「『黃庭內景經』의 修鍊法; 存思」, 한국도교문화학회 엮음, 『道敎와 生命思想』, 國學資料院, 1998.

김대기, 「明 後期 醫學者의 身體觀」, 『江原史學』 21, 2006.

김성수·신규환, 『몸으로 세계를 보다: 동아시아 해부학의 성립과 발전』, 서울대학교출판문화원, 2017.

김호, 『허준의 동의보감 연구』, 일지사, 2000.

신규환, 「중국 고대인의 신체관과 해부 인식」, 『연세의사학』 15-2, 2012.

신규환, 「청말 해부학 혁명과 해부학적 인식의 전환」, 『의사학』 21-1, 2012.

여인석, 「동양삼국의 해부학 도입 역사에 관한 연구」, 연세대학교 석사학위논문, 1991.

이시다 히데미 지음, 이동철 옮김, 『氣, 흐르는 신체』, 열린책들, 2000.

이영택, 「우리나라에서 實用되어 온 人體解剖圖」, 『서울대학교 논문집 자연과학편』 5, 1957.

靳士英, 「明堂圖考」, 『中華醫史雜誌』 21-3, 1991.

靳士英, 「五臟圖考」, 『中華醫史雜誌』 24-2, 1994.

孟慶云, 「宋明理學對中醫學理論的影響」, 『中華醫史雜誌』 32-3, 2002.

常存庫中,「西醫解剖思想中的價值觀比較」,『中華醫史雜誌』19-1, 1989.
李天莉,「中國人體解剖法史略」,『中華醫史雜誌』27-3, 1997.
朱文鋒,「宋明理學宇宙觀對金元明中醫人體觀的影向」,『中華醫史雜誌』30-3, 2000.

‘내경(內景)’을 탐구하다:
『해체신서』와 그 전사(前史)

미헬-자이쓰 볼프강(Wolfgang Michel-Zaitsu)
김영수 번역

쿨무스Johan Adam Kulmus의 *Anatomische Tabellen* 번역과 『해체신서解體新書』(1774) 출판을 다룬 기존 연구는 개별 의사가 가진 천재성과 선견지명, 그들이 맞닥뜨린 장애물에 초점을 맞추는 경향이 있다. 이에 비해 이 연구의 초점은 그것의 역사적인 배경을 해명하는 데에 있다. 이 글은 17-18세기 초 일본 의학의 토착적 발전, 외국의 영향, 다양한 의학적·비의학적 상호작용을 통해 인간의 신체에 대한 새로운 시각, 해부, 그리고 그 결과 유럽의 해부학 서적이 번역되는 데에 이르렀다는 것을 개괄적으로 보여줄 것이다.

일반 배경

근대 초기 일본에서는 많은 과학 분야에서 근본적인 변화가 일어났다. 그러나 이러한 변화의 토대는 이전 세기에 마련된 것이었다. 주로 중국에서 새로운 기술이 수입되었고, 계속되는 군사적 충돌은 사회 질서를 뒤엎었다. 수많은 불교 중심지가 파괴되었고, 이로 인해 의학의 세속화가 빠르게 진행되었다. 포르투갈 선교사들과 상인들이 일본에 도착하면서, 일본은 세계 무역과 지식 교환에 관여하게 되었다. 일본 해적과 해외도항허가증인 주인장朱印狀을 받은 선박朱印船은 동남아시아로 진출했고, 16세기 말 조선은 일본의 침략으로 큰 고통을 받았다.

불과 수십 년 후, 반半쇄국의 시대가 시작되었다. 4개의 창구[1]에서만 무역이 가능했고, 쓰시마의 경우에는 조선 왕조와 제한적인 외교적 접촉이 허락되었다. 불교 경전은 수 세기 동안 인쇄되어 왔지만, 이제는 비종교적 출판물의 간행과 보급이 정보의 흐름을 가속화시키면서 일반 대중의 읽고 쓰는 능력을 향상시키기 시작했다. 1641년 네덜란드의 동인도회사 상관을 나가사키의 히라도平戶에서 인공섬인 데지마出島로 이전시키면서, 일본과 유럽의 의료인들이 지속적으로 만나는 시대가 시작되었다. 1689년에 설립된 도진야시키唐人屋敷[2]는 중국과 동남아시아로부터의 수입품을 취급하는 주요 창구 역할을 했다. 19세기 중반 일본이 개국하기 전까지 나가사키는 지식 교류의 거점으로 번성했다.

서양과의 교류, 그리고 자극

1641년부터 데지마 상관의 연례대표단은 네덜란드 동인도회사의 감사를 전하기 위해 에도를 방문하여 쇼군을 알현했다.[3] 1650년, 독일인 상관의商

1 [역자주] 나가사키, 쓰시마, 사쓰마, 마쓰마에.

2 [역자주] 나가사키에 설치된 청국 상인 주거지구.

館醫인 샴베르거Caspar Schamberger(1623-1706)는 도쿠가와막부에서 가장 강력한 권력자[家臣] 중 한 명인 이노우에 마사시게井上政重(1585-1661)의 집으로 불려갔다. 이노우에로부터 에도에 10개월 정도 머무르라는 요청을 받은 것으로 볼 때 '마스터 카스파르Master Caspar'의 고약과 연고는 효과가 있었던 것 같다. 유난히 긴 체류 기간 동안 샴베르거는 고위 관직에 있는 관리들을 돌보고, 그들의 주치의에게 의료 지침을 제공했다. 곧 네덜란드 상관에는 의료기구, 의약품 및 책 주문이 쇄도했다. 이것은 일본에서 서양의학이 지속적으로 연구되기 시작함을 알리는 것이었다. 이는 부분적으로는 개인의 질병 때문에, 그리고 도쿠가와 정권을 안정시키고 이것이 민중들에게 받아들여지도록 하기 위해 사회 엘리트에 의해 시작되고 선포되었다.[4]

샴베르거는 서양의 고약·연고 및 해독제·항독제와 같은 복잡한 약 조제법은 물론 골절·타박상·탈구 및 다양한 상처에 대한 치료법을 소개했다. 필연적으로 그는 그의 의술에 대한 질문을 받을 때마다 해부학적 특징에 대해 이야기했다. 의학지식이 전혀 없는 그의 일본 측 상대는 발음을 음절로 음역하여 대부분의 용어를 기록했고, 나중에 그 의미를 알아내려고 노력했다.

중국 송대宋代 이후 해부학 연구는 일본뿐만 아니라 중국에서도 활기를 잃었다. 하지만 '마스터 카스파르'와의 만남은 첫 번째 전환점이 되었다. 샴베르거가 일본을 떠난 직후인 1652년, 이미 포르투갈어로 된 인체 해부에 관한 삽화가 들어있는 책이 인체의 모든 부분과 내장을 최대

---

3 [역자주] 江戶參府.

4 Wolfgang Michel, "Neue Materialien zum medizinischen Personal der VOC: Niederlassung in Japan,"『言語文化論究』10, 1999, pp.179-194.

한 자세하게 보여주는, 동·나무 등으로 제작된 해부학 모형과 함께 주문 되었다.[5] 2년 후 베살리우스Andreas Vesalius(1514-1564)의 『인체 구조에 관하여(*De humani corporis fabrica*)』의 첫 번째 사본이 도착했고, 그 다음으로 파레Ambroise Paré(1510-1590)의 『외과학(*Chuirurgie*)』, 스피겔Adriaan van de Spiegel(1578-1625)의 『인체 구조에 관하여(*De humani corporis fabrica*)』가 그 뒤를 이었다. 널리 퍼진 오해와 반대로, 의학서적은 도쿠가와막부가 1641년에 발표한 수입제한목록에서 공식적으로 제외되었다. 의학을 둘러싼 네덜란드와 일본의 상호작용 첫 시작부터 의학, 약학 및 기타 관련 지식 분야에 대한 문헌은 지속적으로 유입되었다.

네덜란드 자료는 이 책들의 거의 즉각적인 영향을 보여준다. 베살리우스는 그의 책에서 장기의 실제적인 기능을 연구하기 위해 살아있는 동물, 특히 돼지의 부검을 추천했다. 그 이유는 고정시킨 돼지는 살아있는 상태에서 해부하더라도 큰 소리를 내지 않기 때문이었다. 베살리우스와 파레의 삽화에 자극을 받아 1659년과 1660년 봄, 네덜란드 상관 일행이 에도에 머무는 동안 살아있는 멧돼지가 해부되었다. 이 두 번의 해부는 1640-1650년대에 서양 과학과 기술에 큰 관심을 보인 오오메쓰케大目付[6] 이노우에의 요청으로 행해진 것이다.[7]

고위 관리들과 그들 주치의들의 관심에 자극을 받은 나가사키의 몇몇

---

5 Diary of trading post chief Adriaen van der Burgh, 24 May 1652, National Archive, The Hague, NFJ no.65.

6 [역자주] 에도막부 및 제번(諸藩)의 직책 중 하나. 다이묘 및 조정을 감시하여 막부를 지키는 감찰관 역할을 했다.

7 Diary of trading post chief Zacharias Wagenaer, 26 April 1659, National Archive, The Hague, NFJ no.72; Diary of trading post chief Johannes Boucheljon, 28 February 1660, National Archive, The Hague, NFJ no.73.

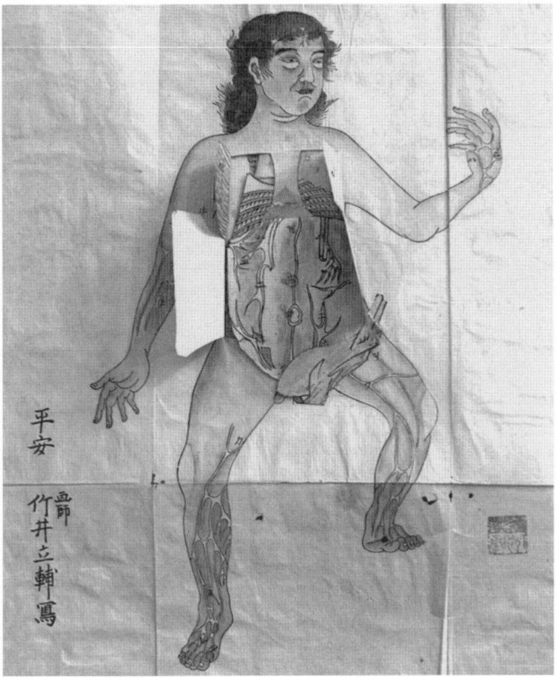

그림 1 모토키 료이가 제작한 해부 모형도. 일본국립과학박물관 소장

일본인 통사通事들은 서양 서적과 의료기구를 입수하기 시작했다. 그들은 또한 서양인의 의술에 관한 보고서의 개인 사본을 모조리 수집했다. 이들 중 3명, 나라바야시 진잔楢林鎮山(1649-1711), 가후쿠 기치자에몬加福吉左衛門, 모토키 료이本木良意(1628-1697)는 빠르게 의학지식을 축적하고, 부업으로 소규모 학교를 설립했다.

1682년 상관의 수석 외과의인 호프만Willem Hofmann은 모토키에게 독일인 의사 레멜린Johann Remmelin(1583-1632)이 1613년에 출판한 『소우주감(小宇宙鑑, *Catoptrum microcosmicum*)』의 사본을 보여주었다. 모토키는 독자들이 덮개를 층층이 펴볼 수 있고, 그렇게 함으로써 인체 내부가 드러나게 구성되어 있는 책에 매료되었다. 그는 관련 해부학 용어 목록과 함께 일본어판 삽화를 제작하기로 결정했다. 원고manuscript는 제자들과 친구들이 필사했고, 점차 전국으로 퍼졌다. 그러나 종이 덮개의 수가 많아 제작에 용이하지 않았기 때문에 모토키의 일본어판 사본寫本은 아주 적은 수만 배포되었다. 이 필사본은 후에 『화란전구내외분합도和蘭全軀內外分合圖』(1772)로 출판되었다. 그것은 모토키의 필사본이 처음 제작·배포된 지 90년이 지난 후에 책으로 나온 것으로, 이는 『해체신서』보다도 2년 앞서 발행된 것이었다.[8]

법의학적 조사

17세기 일본에서는 법의학에 대한 관심이 갑자기 커졌다. 선구적인 중국의 저작물, 특히 왕여王與(1261-1346)의 『무원록無冤錄』(1308)이 마침내 일본 열도에 도착했던 것이다. 이것은 인간의 시체를 범죄수사의 대상으로 한 획기적인 저작인 송자宋慈(1186-1249)의 『세원집록洗冤集錄』(1247)을 약간 변형한 것이다. 송자와 왕여는 사법상의 잘못을 피하기 위해 부패한 시체를 조사할 때 책임감 있는 검시관이 취해야 할 태도를 기술하고 있다. 그들은 사망 원인을 규명하고 정확한 보고서를 작성하기 위한 지침을 제공하기 위해 실험을 제안했다. 여기에는 해부에 대한 어떠한 언급도 없지만, 이러한 법의학 서적은 인간 시체에 대해 감정을 배제하고 객관적으로 관찰할 것을 요구했다.

1438년 조선에서는 세종의 명을 받아 명나라에 사신으로 갔던 최치운崔致雲(1390-1440)이 『신주무원록新註無冤錄』이라는 제목으로 『무원록』의 주석

8 酒井シヅ, 「日本最初の西洋解剖書の翻訳」, 原三信編, 『日本で初めて飜譯した解剖書』, 六代原三信蘭方醫三百年記念奬學會, 1995, 83-99쪽.

판을 출판했다. 마침내 이 책은 16세기에 일본에 전해졌다. 서양식 수술이 의학계에 뿌리를 내리기 시작한 1670년, 교토소시다이京都所司代[9] 이타쿠라 시게노리板倉重矩(1617-1673)[10]는 이를 『무원록술無寃錄述』로 재출간하라는 명령을 내렸다. 사체에 대한 법의학 조사는 관원들 사이에서만 큰 관심을 끌었던 것은 아닌 듯하다. 1670년에서 1715년 사이에 이 책은 7쇄를 찍었다.[11] 1736년에는 가와이 나오히사河合尙久에 의해 하권下券이 일본어로 번역되기도 했다.[12]

그림 2 가와이 나오히사 번역의 『무원록술』. 교토대학 후지카와문고 소장

부패하는 시체에 대한 고찰

무사 계층의 구성원이 검의 성능을 시험하기 위해 범죄자의 사체를 베고, 야마다 아사에몬山田浅右衛門과 같은 사형 집행인이 사람의 뇌·간·담낭 등

---

9 [역자주] 에도막부가 교토에 설치된 행정기관. 교토의 치안 유지 임무를 맡은 막부의 부서이다.

10 1668-1670년까지 교토에서 봉직하고 에도로 돌아가 다시 로주(老中)의 자리에 올랐다.

11 간분(寬文) 10, 11년, 엔포(延寶) 2년, 겐로쿠(元祿) 5, 12년, 호에이(寶永) 6년, 쇼토쿠(正德) 5년, 『江戶時代書林出版書籍目錄集成』 1, 1962, 井上書房, 82, 132, 185, 268쪽; 『江戶時代書林出版書籍目錄集成』 2, 井上書房, 1963, 29쪽.

12 이 번역본은 2번 발행되었다. 王與編輯, 河合尙久譯, 『無寃錄述』(江戶: 1768, 大阪: 1799).

그림 3 인체 부패의 9단계 중 6단계. 나카쓰시(中津市) 의가사료관(醫家史料館) 소장

을 결핵 치료약에 넣어 돈을 벌었던 사회에서는 불교 사찰에서 죽은 사람의 몸을 보는 것은 꺼리는 일이 아니었다.

감각적 욕망에서 자아를 해방시키기 위한 방법으로, 불교 전래 초기부터 승려와 열렬한 신자들의 수행에 부정관不淨觀[13]이 포함되어 있었다. 이러한 관행의 근원은 신체 일부(머리카락·손톱·치아 등)와 신체에 포함된 다른 모든 불순물의 '불쾌함에 대한 고찰(reflections on repulsiveness, 팔리어로 Paṭikkūlamanasikāra)'로 거슬러 올라간다. 이는 몇몇 경전(『大念處經』, 『念處

13 [역자주] 시체가 부패하는 과정이나 신체의 부정함을 관찰하여 몸에 대한 애착이나 감각적 욕망 등을 끊는 수행법.

經』, 『身行念經』)에 묘사되어 있다.

가마쿠라시대(1185-1333) 이후 권력이 귀족에서 무사 계급으로 이동하고 불교가 꽃을 피웠을 때, 소위 구상九相에 대한 시각적 묘사는 두루마리 족자 형태로 충분히 구현되었다. 17세기 후반부터 사본이 대중에게 공개되었는데, 여기에는 불교 문헌에서 인용한 것 외에도, 한시漢詩와 와카[和歌]가 단계마다 덧붙여졌다. 그림은 해부학적 묘사의 정밀도가 낮았지만, 죽은 인간에 대한 두려움, 불안 및 기타 감정을 극복하는 데에는 도움이 되었다.[14]

눈에 대한 새로운 개념과 관찰의 힘

네고로 도수쿠根來東叔(1698-1755)가 수행한 인간 골격에 관한 체계적인 연구도 법의학에 영향을 주었다고 할 수 있다. 네고로 가문의 역사는 12세기 이래 진의진언종眞義眞言宗의 영향력을 발휘하며 번영한 네고로지根來寺의 승려로 거슬러 올라간다. 1585년 도요토미 히데요시豊臣秀吉의 제2차 기슈紀州 정벌로 2,000여 채의 건물이 거의 다 소실되었을 때, 승려는 새로운 생계 수단을 확보해야 해서 네고로라는 이름으로 안과 진료를 시작했다.

네고로 도수쿠는 가문의 전문지식이 승려의학monastery medicine과 진언종의 가르침에 뿌리를 두고 있다는 것을 잘 알고 있었다. 그러나 그는 수

14 Wolfgang Michel, "The True Shape of Bones: On the Dawn of Human Dissection in Early Modern Japan," *Bulletin of the 4th International Symposium on the History of Indigenous Knowledge*, 2014, pp.37-44.

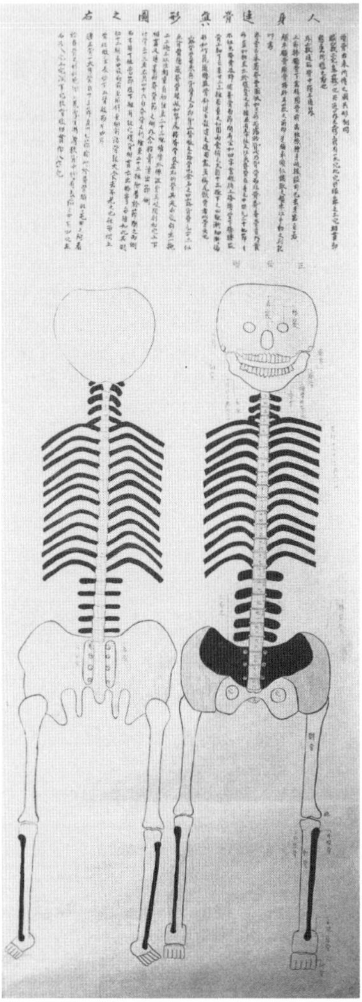

그림 4 네고로 도수쿠의 인신연골진형도. 나카쓰시 의가사료관 소장

많은 백내장 수술을 하던 중, 중국의 전통적인 가르침에 의구심을 품고 점차 눈에 대한 입체적인 이해와 백내장의 원인에 대한 새로운 개념을 발전시켜 일본 안과학사에 이름을 올렸다. 그는 자신의 저술에서 관찰의 중요성을 자신 있게 강조했다. 또한, 『안목효해眼目曉解』(1742)에서 무비판적으로 옛 가르침을 따르며 백내장을 치료하는 사람들을 "야밤에 불빛이 없는 것과 같고, 맹인이 지팡이를 잃은 것과 같다"고 기술했다.

네고로의 연구는 안과 연구에만 국한되지 않았다. 그는 1732년 나라奈良 외곽에서 불에 탄 후 부패해버린 사형수의 시신 두 구를 발견했다. 그 광경은 필연적으로 구상의 이미지와 일본 진언종의 창시자인 구카이空海가 쓴 관련 구절을 떠올리게 했다. 이것은 분명히 불교의 사색에서 의학적 관찰로 넘어가는 작은 단계였다. 해골이 아직 그대로 남아있었기 때문에, 네고로는 여러 차례 그곳을 찾아 스케치를 하고 척추의 형태를 조사하기도 했다. 그는 추골椎骨(등골뼈)의 기능을 설명하기 위해 기추機樞라는 용어를 만들었다. 이후 그는 자신의 스케치를 두 개의 커다란 채색도인 인신연골진형도人身連骨眞形圖로 확장했다. 상세 설명에서 그는 전통적인 저술과의 다양한 차이점을 강조했다. 1741년 가을, 네고로는 야마와키 도요山脇東洋가 13년 후에 일본에서 처음으로 사람의 사체를 해부한 도시인 교토에서 이 프로젝트를 끝마쳤다.[15]

전통 의서에 담긴 지식의 수정

전통적인 의사들 사이에서 사고방식이 변화했음을 보여주는 첫 번째 징후는 18세기 초에 나타났다. 1722년에 에도에서 수행한 본초本草 전문가인 핫토리 노리타다服部範忠는 "의사가 내장의 형태를 전혀 알지 못하면서 어떻게 사람을 살릴 수 있는가"라고 문제를 제기했다. 그는 자신이 쓴 『내경도설內景圖說』에서 내경구도內景舊圖를 내경신도內景新圖와 함께 제시했다. 그는 중국 송대 이후 의학적 도상학을 지배해온 팔다리 없이 오장육부五臟六腑만 그려진 남성의 몸을 기본틀로 사용하면서 일부 장기의 크기, 형태 및 위치를 변경했다. 전통적인 진단과 치료의 틀 안에서는 이러한 수정이 필요 없었던 만큼, 그의 의심은 자신이 속하지 않은 곳에서 오는 자극에 의해 제기되었을 것이다.[16]

---

15 ヴォルフガング・ミヒェル, 「屍體を觀る－根來東叔の「人身連骨眞形圖」とその位置づけについて」, ヴォルフガング・ミヒェル・吉田洋一・大島明秀共編, 『史料と人物』 IV, 中津市歴史民俗資料館, 2012, 42－89쪽; Wolfgang Michel, "The True Shape of Bones: On the Dawn of Human Dissection in Early Modern Japan," pp.37－44.

16 服部範忠述, 『內景圖說』, 1722.

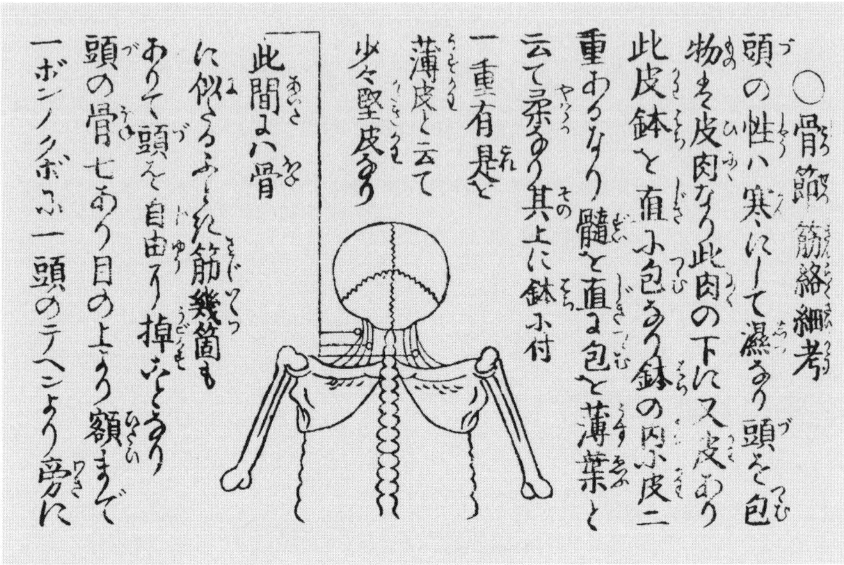

그림 5 『골계료치중보기』. 규슈대학 의학도서관 미헬문고 소장

뼈의 조사

18세기 초 일본에는 오늘날의 접골과 비슷한 뼈를 맞추고 조정하는 새로운 학문이 등장했다. 주로 내과를 다루는 전통 의사들은 해부 지식에 근거한 진료를 많이 할 수 없었지만, 뼈·관절·척추뼈를 맞추고 조정하는 접골의에게 뼈·관절·척추·힘줄에 대한 지식은 성공적인 시술을 위해 필수적이었다. 기본적인 체제와 치료법은 고시 호요쿠高志鳳翼가 『골계료치중보기骨繼療治重寶記』(1746)에서 발전시켰다. 고시는 그의 획기적인 저작의 대부분을 해부학적 세부 묘사에 할애했다. 그의 삽화 중 일부는 중국의 전통적인 저술을 언급하고 있으나, 다른 것들, 특히 단일 뼈나 관절이 있는 부위를 보여주는 삽화는 독특했고, 이는 분명히 오랜 기간의 관찰에 기초한 것이었다. 그는 늑골과 척추에 관한 단락에서 들판과 산에 버려진 뼈들을 관찰

할 것을 권장했고, 세월이 흐르면서 척추가 흩어지는 현상을 묘사했다. 고시는 해부를 하지는 않았지만, 골격의 구조, 특히 척추의 상호 연결이라고 부르는 구조에 대해 더 알아보기 위해 골격을 해체했다.

고시의 의학은 중국의 전통에 깊은 뿌리를 두고 있다. 그는 17개의 고전을 언급하고 있지만, 그가 분명히 지적했듯이 이러한 '오래된 지혜' 외에도 접골의들은 홍모인紅毛人과 남만인南蠻人, 즉 유럽인들의 외과적 치료법에도 익숙해져야 했다. 고시의 삽화는 이전에 중국 및 일본에서 출판된 어떤 의학서적보다 훨씬 훌륭했다. 그의 선구적인 연구에 자극을 받아, 일본의 정골의학은 관찰의 중요성을 강조하면서 일본의 전통과 서양적인 요소의 결합으로 재구성되기 시작했다. 고시의 저서가 미친 영향을 고려하면, 18세기 중반 무렵 처형장이나 들판에서 시체를 관찰하는 의료전문가가 상당수 있었다는 것은 분명하다.[17]

첫 번째 사체 해부

오늘날 일본의학 근대화의 선구자로 여겨지는 야마와키 도요는 서양 외과술의 주창자가 아니라, 이른바 고방파古方派의 의사였다. 고방파 지지자들은 12-14세기 중국의학을 지배하던 엄격한 교리에서 벗어나 장중경張仲景의 『상한론傷寒論』(200년경)을 연구하며 관찰과 경험의 중요성을 인식하게

17 ヴォルフガング・ミヒェル, 「屍體を觀る−根來東叔の「人身連骨眞形圖」とその位置づけについて」; Wolfgang Michel, "The True Shape of Bones: On the Dawn of Human Dissection in Early Modern Japan."

되었다. 그들의 관심은 처음에는 질병의 증상과 약물의 효과에 맞추어져 있었지만, 점차 해부학으로 전환되었다.

야마와키의 스승은 그에게 수달을 해부해 볼 것을 제안했다. 야마와키는 수달을 해부했는데, 중국 고전인 『주례周禮』에서 언급하고 있는 9개의 장기[九臟] 중 8개만을 찾을 수 있었다. 그때 그가 한 일은 그 세대에게는 전형적인 것이었다. 그는 책장으로 가서 『서경書經』, 『열자列子』, 『국어國語』 등 다른 중국 고전을 공부했다. 그러나 책에서는 서로 다른 장기의 수를 제시했다. 그제서야 그는 인체를 열고 스스로 그것을 알아보려고 했다.

공개 처형 장소에서 해부를 진행하는 것에는 당국의 허가가 필요했다. 법의학 수사에 대한 관심이 높았기 때문에, 교토에 있는 도쿠가와막부의 대표부 교토소시다이는 그의 요청을 받아들였고, 1754년 야마와키의 지시에 따라 처형된 여성의 몸을 해부했다. 야마와키가 직접 사체에 손을 대지는 않았다. 날이 저물 무렵 그는 9개의 장기를 찾았고, 승려를 불러 제사를 지내 고인의 넋을 달랬다.[18]

1759년 그는 몇 가지 조잡한 삽화와 함께 자신의 관찰 결과를 실은 『장지藏志』를 발표했다. 전통적 개념을 검증하기 위해 진행한 해부의 결과는 그다지 대단하지 않았으나 그는 이론은 실증적 조사에 근거해야 한다는 확신을 갖게 되었다. 그는 베슬링Johann Vesling(1598-1649)의 해부서 *Syntagma Anatomicum*의 네덜란드어 번역본을 가지고 있었기 때문에 "만 마일이나 떨어진 곳에 사는" 의사들이 그린 그림의 정확성을 알게 되었다. 게다가 교토의 관계 당국은 사체에 대한 접근 권한을 부여했고, 그의 책

18 山田慶兒 · 栗山茂久, 『歷史の中の病と醫學』, 思文閣出版, 1997.

에 이의를 제기하지 않아 추가 해부에 대한 선례를 남겼다.[19]

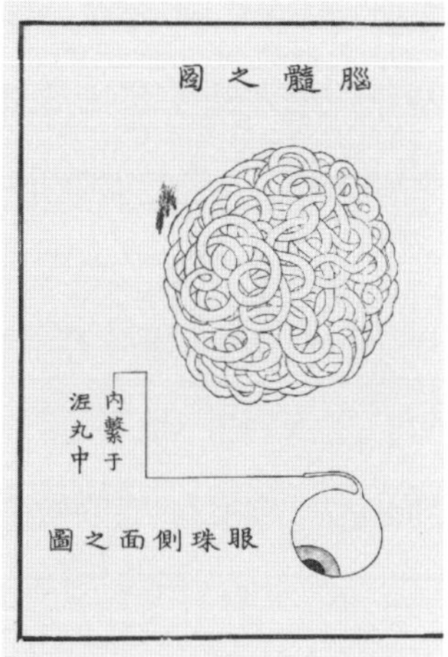

그림 6 가와구치 신닌의 『해시편』. 저자 소장

야마와키의 예를 따르는 의사 중에는 그와 유사하게 의미 있고 선구적인 업적을 이룬 가와구치 신닌河口信任(1736-1811)이 있다. 젊은 시절 그는 먼저 구리사키 도이栗崎道意에게, 그 후 존경받는 통사通詞이자 학자인 요시오 고규吉雄耕牛(1724-1800)에게 외과술을 배웠다. 그는 나가사키에 머무는 동안, 베슬링의 *Syntagma Anatomicum*을 비롯한 많은 자료를 받아 필사본을 만들었다.

가와구치는 고가번古河藩의 번주인 도이 도시사토土井利里가 1769년 교토소시다이에 임명되었을 때 교토로 갔다. 교토와 그 주변에서 해부를 하기 위해서는 교토소시다이에게 요청하여 허가를 받아야 했는데, 도이 도시사토의 시의侍醫였던 그는 일을 더 쉽게 진행할 수 있었다. 1770년에 그는 사형장에서 사형수 두 명의 사체와 머리 하나를 받았다. 그것은 일본에서 행해진 다섯 번째 해부였다.

이번에는 조정에서 높은 지위의 의관[典薬大允]인 오기노 겐가이荻野元凱(1737-1806)가 고문으로 참여했다. 35살의 가와구치는 곧은 칼과 휘어진 칼을 사용하여 자신의 손으로 해부를 진행한 최초의 의사였다. 1772년

19 杉立義一, 「江戸時代解剖の事跡とその反響」, 山田慶兒·栗山茂久, 『歴史の中の病と醫學』, 思文閣出版, 1997, 503-542쪽.

『해시편解屍編』에 자신의 행동을 인상적으로 묘사하고 있다. 그는 힘차게 사체를 절개하여 목에서 태양 신경총까지 흉부를 열었다. 그의 앞에는 심장과 폐가 드러나 있었다. 위치를 확인한 후 그는 장기를 절제하고 크기, 색깔 및 단단함을 기록했다. 그의 옆에는 이와 같은 기회를 오랫동안 기다려 온, 나가사키에서 훈련받은 하라다 이키原田維祺도 있었다. 하라다는 전달받은 장기를 더 정밀하게 조사했다. 그는 대롱으로 폐를 부풀린 다음, 내용물이 어떻게 변했는지 알아보기 위해 내장을 자세히 검사했다. 오기노는 근처에 앉아 이전에 수달을 해부했던 경험을 토대로 장기에 이름을 붙이고 논평했다. 또 다른 7명의 학생도 여기에 참석하고 있었다.

사체에 대한 가와구치와 하라다의 태도는 야마와키의 태도와 크게 달랐다. 중국 고전을 뒤적거리지도 않았고, 공허한 추론도, 칼과 체액에 대한 거리낌도 없었다. 또한 그들은 관찰한 내용을 서양 서적의 삽화와 비교할 필요성도 느끼지 않았기 때문이다. 이것은 새로운 통찰을 위한 냉철하고 대담한 탐구였다. 가와구치는 일본의 전통의학에서 그다지 중요하게 여기지 않았던 뇌를 처음으로 해부했다. 그는 또한 유럽에서 그러했듯이 세상을 관찰하여 새로운 지식을 수집하는, 인간의 가장 중요한 기관으로 여겨지는 눈을 조사했다.

오기노는 그들의 연구 결과를 발표하는 것에 반대했다. 그는 유명한 야마와키가 반박받는 것을 원하지 않았기 때문이다. 그는 또한 그들의 발견이 아직 실제로 사용될 수는 없었지만, 전통의학의 근간을 흔들고 온 나라의 의료를 위태롭게 하지 않을까 우려했다. 그러나 그의 반대는 헛된 것이었다. 그들은 더이상 스승과 제자라는 개인적 유대감으로 묶여 있던 17세기의 순종적인 의사가 아니었다.[20]

그림 7 네덜란드 의사들이 일본인 여성을 해부하는 모습을 그린 상상도. 저자 소장

새로운 해부학적 묘사 방법

불교 사찰과 열혈 신자들을 위해 구상도를 족자에 그리는 과정에서 부패하는 시체는 이미 화가들의 모티브가 되어 있었다. 사형장에서 해부를 하게 되면서, 그들의 표현 방식은 의료 삽화의 영역에 진입했다.

베살리우스 시대부터 유럽의 삽화가들은 시체가 어느 정도 살아있는 것처럼 보여줌으로써 보는 이들의 두려움을 달래기 위해 노력해왔다. 그것은 비율적으로 이상화되었고, 종종 고대 그리스인의 자세로 묘사되는데, 그들의 몸이 열렸음에도 불구하고 마치 고통을 느끼지 않고 체액이 흐르지 않는 것처럼 보인다.

18세기 일본의 화가들은 완전히 다른 그림 언어를 사용했다. 그들은 보

---

20 川島恂二, 『土井藩歴代蘭醫河口家と河口信任』, 近代文藝社, 1989.

통 눈에 띄는 개성을 가진 시체를 보여준다. 이러한 시체 중 일부는 고유한 이름도 가지고 있다. 많은 경우에 혈액과 기타 체액이 흐르는 것이 보이고, 채색한 삽화에서는 죽음과 부패의 냄새가 나는 것처럼 보인다. 또한 여러 그림 족자에는 사형 집행에서부터 사후를 위한 준비 과정, 그리고 사체의 완전한 해부에 이르는 이야기가 담겨 있다.

이 그림들은 구상도와 놀라울 정도의 유사성을 보인다. 때로는 개가 시체 주위를 킁킁거리며 다시 나타난다. 두 종류의 묘사 모두 보통 잔잔한 풍경으로 끝이 난다. 일본 의사들 사이에서 해부학에 대한 지식이 늘어남에 따라 해부학적 삽화의 서술적인 특성은 사라졌지만, 유럽에서처럼 해부학과 예술은 일본에서도 밀접한 연관성을 가지고 있었다.[21]

18세기 나가사키의 선구자

18세기 중반, 네덜란드어로 된 책을 읽는다는 것은 여전히 드문 기술이었다. 의학서적을 적절하게 다룰 수 있었던 유일한 일본인은 나가사키의 수집가이자 학자였던 요시오 고규吉雄耕牛였고, 그는 나가사키 데지마에 있는 네덜란드 상관에서 선임 통역관[大通詞]으로 일했다. 요시오의 서적, 의료기기, 수입 식물 및 기타 서양에서 건너온 희귀품 컬렉션은 전국에서 온 방문객들을 매료시켰다. 그는 오랜 활동기간 동안 그가 세운 사립학교에

21 Wolfgang Michel-Zaitsu, "Paisajes Interiores. La Recepción de Japón de las concepciones occidentales sobre el cuerpo," Carlos H. Sierra & Santiago S. Hernando (eds.), *Habitar la Terra Incó gnita. Experiencias, Miradas, Pensamientos sobre Extremo-Oriente,* Santander, 2010, pp.107-132.

서 약 600명의 제자들을 가르쳤다. 그는 서양 서적에서 새로운 약과 치료법을 소개하는 여러 내용을 발췌하여 번역했는데, 그의 글에는 일본의 전통의학에 대한 관심이나 이론적 탐구에 대한 열망이 들어있지 않았다.[22]

에도에서 해부학에 대한 관심이 확대되다

사형수를 해부할 수 있는 권한은 보통 한 번만 주어졌고, 당국은 대중의 불안을 야기하는 것을 원치 않았기 때문에 모든 해부작업은 하루 안에 끝나야 했다. 따라서 부검을 통해 새로운 지식을 얻는 것은 느리고 힘든 접근 방식이었다. 이 시기 에도의 경험 많고 야심찬 의사 그룹은 서양의학에 깊은 관심을 갖게 되었다. 이들은 스기타 겐파쿠杉田玄白(1733-1817), 마에노 료타쿠前野良澤(1723-1803), 나카가와 준안中川淳庵(1739-1786), 가쓰라가와 호슈桂川甫周(1751-1809) 등이다. 이들 중 일부는 요시오를 방문했지만, 나가사키는 에도에서 1,200km 이상 떨어져 있었다. 그리고 이 뛰어난 통사가 그들에게 고무적인 문헌과 설명을 제공해 주었음에도 불구하고, 그를 학자이자 온전한 의사로 받아들이는 것을 주저했다.

스기타와 마에노는 이 그룹에서 주도적인 역할을 했다. 스기타는 재능 있는 학자이자 의사였지만, 네덜란드어는 전혀 몰랐다. 이와 반대로, 마에노는 이 이상한 언어에 매료되어 언어를 배우는 데에 많은 시간을 보냈기 때문에, 그의 영주 오쿠다이라 마사카奥平昌鹿는 그를 '난학 괴물'이라고 불

---

22 勝盛典子, 「吉雄耕牛-豪邁にして名聲高きオランダ通詞·蘭方醫」, 『九州の蘭學-越境と交流』, 思文閣出版, 2009, 94-101쪽.

렸다. 마에노는 그의 스승인 아오키 곤요青木昆陽(1698-1769)가 편찬한 단어장과 마랑Pierre Marin의 유명한 『란불사전(*Groot Nederduitsch en Fransch Woordenboek*)』에서 편찬한 단어장(필사본)을 가지고 있었다. 마랑의 사전은 각각의 항목 아래 풍부한 설명이 달려 있었다. 마에노가 쓴 『화란역전和蘭譯筌』(1797)은 그가 어떻게 네덜란드어 문장과 책 제목을 분석했는지를 보여준다. 비록 그가 동료들보다는 네덜란드어를 숙달하고 있었지만, 의학에 관한 책을 읽고 이해하기에는 언어 지식이 부족했다.[23]

『해체신서』 발간을 위한 여정

앞에서 언급한 의사들, 그리고 이들과 관련된 일화는 『난학사시蘭學事始』(1815)에 실린 스기타 회고록을 통해 알려져 있다. 이것은 83세의 노인이 쓴 감상적인 회고록이기 때문에 텍스트의 정확성에는 약간의 의구심이 있다. 게다가 스기타는 17세기 중반 이후의 통사와 의사들의 선구적인 공헌에 대해서는 별로 관심을 기울이지 않는다. 학문 분야로서의 '난학蘭學'은 스기타와 에도에 있는 동료 학자들에 의해 시작된 것이었다.

스기타에 따르면, 그들은 서양 해부학 책을 손에 넣었다고 한다. 그들은 책에 실린 삽화를 보고 경탄한 끝에 에도 외곽의 간선도로변에 있는 불길한 장소 고즈카하라 사형장小塚原刑場에서 해부를 관찰하기로 했다. 해부는 불교나 신도神道 신앙에 따라 불결하다고 여기는 일을 하며 생계를 유지

23 鳥居由美子, 『前野良澤』, 大分縣教育委員會, 2013.

한 에타히닌穢多非人이 행했다. 스기타와 동료 학자들의 목적은 서양 삽화의 신뢰성을 입증하는 것이었다. 곧 그들은 인체의 내부가 중국의 묘사와 매우 다르지만, 네덜란드 서적의 그림에 표현된 것과 똑같다는 것을 발견했다. 집으로 돌아오는 길에 그들은 책을 번역하기로 결정했다. 이 전환점에 대한 묘사는 인상적이지만, 이 시기의 스기타와 그의 동료들은 조잡한 칼을 사용했고, 해부학에 대한 지식은 제한적이었으며, 단지 몇 개의 장기만을 파악하고 있었다는 사실을 알아야 한다. 다만 이 사건이 있기 전에 서양의학은 어느 정도 그들의 신뢰를 얻었던 것으로 보인다.

그들이 번역하기로 한 책은 1732년에 독일 의사인 쿨무스가 출판한 *Anatomische Tabellen*의 네덜란드어판이었다. 쿨무스가 설명했듯이, 이 책은 '해부학 초보자들을 위한 쉬운 지침'이었지만, 그들 중 누구도 읽을 수 없었다. 결국 마에노 료타쿠가 책의 대부분을 번역했다. 스기타는 거의 알려지지 않은 언어와의 사투에 대해 자세히 설명하고 있다. 때로는 '코'와 같은 단순한 단어의 의미를 찾는 데도 며칠이나 걸렸지만, 그들은 2년 후 마침내 대략적인 초안을 마련했다.

이 책은 교육받은 의사들이 읽을 수 있도록 제작되었기 때문에, 스기타는 마에노의 일본어 번역을 바탕으로 한문판을 제작하고 출판할 준비를 시작했다. 그러나 이 단계에서 마에노는 프로젝트에서 빠졌다. 스기타는 마에노가 왜 그만두게 되었는지에 대해서 거의 언급하고 있지 않다. 상황을 고려해 볼 때, 그는 번역의 질에 만족하지 못했고, 그에 따르는 실수로 인해 발생할 수 있는 피해를 매우 두려워한 것으로 보인다. 1786년 스기타와 마에노의 제자인 오쓰기 겐타쿠大槻玄澤(1757–1827)는 그의 『육물신지六物新志』(1786)에서 천문학·지리학·기계학의 번역 실수는 나중에 고칠 수 있으나, 내과학이나 외과학에 관한 책은 한 번 잘못 번역하면 치명적인 결

과를 초래할 수 있다고 기술했다.[24]

그러나 스기타는 정치적 간섭에 더 신경을 썼고, 그의 방식은 옳았다. 불과 몇 년 전에 출판된 고토 리슌後藤梨春의 『홍모담紅毛談』(1765)은 금서가 되었다. 이에 스기타와 나카가와 준안中川淳庵은 당국의 반응을 알아보기 위해 삽화가 4개 들어있는 여러 페이지로 구성된 『해체약도解體約圖』를 인쇄했다. 공격을 피하기 위해 화가 구마가이 요시카쓰熊谷儀克는 장기 그림을 중국의 전통적인 삽화와 비슷하게 그렸으며, 이는 계획하고 있던 번역본 삽화와는 아무런 관련이 없었다. 당국이 간섭하지 않았기 때문에 본문 전체는 1774년 에도의 유명한 스와라야 이치베須原屋市兵衛가 『해체신서解體新書』라는 제목으로 발행했다.

『해체신서』의 제목이 들어있는 페이지에 스기타는 번역(杉田玄白譯)으로, 그의 동료 3명은 각각 교감(中川淳庵校), 참여(石川元常參), 교열(桂川甫周閱)로 기재되어 있다. 주요 공헌자인 마에노는 요시오 고규가 쓴 헌정사에서만 언급되었다.

『해체신서』는 종종 서양 서적의 첫 번째 완역본으로 일컬어지지만, 네덜란드어 원문과 비교하면 다른 모습이 드러난다. 『해체신서』라는 명칭은 딕텐Gerardus Dicten이 저술한 *Ontleedkundige Tafelen*과는 아무런 상관이 없다. 분명히 스기타는 이 책이 인체 해부학에 대한 새로운 관점을 보여준다는 것을 강조하고 싶었다. 그러나 그들은 단순한 번역 이상의 것을 출판했다. 쿨무스 책의 표지 그림에는 도서관에 있는 한 여성이 해부대에 놓여 있는 여성의 시체 위에서 조잡한 칼을 들고 있는 모습이 그려져 있다. 해부학의 여신인 듯한 또 다른 여성은 커튼을 연다. 의료기구와 해골

24 大槻茂質譯考, 『六物新志』, 蒹葭堂, 1786.

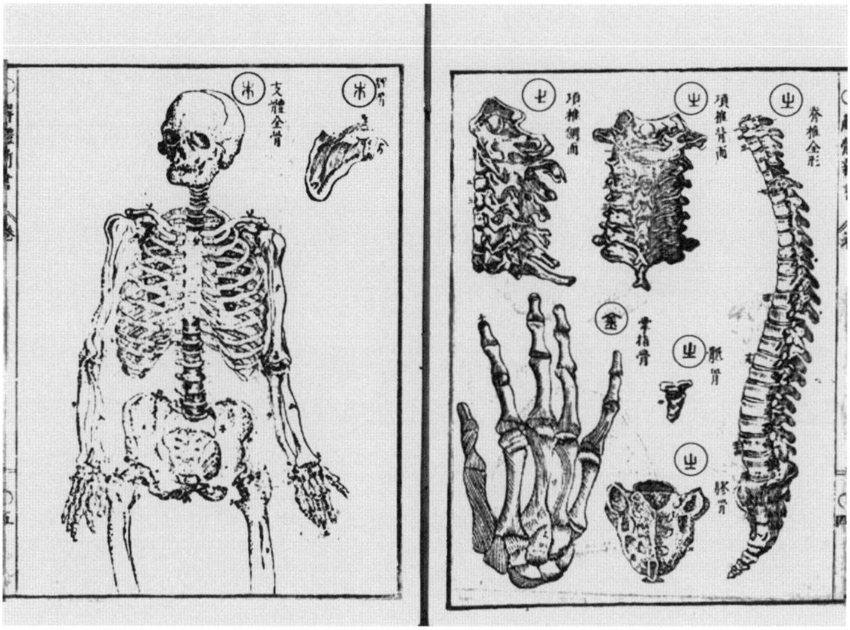

그림 8 다양한 문헌에서 가져온 『해체신서』의 삽화. 규슈대학 의학도서관 소장

은 이 풍경의 의학적 특성을 강조한다. 이런 종류의 설정은 일본의 남성 의사들과 잠재적 독자들에게는 호소력이 없었다. 따라서 그것은 발베르데Juan Valverde가 저술한 *Vivae imagines partium corporis humani*(1566)의 앤트워프판의 표지 그림을 약간 변형한 것으로 대체되었다. 번역서의 주요 부분에 들어있는 몇몇의 삽화는 바르톨린Thomas Bartholin(1616-1680), 블랑카트Steven Blankaart(1650-1702), 코이터Volcher Goiter(1534-1576), 파레Ambroise Paré(1510-1590)의 책에서 따온 것이다. 그들은 각각 나무·불·흙·금속·물을 나타내는 한자로 표시되어 있고, 해당 문헌 제목은 스기타의 서문에 나와 있다. 『해체신서』의 마지막 네 개 삽화는 비들루Govard Bidloo의 *Ontleding des menschelyken lichaams*(1690)에서 가져온 것이다. 에

도의 학자들이 유럽의 유명한 책을 다수 접한 것은 분명하다. 스기타의 『해체약도』에 나오는 네 개의 삽화는 구마가이 요시카쓰熊谷儀克가 그린 반면, 『해체신서』의 모든 그림은 서양화에 정통한 오다노 나오타케小田野直武(1750-1780)가 그렸다.[25]

번역본은 쿨무스 책의 절반 이상을 차지하는 모든 주석을 생략했기 때문에 비교적 짧다. 마에노와 스기타는 쿨무스 저술의 기본적인 내용은 제시하고 있다. 그러나 제한된 언어능력과 네덜란드어에서 일본어, 그리고 한문으로의 복잡한 번역이었기 때문에 현대적인 의미에서 볼 때 『해체신서』는 구조적으로 충실한 번역은 아니다. 게다가 그것은 스기타가 덧붙인 내용과 다른 서양 저자들로부터 가져온 짧은 설명을 포함하고 있다. 쿨무스의 책에서 많은 내용을 가져왔지만, 다양한 문헌을 참고하여 편찬한 '새로운 책'으로 밝혀졌다.

심장, 간 등의 신체 부위와 장기의 기본 명칭은 이미 한의학에서도 사용하고 있었지만, 서양의 많은 해부 용어 때문에 마에노와 스기타는 한자를 사용하여 의미를 전달하는 새로운 방법을 찾아야 했다.

네덜란드어 단어의 구성 성분을 번역하고, 이를 조합하여 여러 복합어를 다시 만들어냈다. 예를 들어, slag[움직이다, 치다(動く, 打つ)]와 ader[맥, 혈관(脈, 血管)]의 합성어인 slagader의 번역은 동맥動脈이 되었다. 그들은 이 접근 방식이 효과가 없을 때 새로운 단어를 발명했다. 예를 들어 zenuw(nerves)의 경우, 중국 전통 의학에서 영감을 받았다. 그들이 zenuw의 번역어로 선택한 신경神經은 일본 의사들 사이에서는 용이하게 받아들여졌을지 모르지

25 杉田玄白翼譯, 中川淳庵鱗校, 石川玄常世通參, 桂川甫周世民閱, 『解體新書』, 須原屋市兵衛, 1774.

만, 중국 고전의학서에서 따온 신기神氣의 신神과 경락經絡의 경經을 사용하여 비서구적인 함축성을 도입한 것이었다.[26]

많은 경우, 그들은 문제의 서양 용어를 어떻게 번역해야 할지 몰랐고, 발음을 음역하기 위해 음소적으로 적합한 한자를 선택했다. 네덜란드어 klier(선(腺))는 kuriru(機里爾), band(인대)는 bando(蠻度), vet(지방)은 hetto(荷都)로 표기했다. 음역한 의학용어는 해부학적 특성과 기능에 대한 기본적인 이해가 깊어지면서 19세기에 사라졌다. 그러나 동맥·신경·연골·골수 등의 조어가 근대 일본어에 편입되었고, 일부는 중국어와 한국어에도 영향을 끼쳤다.

『해체신서』의 역사적인 영향

『해체신서』가 가지고 있던 문제점은 곧 알려졌다. 이에 스기타의 제자인 오쓰기 겐타쿠와 다른 학자들은 훨씬 더 좋은 삽화로 새로운 번역작업에 착수했다. 번역 원고는 1798년에 완성되어 1826년에 14권으로 구성된 『중정해체신서重訂解體新書』로 간행되었으며, 이는 해부학 용어에 대한 상세한 논의를 포함하였다.[27]

18세기 후반부터 네덜란드어와 의학에 관한 연구는 큰 진전을 이루었다. 1805년 재능 있는 학자인 우다가와 신사이宇田川榛齋(1769-1834)는 블

26 17세기 필사본에는 훨씬 더 나은 의미의 번역어인 수근(髓筋)을 제시했지만 뿌리내리지는 못했다.

27 鳩廬模斯撰述, 杉田翼耦譯, 大槻茂質重訂, 『重訂解體新書』, 植村藤右衛門, 1826.

랑카트Steven Blankaart, 팔페인Jan Palfijn(1650-1730), 윈슬로Jacques Bénigne Winslow(1669-1760)의 저술을 바탕으로 동판인쇄술과 정교한 해부학적 설명을 담은 『의범제강醫範提綱』을 출판했다. 그러나 『해체신서』에 대한 일반적인 관심은 빠르게 사라진 것으로 보인다. 18세기 말부터 19세기 초 데지마에서 근무한 학식 있고 호기심이 많은 상관과 의사들 중에 이 책의 제목을 언급하는 사람은 아무도 없었다. 1823년부터 1829년까지 방대한 양의 문헌, 동식물 표본 및 유물을 수집한 독일인 의사 지볼트Philipp Franz von Siebold(1796-1866)도 이 책을 알지 못했다.

그러한 결함에도 불구하고 '해부학에 관한 새로운 책'은 역사적으로 상당히 중요하다. 그것은 나가사키에서 멀리 떨어진 곳에 살던 의사들이 외국인과 전문 통사의 도움 없이도 서양의 의학서적을 번역할 수 있는 충분한 언어 능력을 습득할 수 있었고, 이것이 전문지식을 얻는 효과적인 방법이라는 것을 보여줬다. 놀랍게도 『해체신서』와 관련된 의사 중 어느 누구도 책이 출판된 이후 어떤 해부에도 참여하지 않았다. 하지만 그때부터 독서와 번역은 서양 과학을 받아들이는 데에 중요한 도구가 되었다. 사람 사체를 갈라 내부 장기를 보는 것은 당국의 감독하에 시행된 예외적인 사건이었다. 사체 해부에 참여한 것으로 알려진 대부분의 의사들은 일생에 단 한 번 참여했을 뿐이었다. 1870년대와 1880년대 서양의학교육이 본격적으로 도입되기 전까지 해부는 해부학 교육과 연구의 수단으로 정립되지 않았다.

참고문헌

자료

鳩廬模斯撰述, 杉田翼龝譯, 大槻茂質重訂, 『重訂解體新書』, 植村藤右衛門, 1826.

大槻茂質譯考, 『六物新志』, 蒹葭堂, 1786.

服部範忠述, 『內景圖說』, 1722.

杉田玄白, 『蘭學事始』, 1869.

杉田玄白翼譯, 中川淳庵鱗校, 石川玄常世通參, 桂川甫周世民閱, 『解體新書』, 須原屋市兵衛, 1774.

王與編輯, 河合尙久譯, 『無寃錄述』(江戶: 1768, 大阪: 1799)

Diary of trading post chief Adriaen van der Burgh, 24 May 1652, National Archive, The Hague, NFJ no.65

Diary of trading post chief Johannes Boucheljon, 28 February 1660, National Archive, The Hague, NFJ no.73

Diary of trading post chief Zacharias Wagenaer, 26 April 1659, National Archive, The Hague, NFJ no.72

연구논저

慶應義塾大學付屬硏究所斯道文庫編, 『江戶時代書林出版書籍目錄集成』 1, 井上書房, 1962.

慶應義塾大學付屬硏究所斯道文庫編, 『江戶時代書林出版書籍目錄集成』 2, 井上書房, 1963.

ヴォルフガング・ミヒェル, 「屍體を觀る－根來東叔の「人身連骨眞形圖」とその位置づけについて」, ヴォルフガング・ミヒェル・吉田洋一・大島明秀共編, 『史料と人物』

IV, 中津市歴史民俗資料館, 2012.

ヴォルフガング·ミヒェル,「紅毛流外科の誕生について」,『歴史の中の病と醫學』, 思文閣出版, 1997.

杉立義一,「江戸時代解剖の事跡とその反響」, 山田慶兒·栗山茂久,『歴史の中の病と醫學』, 思文閣出版, 1997.

勝盛典子,「吉雄耕牛－豪邁にして名聲高きオランダ通詞·蘭方醫」,『九州の蘭學－越境と交流』, 思文閣出版, 2009.

鳥居由美子,『前野良澤』, 大分縣教育委員會, 2013.

酒井シヅ,「日本最初の西洋解剖書の翻訳」, 原三信編,『日本で初めて飜譯した解剖書』, 六代原三信蘭方醫三百年記念奬學會, 1995.

川島恂二,『土井藩歴代蘭醫河口家と河口信任』, 近代文藝社, 1989.

片桐一男,『知の開拓者 杉田玄白『蘭學事始』とその時代』, 勉誠出版, 2015.

Michel, Wolfgang, "Neue Materialien zum medizinischen Personal der VOC: Niederlassung in Japan,"『言語文化論究』10, 1999.

Michel-Zaitsu, Wolfgang, "Paisajes Interiores. La Recepción de Japón de las concepciones occidentales sobre el cuerpo," Carlos H. Sierra & Santiago S. Hernando (eds.), *Habitar la Terra Incógnita. Experiencias, Miradas, Pensamientos sobre Extremo-Oriente*, Santander, 2010.

Michel, Wolfgang, "The True Shape of Bones: On the Dawn of Human Dissection in Early Modern Japan," *Bulletin of the 4th International Symposium on the History of Indigenous Knowledge*, 2014.

일본의 해부학 수용 초기의 특성:

『해체신서』와 『중정해체신서』에 나타난 세계와 인체

김성수

1. 머리말

자연철학에 근거하여 의학을 구성하고, 인체의 조화와 균형을 중시하는 생리·병리론을 주장하였던 중세 서양의학은 16세기 이후 해부학의 발전을 기점으로 커다란 변화를 이끌어내고 있었다. 베살리우스Andreas Vesalius의 해부서 『파브리카』(1543)를 시작으로, 하비William Harvey의 『동물의 심장과 혈액의 운동에 관한 해부학적 연구』(1628)에 의해서 밝혀진 혈액순환, 모르가니Giovanni Morgagni의 『해부학 연구에 바탕을 둔 질병의 장소와 원인』(1761)에 의한 병리해부학의 발전 등을 거치면서, 점차 과학적 방법론을 정립하고 근대의학으로 발전하고 있었다.

이처럼 서양에서 장기간에 걸쳐 일어난 변화가 동아시아에 전래되면서 『황제내경黃帝內經』과 『상한론傷寒論』 등을 기반으로 굳건히 유지되어 오던 전통의학체계에 균열을 일으켰다. 선교사와 상관商館 등을 통해 본격적으로 소개되었던 서양의학은 음양오행론陰陽五行論이나 장상론臟像論 등을 기본 개념으로 하였던 동아시아 전통의학과는 전혀 달랐기 때문이었다. 이에 동아시아 국가는 각기 처한 정치·사회적 상황에 따라 서로 다른 방식으로 서양의학을 수용하였고, 이는 각국의 근대화 양상과 밀접한 관계를 갖고 있었다.[1]

특히 의학을 시작으로 커다란 사회적 변화를 이끌어낸 것은 일본이었고, 1774년 간행된 『해체신서解體新書』가 그 기폭제였다. 서양에서 근대의학의 출발점으로 꼽히는 해부학의 발전상이 『해체신서』를 통해 그대로 전달되었으며, 그로 인해 의학의 영역을 넘어 『해체신서』 번역자들이 제시했던 서양의학에 대한 경외와 신뢰는 충분히 설득력이 있었다. 이후 일본 지성계와 의학계는 네덜란드 학문을 배우자는 일련의 학풍인 난학蘭學을 이끌었고,[2] 이것이 이어서 서양을 학습하려는 양학洋學으로 전개되면서 서구 지식과 문물을 본격적으로 수용하기 시작하였다.[3]

이 글은 일본에서 서양해부학을 수용하는 초기에 간행되어 일본 지성계에 크게 영향을 미친 『해체신서』와 『중정해체신서重訂解體新書』(1826)에서 나타난 특징을 분석하고자 한다. 저자인 스기타 겐파쿠杉田玄白(1733-1817)는 『해체신서』 번역을 주도하였고, 『난학사시蘭學事始』(1815)를 통해서 서양의학의 전래, 즉 난학의 역사를 정리하였다. 그리고 그의 제자인 오쓰키 겐타쿠大槻玄澤(1757-1827)는 스승의 부탁에 따라 증보판이라고 할 『중정해체신서』를 내놓았고, 네덜란드어 사전인 『난학계제蘭學階梯』(1788)를 저술하는 등 다양한 분야에서 업적을 남긴 인물이었다.

통상 1세대 난학자로 불리는 이들에 관한 일본 학계의 연구는 상당히

---

1 이종찬, 『동아시아 의학의 전통과 근대』, 문학과지성사, 2004.

2 酒井シヅ, 『日本の醫療史』, 東京書籍株式會社, 1982, 284쪽.

3 岩崎允胤, 『日本近世思想史序說 下』, 新日本出版社, 1997, 271; 김성수, 『해체신서』, 한길사, 2014, 10-12쪽.

축적되어 있다.[4] 그러나 동아시아에서 해부학의 수용으로 초래된 문화적·사상적 경향의 변화와 그 의미에 대한 연구는 부족한 편이다. 인체를 바라보는 시각은 인간 이외에 여타 객관적 사물에 대한 인식도 유사하게 구성한다. 해부학의 수용은 인체를 관찰·분석의 대상으로써 객관적으로 파악하게 하며, 같은 방식으로 인체 밖의 사물과 세계를 이해하는 방식에도 영향을 미친다.

이러한 관점에서 인체 밖의 세상을 감각하여 인지하는 과정, 그것들을 재구성하여 지식을 생성하는 양상, 최종적으로 재구성된 지식을 통해 다시 바라본 세계라는 세 가지 영역에서의 특성을 파악하고자 한다. 구체적으로는 인식의 대상을 파악하는 감각에 해당하는 시청각론, 감각의 구성과 인식작용의 주체에 대한 심장·뇌 인식론, 일본과 중국 그리고 서양 간 세계관의 변화라는 측면이다. 이 글에서는 서양과 서양학문에 대한 인식의 변화상과 해부학 전래로 달라지는 인체론을 중심으로 서술하고자 한다.[5]

---

4 특히 『해체신서』를 중심으로, 번역·저술가들의 생애나 각 의서의 내용, 번역의 정확성 및 당시 사회 구성에 대한 일반적인 사항이 주 연구대상이었다. 이들의 대한 대표적인 연구로는 片桐一男, 『杉田玄白』, 吉川弘文館, 1994; 洋學史研究會, 『大槻玄澤の研究』, 思文閣出版, 1991; 杉本つとむ, 『解体新書の時代』, 早稲田大學出版部, 1997 등을 참고할 수 있다.

5 해부학 수용 시기, 시각(視覺)에 대한 논의의 전개와 특징에 대해서는 김성수, 「18~19세기 서양의학의 전개 양상-眼科學을 중심으로-」, 『歷史와 實學』 70, 2019를 참고할 수 있다.

2. 해부학 전래와 세계관의 변화

1) 해부학과 서구 지식의 긍정

서양의 과학기술 수준이 높다는 것은 초기 선교사들에게 다양한 학문을 전수받았던 중국의 지식인들에게 공통적으로 나타나는 견해였다. 그렇지만 의외로 의학과 관련해서는 그 수용 정도는 높게 나타나지 않았다.[6] 이는 동양전통의학에서 이미 상당히 높은 수준의 의학지식을 체계화하였기 때문이기도 하였으며, 아울러 당시 전해진 서양의학의 진료 및 치료 수준이 그다지 높지 못했기 때문이었다. 그러나 본격적으로 해부학이 전해지면서 이와 같은 견해는 수정되지 않을 수 없었는데, 그와 같은 양상은 특히 일본에서 두드러지게 나타났다.

비슷한 시기에 서양지식을 경험하였던 중국과 일본 가운데, 일본에서만 이러한 경향이 나타났다는 사실을 주목할 필요가 있다. 지식 전파의 경로가 권력 상층부를 향했던 중국과 다르게 일본에서는 서양의료에 의한 대중 진료까지 행해졌다. 그 뿐만 아니라, 중국에서는 서양과의 교역이 단절되었지만 일본에서는 쇄국정책 속에서도 네덜란드와의 통상이 유지되었기 때문에 새로운 지식이 계속 전달될 수 있었다.[7] 또한 합리성의 준거에 따라 외부적 충격인 신지식을 받아들일 태도가 일본 의학계 내에 존재

---

6 동양의 서양과학에 대한 관심은 마테오 리치를 비롯한 예수회 선교사들이 중국에서 적극적으로 활동할 수 있었던 배경이었다. 그에 따라 서양의 지도와 수학, 역학 등에서 다양한 저술이 편찬되었는데, 대표적으로 『건곤도설(乾坤圖說)』을 비롯하여 『직방외기(職方外紀)』, 『기하원본(幾何原本)』, 『천문략(天問略)』, 『역상고성(曆象考成)』 등을 들 수 있다. 물론 서양의학을 소개한 『태서인신설개(泰西人身說概)』 등과 같은 서적도 있지만, 역학·천문학이 현실에 적용되었던 것과 다르게 의료활동에는 반영되지 못하였다.

7 김성수, 『해체신서』, 22-28쪽.

하고 있었다는 사실도 중요하다.

이러한 태도가 적극적으로 표명되지는 않았지만, 과거의 지식 혹은 주류 지식을 비판적으로 수용하려는 자세에서 간접적으로 시작되었다. 야마와키 도요山脇東洋(1706-1762)에 의해 시도된 해부와 그 결과를 1754년에 『장지藏志』로 출간한 일이 대표적이다.[8] 『장지』의 출판은 중국으로 대표되는 주류 의학지식(특히 오장육부론)에 대한 의문 제기에서 비롯하였다는 점에서 중요한 의미를 갖지만,[9] 동시에 야마와키의 서양의학관을 보여주고 있기도 하다. 야마와키가 『장지』에서 밝힌 바와 같이, 이미 서양의 해부학 서적을 보았음에도 불구하고 신뢰보다는 의구심을 품고 있었다.

> 지난번에 서양인[蠻人]이 지은 골절을 해부하여 만든 책을 보았는데, 당시에는 어리석게도 분간하지 못하였다. 이제 보니, 가슴과 배, 여러 장기 모두가 거기서 그린 것과 같다. 실제[實]의 것을 따른 까닭에 만리萬里에서도 똑같이 부합하니 탄복하지 않을 수 없다.[10]

그는 이전에 주목해서 보지 않았던 서양의 해부서가 자신이 해부에서 관찰한 결과와 오히려 부합하였다고 말한다. 그런데 『장지』에 묘사된 해부도의 경우 서양 해부학서와 매우 다르고, 오장육부 중심의 전통의학 해

---

8 小川鼎三, 『明治前日本醫學史1-日本解剖學史』, 日本學士院, 1978; 石出猛史, 「江戸の腑分」, 『千葉醫學』 74, 1997; 新村拓, 『日本醫療史』, 吉川弘文館, 2006.

9 김성수, 「에도(江戶) 시대 해부학의 발전: 『장지(藏志)』의 간행을 중심으로」, 『의사학』 21-1, 2012, 113-115쪽.

10 『藏志』 乾之卷, 藏志, "嚮者獲蠻人所作骨節剮剝之書 當時憒憒不辨 今視之 胸背諸藏 皆如其所圖 履實者 萬里同符 敢不嘆服."

부도와 유사하다. 따라서 서양 해부학의 영향은 거의 없다고 볼 수 있는데, "탄복하지 않을 수 없다"고 한 서양의 해부도를 참고하지 않은 이유는 의문이다. 의학에서 이론보다 실증이 중요하다는 인식과 해부의 실증성에 주목한 태도로 서양의 해부학에 대한 부정적 인식이 약화되었지만 여전히 한계가 있었다고 할 수 있다.

야마와키와는 다르게 해부에 동의하지 않는 전통의학을 공부한 의학자들의 경우에는 대체적으로 서양의학에 대한 부정적인 인식을 갖고 있었음이 분명하다. 반대로 전통의학이 아닌 포르투갈 혹은 네덜란드 의학에 일찍이 영향을 받은 의학자들은 경우가 달랐던 것으로 보인다. 일본에서 두 번째 해부를 진행한 것으로 알려진 가와구치 신닌河口信任(1736-1811)의 경우가 적절한 사례이다. 이미 증조부 이래로 서양의학을 접하였으므로 가와구치 신닌은 서양의학에 대한 거부감이 당연히 없었을 것이고, 특히 그의 해부에서 보이는 특징은 그러한 사실을 그대로 반영한다.[11]

이처럼 18세기 중반까지 일본에서 해부학과 서양의학에 대한 인식은 매우 혼재한 상태로 존재하였다. 그렇지만 해부서의 수입·전파가 지속되면서 서양의학에 대한 우호적인 입장이 강화되어 나갔고, 본격적인 상황의 변화는 『해체신서』의 등장을 통해서 이루어졌다. 다만 그에 앞서 검토해야 할 사항은, 야마와키의 전통의학에 대한 불신에서 서양의학에 대한

---

11 야마와키 도요는 해부에 참관하였을 뿐이었다는 점에서, 해부를 직접 집도한 가와구치 신닌이 실제 해부의 최초 사례라고 해도 과언이 아니다. 더구나 야마와키는 장부의 확인에 집착하였던 반면에 가와구치는 해부의 영역을 뇌와 안구, 척추 등으로 넓혔는데, 이는 서양의 해부학에 많은 영향을 받았기 때문이었다. 아울러 그가 확인하려고 했던 기관들이 이후 해부학자들의 중심연구과제가 되었다는 점에서 일본 해부학 발전에 있어서 큰 역할을 하였다.

긍정으로의 변화가 연속적이며 인과적으로 이루어졌다는 사실이다. 이는 『해체신서』의 번역자들에게도 마찬가지로 벌어진 일이다. 야마와키는 전통의학을 "연구할수록 오히려 의심이 들었다"고 에둘러 표현하였지만,[12] 『해체신서』 번역자들은 이를 더욱 강하게 주장하였다.

> 중국의 치료법과 논설을 연구할수록 (그 내용들이) 견강부회牽强附會한 것이어서, 밝히려고 하면 점점 더 어두워지고 바로 잡으려하면 점점 더 잘못되어, 하나라도 쓸 만한 것을 보지 못하니 한단邯鄲의 걸음을 배우는 사람처럼 망연해 하였다. 난서蘭書 가운데 난해한 곳이 10 가운데 7에 이르지만, 반면 한설漢說에서는 채용할 만한 것이 10 가운데 1에 지나지 않았기 때문이다.[13]

> 이에 해부의 책을 가져다 그 통설에 의거하여 해부하여 살펴보니 하나도 어긋나지 않았다. 장부臟腑와 규관竅關, 골수骨髓와 맥락脈絡의 위치와 정렬된 상태를 비로소 알 수 있게 되었으니, 어찌 유쾌하지 않으리오. 이것(해부서)으로써 중국의 학설[漢說]을 살펴보면 해부의 서적이 옳고 한설은 틀렸다.[14]

---

12 『藏志』, 乾之卷, 藏志, "醫之稱古 素問爲首 靈樞難經亞之云 其說五藏六府 表裏轉輸 五行五色 三部九候 經絡配當者 爲最詳也 魏晉以降 推尊奉戴 以爲吾道之宗源 無復異論矣 不佞尙德 少小修刀圭之業 奉識疾醫 講究熟讀之間 大疑竊萌焉."

13 『解體新書』 凡例, "尋究其療方論說 則穿鑿附會牽强跡鹵 欲晰之彌暗 欲匡之彌謬 無可一以寓諸庸焉芒芒乎若邯鄲之學步者矣 蓋蘭書之所難解者 不過十之七 而漢說之所可采者 則不過十之一耳."

14 『解體新書』 凡例, "因取解體之書 依其成說 解割而視 則無一所失焉 臟府竅關 骨髓脈絡始得識其位置整列焉 豈不婾快乎 以是觀漢說 則其前者近于是而後者不遠于非也."

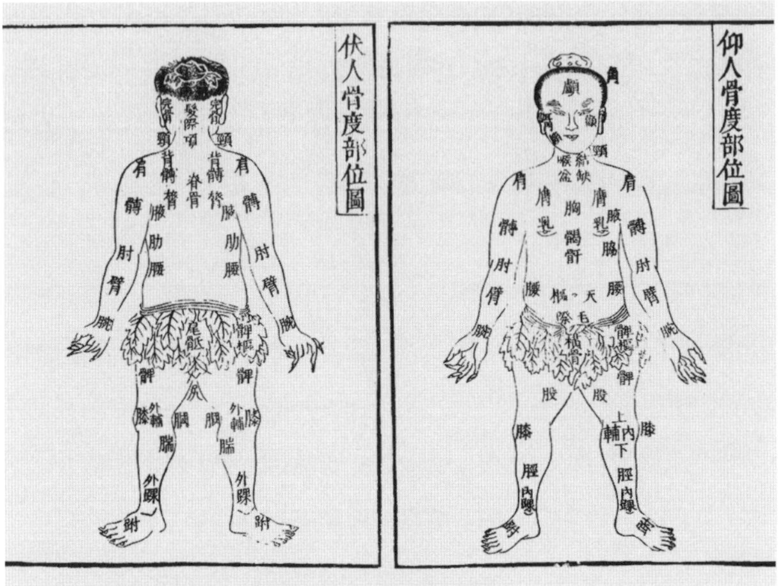

그림 1 『유경도익(類經圖翼)』 골도(骨度). 와세다대학 소장

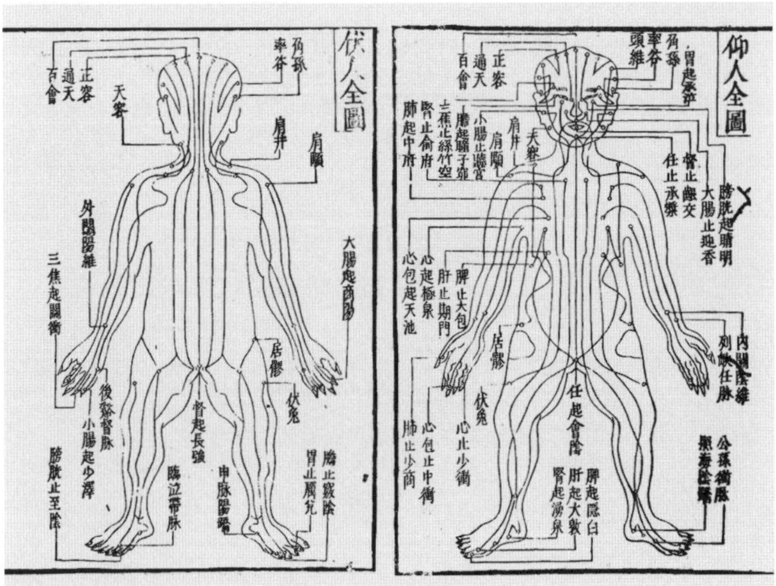

그림 2 『유경도익(類經圖翼)』 경맥도(經脈圖). 와세다대학 소장

『해체신서』의 범례에서 스기타는 '견강부회'라는 표현으로 동아시아 전통의학의 인체 이해를 매우 강하게 부정하였다. 야마와키와는 다르게 선조로부터 서양의학의 가학을 이어받았던 영향도 있었지만, 무엇보다 해부를 목도한 경험 때문이었다. 1771년 3월 4일 일본 도쿄의 북쪽인 고즈카하라小塚原에서 진행된 사형수의 해부를 참관했던 스기타와 『해체신서』 번역에 참여한 동료들은 『해부도표』를 함께 보고 있었다. 독일인 쿨무스Johann Adam Kulmus가 1722년 펴낸 *Anatomische Tabellen*을 네덜란드 의사 딕텐Gerardus Dicten이 번역한 *Ontleedkundige Tafelen*이었다.

동아시아 전통의학에서는 오장육부를 대략적으로 그린 오장도五臟圖나 경맥經脈과 혈穴자리를 표시하기 위해서 그린 동인도銅人圖 정도만이 알려져 있었는데, 사형장에서 검토한 그 책의 인체 해부도면은 놀라울 정도로 정확하였다고 한다. 그리고 이를 계기로 의기투합한 인물들이 네덜란드어 수백 개 단어만을 알고 있는 마에노 료타쿠前野良澤(1723–1803)를 중심으로 번역해 나간 결과가 바로 『해체신서』였다.[15]

이처럼 해부와 해부서의 검토를 통해서, 전통의학을 부정하고 서양의학을 긍정하는 것으로 양상이 변화하고 있음을 보여준다. 야마와키가 애초에 서양의 해부학 서적을 보았음에도 불구하고 그것을 의심하였던 태도는 이후 『해체신서』의 번역자들이 보여주는 자세와는 분명하게 다르다. 더구나 해부라는 특별한 사건을 똑같이 경험하였음에도 불구하고, 야먀와키는 여전히 전통의학에 머물렀던 반면에 『해체신서』의 번역자들은 서양, 특히 그들이 접한 네덜란드의 과학과 의학지식에 경외감을 드러내고 있었다.

15 김성수, 『해체신서』, 29–34쪽.

> 네덜란드[阿蘭]라는 나라는 기술에 정통하다. 그 사람들이 마음과 힘을 쓰고 지혜와 기교를 다하여 이룩한 분야는 동서고금東西古今을 통해서 그들보다 뛰어난 사람들이 없다. 그런 까닭에 위로는 천문天文과 의술醫術에서부터 아래로 기계와 의복에 이르기까지 정묘하고 치밀하여, 그것을 보는 사람으로 하여금 시원스레 기발한 생각을 낳지 않는 적이 없다.[16]

18세기 중·후반 일본의 지식인들에게 서양문물은 아주 낯선 것은 아니었다. 16세기 후반부터 계속된 서양과의 교류를 통해 다양한 서양의 문물이 들어왔고, 총포류나 렌즈 등은 이미 상당히 익숙한 상태였기 때문이다. 스기타 겐파쿠의 경우에도 『해체신서』를 번역하기 오랜 전에 이미 네덜란드에서 전해진 서양 본초서本草書를 강독하는 모임에 나가기도 하였음을 감안한다면, 서양에 대한 이해가 축적되고 있었을 것이다.[17]

그들은 의학과 관련해서 해부학을 주목하였다.[18] 서양의 의학이 발전할 수 있었던 배경에는 해부학이 있다고 보았기 때문이었다. 무엇보다 『해체신서』 번역자들의 해부 목격은 이와 같은 견해를 더욱 굳건히하는 배경이 되었을 것이다. 그런 이유로 의학을 배우기 위해서는 해부학 학습부터 시작해야 한다고 주장하였는데, 이는 과거부터 내려오던 의학 학습의 전통을 새롭게 규정하는 것이었다.

---

16 『解體新書』 刻解體新書序, "阿蘭之國 精乎技術也 凡人之彈心力盡智巧 而所爲者 宇宙無出于其右者也 故上自天文醫術 下至器械衣服 其精妙工緻 無不使觀者 爽然生奇想焉."

17 김성수, 『해체신서』, 32쪽.

18 스기타 겐파쿠와 동료들이 형장에서 해부를 참관할 때 쿨무스의 해부서를 함께 갖고 있었다는 사실을 주목할 필요가 있다. 이는 그들이 해부를 목도하기 이전부터 해부학에 관심을 갖고 있었음을 알려주는 사례이기 때문이다.

> 여러 증상症狀의 소재는 해부를 제외한다면 알 수가 없을 것이다. 네덜란드인이 정교할 수 있었던 것 역시 이 해부학에서 비롯하였기 때문이다. 따라서 의술로 나아가려는 사람이 진실로 여기에 연원을 두지 않으면 결코 불가능하다.[19]

치료를 위해서는 질병의 원인을 파악해야 하고, 그것은 오로지 해부를 통해서만 분명하게 할 수 있다는 주장이다. 물론 이는 스기타가 외과의에 해당하는 양의瘍醫의 전통을 갖고 있었다는 점을 고려하더라도, 그의 언급은 사실상 과장된 것이라고 할 수밖에 없다. 왜냐하면 기초의학으로써 생리학과 병리학을 정확하게 학습하고 이해하여야만 올바른 진단이 가능한 일이고, 해부를 통해 인체를 이해한다고 해서 곧바로 치료로 연결되지는 않기 때문이다. 그럼에도 정확하게 묘사된 인체의 내부는, 그것을 그려낸 서양인들의 지식에 대한 경도와 해부학의 당위로 이어졌다.

그러나 여기에는 중요한 전제 조건이 있다. 해부학에서 제시하는 인체관을 받아들이기 위해서는 전통의학을 통해 익히 알고 있었던 제반 지식을 모두 버려야 한다는 사실이다. 즉 두 가지를 병행하여 수용할 수 없으며, 한 가지를 선택한다면 다른 한 가지는 전부 폐기해야 한다. 결국 해부학적 인체관을 수용할 것인가는 그들에게 양자택일의 문제였고, 이는 서양지식의 선택과 동양 전통지식의 전면적 부정으로 이어졌다.

> 세상에 호걸 같은 인물이 있더라도 잘못된 습속이 눈과 귀를 현혹하여 구름과 안개를 헤치고 푸른 하늘을 볼 수가 없었다. 그런 까닭에 진실로 면목面目을 고

19 『解體新書』 凡例, "諸證之所在 外此而無可知焉 蘭人之致精巧 亦昉乎斯 故欲能進于醫焉者 苟非淵源于此 則決弗能也."

> 치지 않는다면 그 방에 들어갈 수가 없는 것이다. 오호라! 사람들 중에는 유능한 사람도 있고 무능한 사람도 있는데, 난 재주도 없으며 결코 다른 기술도 없다. 오직 홀로 이 분야에 전념하여 밝힐 수 있었으니, 진실로 옛사람에게 부끄럽지 않다. 그 시초는 면목을 고치는 데 요점이 있으니, 만일 나와 뜻을 같이 하여 해부학에 종사하면 아마도 경지에 이를 수 있을 것이다.[19]

『해체신서』의 역자들에게 동양의 전통의학지식은 '잘못된 습속'이며, '눈과 귀를 현혹하는 구름과 안개'일 뿐이었다. 과거 중국에서 전해진 지식이 당시에 선진적인 것으로 받아들여졌다면, 이제는 거꾸로 후진적이라고 평가받게 되었다. 의학에 있어서 그렇게 주장할 수 있는 근거는 바로 해부로 확인된 인체 기술記述의 정확성이었다.

2) 해부의 일상화와 상대적 세계관의 등장

서양의학에 대한 전면적인 신뢰는 『해체신서』의 번역자들에게서 나타나는 공통된 현상이었으며, 스승인 스기타의 부탁으로 『중정해체신서』를 펴낸 오쓰키에게도 이러한 인식은 그대로 이어진다. 기초의학으로서 해부학을 강조하기는 마찬가지였지만, 오쓰키는 동서양의 다양한 지식을 토대로 해부의 역사성을 주목한다. 그리고 역사성의 강조는 해부를 특별한 사건인 아닌 일상적 학문방법으로 바꾸었고, 더 나아가서 세계관의 전환으로 연결되었다.

---

20 『解體新書』凡例, "世雖有豪傑士 汚習惑乎耳目 未能披雲霧而見青天也 故苟非改面目者 則不能入其室也 嗚呼人有能有不能 余之不才 斷斷無它技 唯獨於斯業 專精得以明之 誠無慙乎古之人 而其所權輿 要在改面目也 如與余同志 從事于斯 則庶乎得而至也."

오쓰키가 가장 중요하게 여겼던 것은 역시 해부학의 정당성이었다. 그는 『중정해체신서』의 강여만필講餘漫筆 가장 첫머리에서 해부학[解體]의 의미와 함께 서양의학의 치료과정을 구체적으로 설명한다. 먼저 시체를 해부하여 몸의 안팎과 기관들을 두루 살펴 기능을 상세히 파악함으로써, 인체의 생리적 기능을 통해서 병리적 상황을 추론해 내고, 이를 치료의 근간으로 삼는다는 것이다.[21] 이는 앞서 스기타가 해부가 아니면 증상의 소재를 파악할 수 없다는 인식과 궤를 같이할 뿐만 아니라, 더 나아가 진료과정의 원칙에까지 적용한 것이다.

그런데 해부가 의학의 기초라는 당위의 주장과 함께 해부의 역사가 동양에서도 오래되었음을 강조한다. 『영추靈樞』 경수편經水篇의 언급을 필두로 중국 역사에서 나타난 해부의 여러 기사, 즉 왕망王莽시기의 해부와 구희범오장도歐希範五臟圖, 존진도存眞圖 등에 관한 설명을 이어 나간다. 오랜 역사에서 등장한 해부와 그 관찰이 18세기 후반 당시와의 차이라면 관찰이 치밀하지 못하여, 논의가 견강부회하게 되었다는 점이었을 뿐이다.[22]

그가 이토록 해부의 사례를 역사적으로 검토하는 이유는 무엇인가? 그것은 해부에 대한 인식이 여전히 부정적인 상황에서, 의학적 효용성만으

---

21 『重訂解體新書』 劵12, 講餘漫筆之一, "西方醫流 先以支解屍體 諦視其內外諸器 熟識其官能主用 據其常而推其變 爲治術之根基 謂之 翁多列乙鐸(해부학, 필자)." 이외에도 해부의 중요성을 말하는 대목은 많은데, 다음과 같은 사례도 있다. 『重訂解體新書』 劵12, 講餘漫筆之一, "夫爲醫者 不可不專修解體之科 … 若不究此理 而望實詣于病機之變動 是猶盲人騎瞎馬 半夜臨深池."

22 『重訂解體新書』 劵12, 講餘漫筆之一, "一 解剖之一途 振古旣有之 靈樞經水編曰 … 若夫八尺之士 皮肉在此 外可度量切循而得之 其死可解剖而視之 且旣有五臟六腑之目 與今所實觀者 頗相合則古必有其法矣 但觀之疏漏 說之牽强 蓋坐尙文華之弊耳."

로는 이를 극복하기가 쉽지 않았기 때문이었다.[23] 차라리 역사적으로 검토해 볼 때 해부가 이미 오래전부터 있어 왔기 때문에, 이를 금기시할 필요가 없다는 방식으로 강조점을 바꾸려고 했던 것으로 보인다. 즉 해부를 비일상적인 사건에서 역사적으로 수차례 있었던 일상적인 일로 변화시키려는 시도로 볼 수 있다.

> 『해체신서』가 세상에 유행한 지 오래되었다. 학자들이 구습에 젖은 것이 고질痼疾이 되어 갑자기 안목을 바꾸기가 어려웠는데, 이상하다고 하여 배척하거나 기이하다고 하여 비난하는 사람들이 많았다. 이것은 핵심을 이해하지 못했기 때문이니, 진실로 논의할 필요도 없다. 대저 천지 사이에 기괴한 것은 없으니, 사물에는 각기 당연한 이치가 있다. 사람이 기괴하다고 여기는 것은 처음 보거나 갑작스레 듣게 되어 그 이치를 분변하거나 그 사정을 알 수 없기 때문이다. 그러나 그 일이 점차 익숙해지고 시간이 흐르게 되면 마음속에서 당연한 이치라고 여기게 되어 다시는 기괴하다고 여기지 않는다.[24]

야마와키에 의한 해부를 시작으로 1800년까지 진행된 해부만도 거의

---

23 『장지』의 출간 이후 이를 비판하는 『비장지(非藏志)』가 간행된 사실이나, 중국의 경우 해부를 비판하는 논설이 계속되었음은 이를 증명한다. 이 사례에 대해서는 김성수, 『해체신서』, 123-129쪽 및 신규환, 「청말 해부학 혁명과 해부학적 인식의 전환」, 『의사학』 21-1, 2012, 83쪽을 참고할 수 있다.

24 『重訂解體新書』 劵12, 講餘漫筆之一, "本編之行世也 日久矣 學者痼舊染之際 不能卒改面目 閒或異而排斥之 或奇而誹議之者多矣 此未得要旨之所致 固不足議焉 夫天地之閒無奇無怪 事物各有當然之理而存焉 蓋人所爲奇爲怪者 由始見卒聞 不得辨其理義 知其事情也 然其事漸慣而經久 則當然之理 自通于心 不復奇而怪焉."

20여 차례나 되었지만,[25] 여전히 해부는 매우 드물게 벌어지는 비일상적인 사건이었다. 이는 1859년 나가사키에서 폼페Johannes Pompe가 집도한 해부에 학생 20여 명 이외에도 인근 개업의 24명이 참관하였으며, 만일의 사태에 대비하여 150명에 달하는 경비가 배치되었다는 사실에서도 확인된다.[26] 인체의 핵심과 이치를 파악하기 위해서 필요한 해부학의 발전에는 무엇보다 부정적인 인식을 타파하는 일이 중요함을 정확하게 파악한 것이다.

그렇다면 수천 년의 의학 전통을 갖고 있는 중국에서는 여러 차례 진행된 해부에도 불구하고 해부학이 정립할 수 없었던 이유는 무엇인가? 오쓰키의 판단으로는 실측實測을 배제한 음양오행론의 강조가 문제였다. 가령 혈맥에 관한 설명 가운데 왕굉한王宏翰(?-1697)의 논의가 서양과 매우 유사하다고 평가하면서, 역시 소루함을 면하지 못하였음을 지적한다.[27] 그럼에도 자신이 왕굉한과 방이지方以智(1611-1671)의 논지를 계속해서 인용하는 이유를 이렇게 설명한다.

> 중국에서 의학이 생겨난 이래로 3천여 년이 지났으니 많은 의학자와 다수의 의서가 있지만, 음양오행陰陽五行으로 빠지지 않은 것이 하나도 없다. 그 학설이 자못 실제[實測]와 유사한 것으로는 다만 이 책(왕굉한의 『의학원시醫學原始』)과 방이지의 저술(『물리소지物理小識』) 뿐이다.[28]

25 김성수, 「에도(江戶) 시대 해부학의 발전: 『장지(藏志)』의 간행을 중심으로」, 134쪽.

26 김성수·신규환, 『몸으로 세계를 보다: 동아시아 해부학의 성립과 발전』, 서울대학교출판부, 2017, 206쪽.

27 『重訂解體新書』 巻11, 第十七編揣按下, "聞西方精究之說 而所著 未免詒疏漏謬誤之譏."

28 『重訂解體新書』 巻11, 第十七編揣按下, "漢自有醫道以降 三千年 醫人之多 醫書之夥 無一不涉陰陽五行者 而其說頗係實測者 僅此書與明方氏所著耳."

『중정해체신서』에서 오쓰키는 서양의학의 지식체계를 다양한 방식으로 설명한다. 새로운 지식을 그대로 옮기는 경우도 있지만, 그와 유사한 전통지식이나 앞서 서양의 과학을 접한 중국 지식인들의 새로운 견해를 다수 인용하기도 한다. 그 가운데 가장 주목한 인물이 바로 방이지와 왕굉한이었다. 특히 방이지는 『해체신서』의 번역자들도 주목한 인물이었다.[29] 그럼에도 그들 역시 과거의 구습에서 완전히 탈피하지 못하였다고 평가하는데, 이는 과거 중국의 음양오행론에 대한 절대적인 신뢰 때문이라고 말한다.[30]

방이지나 왕굉한과 150-200년 정도의 시간 차이가 있다지만, 일본에서 해부학을 비롯한 서양의 지식이 정착하게 된 이유를 오쓰키는 번역에서 찾았다. 번역을 통해서 만리 이역異域의 서양 학문을 토론할 수 있게 되었으니 두 사람의 업적으로도 비교할 수 없는 일이라고 자평한다.[31] 여기에는 두 가지 전략이 존재하고 있다. 먼저 방이지나 왕굉한의 업적보다 일

---

29 『해체신서』에서 매우 상세하게 주석을 단 부분이 시각과 청각의 원리를 설명하는 대목으로, 저자들은 방이지의 시각·청각론을 상세하게 기술한다. 이는 『중정해체신서』에서도 마찬가지인데, 이에 대해서는 김성수, 「18~19세기 서양의학의 전개 양상-眼科學을 중심으로-」, 26-29쪽을 참조할 수 있다.

30 『重訂解體新書』 券11, 第十七編拙按下, "猶且因循舊習 未能全脫樊籬 而發揮實理 況敢望有後進容疑舊說 … 要之 陰陽五行 漢土古今 一大結構 耳目所慣 人人安其中 雖有豪傑 恬不之省者 古來國俗風習令然也."

31 『重訂解體新書』 券11, 第十七編拙按下, "吾黨創西洋醫學 後二氏 貳百餘年 然以直從事飜譯 故東西萬里 而得與西哲交臂 討論於一堂上 厭飫之久 所得非如二氏傳聞之比也." 이 200년이라는 간극은 서양학문을 더욱 심화시킬 수 있는 기간이었으나, 그 기회를 놓친 것에 대한 안타까움도 다른 대목에서 거론한다. 『重訂解體新書』 券2, 腦及神經篇第八, "和漢悠悠古今 未曾有論及人身具斯生機神用之靈物者也 但至明季 間有傳其端緒而畧載焉者 爾後二百有餘年 又未曾有繼其緒而究其精者 可惜哉 方今我輩而得究若精詳 豈不愉快哉 是唯人力 眞時運之所致也."

본에서 수십 년간 진행된 서양의서의 번역이 더 큰 업적이라는 인식이다. 중국 지식인들은 서양지식의 단편만을 소개하였다면, 번역은 대상인 서적에 담고 있는 전체 내용을 알려주는 데만 의미가 있는 것이 아니었다. 오쓰키 자신이 시범을 보이는 바와 같이 올바른 이해를 이끌어내기 위한 부가적인 설명도 제시해야 했으며, 이는 새로운 지식을 정확하고 광범위하게 받아들일 수 있는 계기이기도 했다.

두 번째로는 시간이 지남에 따라 지식을 이해하고 받아들이는 정도가 더욱 확장된다는 인식이다. 번역이라는 도구가 있기는 했지만, 당시 일본의 번역자들과 방이지·왕굉한의 차이는 바로 200여 년 가까운 시간이 지나면서 지식의 정도가 더욱 축적되었다는 점이다. 이는 "사람의 지혜가 점차로 계발되는 것은 (자연스런) 형세이다. 사람이 옛 방법을 고수하기만 하고 새로운 기술을 강구하지 않는다면 고루한 것이다"[32]라는 표현과도 일맥상통한다. 그런데 지혜가 개발된다면, 표현하기 위한 수단 역시 발달하기 마련이다. 오쓰키는 그것을 실측이라는 관점에서 제시하는데, 얼마만큼 정확성을 갖고 있는가의 문제로 귀결시킨 것이다. 이러한 이유로 고방파古方派가 옛 경전의 잘못을 밝히고 새로운 안목을 제시했음에도 불구하고, 결국 실측이라는 관점에서는 큰 단점을 갖고 있다고 지적한다.[33]

시간의 흐름에 따라 지식과 기술이 계발된다는 인식은 과거 성인聖人이

---

32 『重訂解體新書』 券12, 講餘漫筆之一, "人智之所漸闡 勢也 人偏守其舊法 而不講其新術 則可謂固陋而隘也矣."

33 『重訂解體新書』 券12, 講餘漫筆之一, "寶永享保之際 英雄俊邁之士 起于輦轂之下 疑議古經之過于摸索鑿空者 幡然別立一門戶 大發揮斯業 其才高識卓 寔可謂明導眼也 自此以往 有使世之深拘泥于生剋分配之舊說者 開活眼者 則多賴其力焉 不可不謂偉功也 但惜雖其說較可據 以無折衷實測者 亦皆逞臆見歸武斷而已."

알려준 지식이 절대적이라는 인식과 매우 다른 양상이다. 즉 성인을 기준점으로 하는 복고적인 시간·지식 관념에서 시간에 따라 지식이 발전한다는 개념으로의 변화가 마련되었고, 이에 따라 성인 역시 상대적이며 역사적인 단계의 일부분으로 바뀌게 된다. 이는 공간적인 이해에도 적용되는데, 성인의 학문이 시작되었던 중국의 위상이 변화하기 시작한 것이다.

여기서 주목할 부분은 과거 『해체신서』의 번역자들이 단순하게 '중국의 지식은 틀렸다'라는 방식으로 이해한 것과는 다르게, 오쓰키는 중국 역시 서양과 마찬가지로 일본에게 있어서 그저 다른 나라 가운데 하나라고 인식했다는 점이다. 『해체신서』 번역자들의 표현 속에는 은연중 중국의 영향을 쉽사리 부정하지 못하는 중국 중심 세계관의 영향이 보인다고 한다면, 오쓰키는 아예 일본을 중심으로 중국을 상대적으로 보는 세계관으로 치환시킨다.

> 우리 나라(일본)에서 지금 행해지고 있는 의술은 우리 나라의 상고上古 때부터 전해진 것이 아님은 분명하다. 천여 년의 세월 동안 사람들을 구제하였던 방법은 모두 중국에서 가져온 것이다. 그러나 중국에서 의학이 전래된 지가 오래되어, 사람들은 익숙한 나머지 그것이 우리나라에서 새롭게 세운 의학으로 착각한다. 잠시 물러나 그 근원을 따져보면, 모두 해외에 있는 다른 나라에서 받아들인 의학일 뿐이다.[34]

---

34 『重訂解體新書』 劵12, 講餘漫筆之一, "本邦今所行之醫流 非我上古神傳遺方固矣 其千有餘年之閒 世民之救療 悉皆取法于漢也 然其漢法之傳來 年歷之久也 人常慣以爲如我所創立之醫方也 退顧其所原 皆是所求海外異邦之法術也."

그의 표현에 따르면 일본을 중심으로, 중국이나 서양은 해외에 있는 다른 나라일 뿐이다. 따라서 중국의 지식과 의학을 대하는 방식은 서양의 그것과 동일해야 한다는 셈이 된다. 이러한 방식으로 중국의학이 오래된 만큼 서양의학, 특히 해부학도 오랜 역사적 전통이 있음을 증명하려고 시도한다. 그 노력은 해부학[解體科]의 연원을 설명하는 가운데 등장한다.

> 서양의 상고 이래 해부학이 의학의 종주이며, 질병을 치료하는 근본이었다. 『해체신서』의 주석에서 말하기를 옛날에 의성이 있어서 이름을 코스[革烏斯]의 히포크라테스[衣卜蛤蠟得斯]라고 하였다. 지중해 가운데에 있는 코스[哥阿斯]섬에서 태어나, 격물과 궁리의 학문을 전공하였으며 나아가 몸소 인체를 해부하여 (인체) 내외의 기관들의 형태와 기능을 전부 연구하여 (의학의) 도리를 세우고 학교를 세워 그 전통을 후세에 미쳤다. 진실로 이 사람이 구라파에서 의학의 근간을 열어서 해부학의 큰 스승이 되었다.[35]

오쓰키가 소개한 히포크라테스의 전적은 네덜란드어본 『해부도표』의 본문에는 없고, 주석으로 부기된 부분에만 있다. 즉 『해부도표』의 첫 장에는 해부학의 기본 개념을 설명하고, 역사적으로 참고해야 할 학자들을 기술한 부분이 있다. 이때 갈레노스를 비롯한 18세기 전반까지 많은 의학자들의 이름이 본문에 언급되었으며, 주석에는 본문에 나열된 인물에 대한 약간의 설명이 부기되어 있다. 그런데 주석의 갈레노스 앞에, 본문에서는 거명

35 『重訂解體新書』 券5, 飜譯新定名義解 上, "蓋泰西振古以來 以此術爲醫法之宗源 治疾之基本矣 註證曰 在昔 有醫聖 名曰衣卜蛤蠟得斯 革烏斯 生於地中海內 哥阿斯島 專事格物窮理學 尤就人身 躬解其體 以格知內外諸物 究盡形器實理 而建道設教 垂統創業 以貽惠於後世矣 誠是 我歐邏巴 洲中醫道之開基 解體家之祖師也."

되지 않은 히포크라테스에 대한 설명이 포함되어 있다.

이런 이유로 본문만을 번역하였던 『해체신서』에서 히포크라테스는 등장하지 않았는데, 오쓰키는 자신이 새롭게 번역한 용어를 설명하는 부록 가운데 해부학의 가장 첫머리 부분에서 기술하고 있다. 그런데 이 내용에 따르면 서양에서는 고대부터 해부학적 지식 전통이 있었으며, 그것이 18세기 당시 의학에까지 면면히 이어지고 있다. 그리고 이와 같은 전통을 세운 인물이 바로 히포크라테스였다. 물론 해부학 전통이 히포크라테스가 아닌, 코스섬 맞은편에 있었던 크니도스 지역의 학파에서 중시되었다는 현재의 의사학 연구와는 다른 견해이다. 『해부도표』의 저자인 쿨무스가 그렇게 판단한 것이었으며, 네덜란드어본에서도 해부학의 조종祖宗 정도로 번역하고 있다.

그런데 오쓰키가 갈레노스를 비롯한 다른 의학자들에 대한 설명은 모두 생략하고 단지 히포크라테스에 대한 소개만을 싣고 있다는 점을 주목할 필요가 있다. 그 까닭은 바로 히포크라테스가 해부학을 기초로 서양의학의 기반을 세웠다는 사실에 있으며, 같은 이유로 의성醫聖이라고 표현함으로써 동양전통의학에서 황제黃帝, 신농神農과 같은 인물에 비견할 수 있도록 장치를 마련하였다. 이는 고대 의학자이며 해부학자인 히포크라테스에 대한 강조이고, 동시에 서양의학과 해부의 전통이 동양의학에 비해 결코 밀리지 않을 만큼 역사성을 갖고 있음을 상기시키려는 의도의 산물이었다고 할 수 있다.

3. 뇌·신경의 등장과 새로운 인체관

1) 심장을 대신하는 뇌와 신경

서양의 의학-해부학이 소개되었을 때, 가장 주목을 받은 것은 무엇보다 뇌가 인간의 지각과 사고를 담당한다는 의견이었다. 이를 가장 일찍 동아시아에 소개한 이는 마테오 리치Matteo Ricci(1552-1610)라고 할 수 있다. 그는 『서국기법西國記法』에서 기억과 인식의 대상이 되는 사물·사건은 눈·귀·입·코의 감각기관과 사지에 의한 촉각을 통해서 뇌로 전달되고, 뇌는 그것을 인식한다고 말하였다.[36] 이후 아담 샬John Adam Schall von Bell(1591-1666)은 인체에서 뇌·심장·간의 역할이 중요하며, 이들은 인체활동의 영역에서 지각知覺·영양營養·생혈生血 등의 기능을 담당한다고 전하였다.[37] 이러한 논의는 중국 전역에 광범위하게 퍼지지는 못했지만, 그들과 교류하였던 일부 지식인에게 많은 영향을 미쳤다.

대표적으로 방이지는 아담 샬의 『주제군징主制群徵』에서 밝힌 서양 중세 의학론에 중국적인 세계관이라고 할 기氣의 청탁淸濁 관념을 적용하여, 뇌의 청탁이 사람의 지능을 결정한다고 말한다.

> (몸의) 열이 피를 만들고, (인체의) 기운을 기르며, (신체가) 동작하고 지각하도록 한다. 몸의 안에서는 심장과 간, 뇌가 중요하며, 나머지는 (세 기관의) 명령을 기다릴 뿐이다. (중략) 심장은 몸 안의 열과 몸을 자양하는 기운을 만들어내며, 뇌는

---

36 『西國記法』 原本篇第一, "蓋凡記識 必自耳目口鼻四體而入 當其入也 物必有物之象 事必有事之象 均似以印入腦"; 馬伯英, 『中國醫學文化史』, 上海人民出版社, 2010, 325-328쪽.

37 여인석, 「『주제군징(主制群徵)』에 나타난 서양의학 이론과 중국과 조선에서의 수용 양상」, 『의사학』 21-2, 2012, 262-263쪽.

동작과 감각을 담당하는 미세한 기운을 만들어내는 까닭에 모두 고귀하다. … 나는 말한다. "사람이 지혜로운지 어리석은지는 뇌의 청탁清濁에 달려 있다."[38]

이러한 사례는 왕앙汪昻(1615-1694)이 『본초비요本草備要』에서 김성金聲을 언급하는 가운데에서도 나타난다. 그에 따르면 사람의 기억은 온전히 뇌에 있는데, 어린아이가 잘 잊어버리는 것은 뇌가 아직 충실하지 못하기 때문이며 노인의 건망증은 뇌가 점차로 비어가기 때문이라고 설명하였다고 한다. 그러면서 사람이 사물을 한 번 보면 반드시 뇌 가운데에 그 그림자가 남는다고 알려주었다. 이를 들은 왕앙 역시 그의 의견에 동의하면서, 사람이 과거의 일을 기억하려고 하면 반드시 눈을 감고서 위를 올려다보면서 생각하게 되는데, 뇌에 정신을 집중하느라 그렇다고 동조한다. 다만 사람들이 구습에 젖어서 이를 살피지 않을 뿐이라고도 아쉬워했다.[39]

명말 청초에 전래된 서양의학이 중세의학이며 광범위하게 퍼지지 않았다는 한계에도 불구하고 뇌를 지각의 중심으로 이해하는 논의는 큰 반향을 일으켰으며, 이후로도 논란의 대상이었다.[40] 전통의학의 견해를 따르거나 서양의 학설을 추종하는 경우 이외에도, 이 둘의 중간 지점에서 양자를 긍정하는 경우도 등장하였다. 유지劉智(1660-1730)와 같은 학자는 심장은 영명

38 『物理小識』, 身內三貴之論, "熱以爲生血 以爲養氣 以爲動覺 其在身內 心肝腦爲貴 而餘待命焉 … 心則成內熱與生養之氣 腦生細微動覺之氣 故並貴也 … 浮山愚者曰人之智愚係腦之清濁."

39 『本草備要』, 木部, 辛夷, "吾鄉金正希先生嘗語餘曰 人之記性 皆在腦中 小兒善忘者 腦未滿也 老人健忘者 腦漸空也 凡人外見一物 必有一形影留於腦中 昂按 今人每記憶往事 必閉目上瞪而思索之 此即凝神於腦之意也 不經先生道破 人皆習焉而不察矣 李時珍曰 腦為元氣之府 其於此義 殆暗符歟."

40 신규환, 「청말 해부학 혁명과 해부학적 인식의 전환」, 70-77쪽.

靈明한 장부이지만 뇌에 의뢰하지 않으면 제 역할을 할 수 없으며, 만약 뇌가 제대로 기능하지 못하면 심장의 지기志氣 역시 어지러워진다고 하였다.[41]

그렇다면 이들이 이해하는 심장과 뇌의 관계는 구체적으로 어떠한 것인가? 서양의학적 견해를 적극적으로 수용하면서 『의학원시醫學原始』라는 의서를 저술한 왕굉한에게서 그 일단을 찾을 수 있다. 그는 "눈은 보는 도구이지만, 심장이 보는 것이지 눈이 보는 것은 아니다", "심이 기억한다는 것은 바로 뇌에 기록하는 것일 뿐이다"라고 말한다.[42] 이는 서양의 해부학적 이해를 수용하면서도 동시에 '혈육지심血肉之心'과 '지각지심知覺之心'을 구분하여 심장의 기능을 이해하였던 성리학적 견해를 유지하는 것이었다.[43] 또한 이와 같은 논리는 인체의 각 기관이 작동하는 근거인 '신神'을 심장이 저장하고 있다는 『내경』의 '심장신心藏神'이라는 언설의 다른 형태였다.[44] 이러한 이유로 청말의 학자인 왕유충王有忠은 뇌가 일체의 지각과 사고의 근원이라고 하면서도 한편으로는 심장이 '군주지관君主之官'이라는 종래의 학설도 동시에 말할 수 있는 배경이 되었다.[45]

---

41 『天方性理』 卷3, "心爲靈明之府 而亦不能不有資於腦 腦得其養而心之靈明加倍 腦失其養而心之志氣亦昏"; 皮國立, 『醫通中西-唐宗海與近代中醫危機』, 東大圖書公司, 2006, 225쪽.

42 『醫學原始』 卷2, 記心辯, "目爲視具 亦心視 非目視也", "心之記 正記於腦耳".

43 김문용, 「서양 의학 전래 이후 인체관 변화의 향방: 청대 왕굉한(王宏翰)과 왕청임(王淸任)의 경우를 중심으로」, 『시대와 철학』 22-4, 2011.

44 김문용은 왕굉한이 해부·생리학적 관점을 문제 삼아 성리학적 심(心) 이해를 부정했다고 주장한다. 그러나 심장을 비롯한 인체가 기능하도록 하는 요소인 신(神)을 저장하는 것이 심이라고 이해한다는 점에서, 그와 같은 주장은 적절하지 않다고 생각한다.

45 『簡明中西匯參醫學圖說』 卷1, 全身腦氣筋論畧, "凡百體中最要而最靈者 厥惟一腦 一切知覺思慮 皆所從出 而運動施爲 亦所必賴 百體功用 相稱相和 不犯不害 各隨其分者 皆賴腦爲之主"; 卷1, 心肺合論, "心者 君主之官 神明出焉 人身知覺運動 無一不本於心 故百體皆臣 而心爲君也"; 皮國立, 『醫通中西-唐宗海與近代中醫危機』, 226-227쪽.

17세기 전반 중국에 전해진 서양의학은 전래의 주체가 선교사이며, 그 내용 역시 중세의학론이었기 때문에, 이후 전개되는 논의는 인체에 대한 객관적인 관점이라고 할 해부학적·생리학적 이해에는 부족한 점이 많았다. 반면 18세기 중반 이후 일본에서는 서양인 의사와 서양의 해부학서를 접하면서 그 논의 방향이 다르게 전개되었다. 그 사정은 가와구치에 의한 해부와 이를 기록한 『해시편』에서 볼 수 있는데, 그는 『장지』와 다르게 장부 외에 뇌에 대해서도 주목한다.

> 뇌수腦髓는 닭의 내장[雞腸]처럼 생겼다. 붉은 색과 백색이 서로 섞여 있는데, 뇌 가운데를 가득 채우고 있다. 중간에 막이 있어서 좌우를 나누고 있다. 뇌수腦髓와 척수脊髓는 서로 연결되어 있다.[46]

비록 매우 짧은 언급이기는 하지만 서양의학의 영향을 직접적으로 받았던 가와구치 신닌 역시 뇌에 관심을 표명했음을 알려준다. 한편 『해체신서』에서 역자들의 의견이 직접 제시된 곳은 몇 군데 지나지 않는데, 스기타 겐파쿠가 매우 흡족해한 용어였다고 알려진 신경이 그중 하나였다. 바로 그 신경과 직접 관련이 있는 것이 뇌였고, 그런 이유에서 매우 자세하게 관찰했음을 보여주는 흔적이 등장한다.

신경에 대한 언급은 해부의 의의를 설명하는 1편에서부터 나타난다. 역자들의 번역에 따르면 해부학에 중요시해야 할 부위가 여섯 가지이며 그중 하나가 신경인데, "(신경은) 중국인이 말하지 않은 것으로, 보고 듣고

---

46 『解屍編』, "腦髓 形如雞腸 而紅白相間 充滿腦中 中間有募 以隔左右 腦髓與脊髓相通."

말하고 행동하는 것을 주관한다"고 말한다.[47] 또 뇌수腦髓와 신경을 언급한 편에서는, 강뇌막을 싸고 있는 4개의 관을 설명하는 대목에서 카스파르[加私巴縷]나 블란카르트[武蘭加兒]와 같은 의학자들의 서적을 참고하여, 주석이 아닌 본문 가운데에 설명을 삽입하고 있다.[48] 즉 쿨무스의 『해부도표』 이외에 이들의 책을 검토하였던 것인데, 그들이 굳이 이와 같은 수고를 기울인 데에는 뇌와 신경이 갖고 있는 의미 때문이었다.

뇌와 신경의 등장은 전통의학과 변별되는 데 있어서 매우 중요한 지점이었다. 전통의학에서 인간의 지각 및 인식활동의 근간은 신神과 이를 저장하고 있는 심장心臟이라고 파악한다. 그런데 심장의 자리에 뇌와 신경이 차지하였으니, 이는 매우 커다란 변화였다. 대신 『해체신서』에서 심장은 현재의 지식처럼 혈액을 순환하는 기관으로 설명되고 있다. 원문을 정확하게 이해하였는지 의문이 드는 어색한 번역이기는 하지만, 적어도 여기서 묘사된 심장은 과거의 이해와는 전혀 다르게 단지 혈액을 운행하는 기능을 담당할 뿐이었다.

> 심장은 혈액의 운행을 주관한다. 혈액은 원래 게루奇縷(유미)로부터 만들어진 것으로, 설명이 21편[下膈膜及液道篇]에 있다. 게루가 혈액으로 변하여, (온몸을) 운행하다가 심장의 우심실[心之右方]로 돌아간다. 혈액은 위쪽으로 흘러 양쪽의 폐肺로 들어간다. 설명이 14편[肺篇]에 있다. 혈액이 또 심장의 좌심실[心之左方]로 내려갔다가 다시 위로 흘러 대동맥[動脈大幹]으로 들어가고 동맥의 가지와 미세한

47 『解體新書』, 解體大意篇 第一, "漢人所未說者 主視聽言動."

48 『解體新書』, 腦髓幷神經篇 第八, "翼按 加私巴縷曰 此管者長而循頭蓋之直縫 至鼻上 故傷之則血從鼻中出也 呼曰血脈" 등.

부위까지 전해져, 혈액이 온몸을 돌아 미치지 않는 곳이 없다. 혈액이 도달한 곳(모세혈관)에서 정맥과 합쳐져서, 정맥의 가지와 미세한 부분을 거쳐 대정맥[血脈大幹]에 모여 다시 우심실[心之右方]로 내려가는데, 마치 끝없이 순환하는 듯하다. 심장이 수축하면 피는 심방[心之耳]에 있는데, 이때에 심판心瓣(승모판·삼첨판)이 닫히고 맥판脈瓣(반월판)이 열리면서 (심장에 있던) 혈액이 대동맥으로 들어간다. 심장이 확장하면 맥판이 닫히고 심판이 열리면서, 다시 이때 심방[心之耳]에 전달된 혈액과 심방에 쌓여 있던 혈액이 함께 심장 안으로 들어간다.[49]

하비가 주장한 바와 같이 심장이 혈액순환만을 담당한다는 말이므로, 과거 심장의 역할을 대신하는 것으로써 뇌와 신경에 대한 이해가 중요해졌다. 그러나 『해체신서』의 번역자들은 이에 대해 별다른 주석을 달고 있지 않으며, 그저 원문을 충실히 번역하려는 태도를 보일 뿐이다. 앞서 언급한 바와 같이 뇌수와 신경을 설명하는 대목에서 여러 의서를 인용하여 약간의 내용을 덧붙이기는 하였지만, 뇌와 신경이 인간의 의식과 감각 등을 지배한다는 의견을 강렬하게 드러내지는 않는다. 마찬가지로 머리를 설명하는 대목에서 의식이 있는 곳이라는 본문 내용을 그대로 전하기만 하였다.[50]

이는 『해체신서』 번역자들이 면목을 일신하라고 강조하였음을 상기할

49 『解體新書』, 心篇 第十五, "心者 主運行血也 血者其原奇縷之成者也 見于第二十一篇 奇縷化于血 運行而歸心之右方也 其血上行而轉入兩肺 見于第十四篇 其血又下心之左方再上行而入動脈大幹 屆其支別微細之所 周流一身而無不屆也 其血所屆與血脈合 經其支別微細之所 會血脈大幹 更而又下心之右方 如循環無端矣 心縮則血在心之耳也 當是時心瓣閉而脈瓣開 其血則入動脈大幹也 心脹則脈瓣閉而心瓣開 又當是時 其耳所受之血及所貯之液 共納心矣."

50 『解體新書』, 頭幷皮毛篇 第六, "夫頭者 圓居一身之上 意識府也."

때, 상당히 이례적이라고 할 수 있다. 여기에는 두 가지 이유를 추정해 볼 수 있는데, 첫 번째로는 아직까지 뇌와 신경의 작용을 제대로 이해할 수 있는 수준이 되지 못하였을 가능성이다. 두 번째로는 심장의 역할을 뇌와 신경으로 대체하는 것이 아직은 부담스러웠을 수 있다는 점이다. 특히 두 번째의 가정은 많은 수의 전통의학자들이 신神이 빠져나간 해부는 의미가 없다고 여기는 상황에서, 굳이 신을 저장하는 심장의 역할을 뇌로 대체하는 것을 강하게 주장하기보다는 차라리 심장이 혈액을 순환하는 기능을 할 뿐임을 강조하는 선에서 정리하려고 의도한 것은 아닌지 의심스럽다.

2) 신神을 대체한 신경액

뇌와 신경에 대한 논의가 부족하다는 『해체신서』의 한계는 『중정해체신서』에서 보완되었다. 오쓰키는 먼저 전통의학에서 말하는 심장과 서양의 해부학에서 말하는 심장은 다르다는 것을 분명히 한다. 즉 전통의학에서는 신神을 저장하는 곳이라고 하였지만, 서양에서는 단지 혈을 운행하는 기관이기 때문에 기본적인 내용이 다를 수밖에 없다. 그럼에도 혼란이 일어나는 이유는 심장[心]과 하트[合盧多]가 위치나 형상이 동일하기 때문에 어쩔 수 없이 심장[心]이라는 명칭으로 번역하였기 때문이다. 그러나 본질적으로 심장과 하트는 다르기에, 심장에 대한 설명은 전적으로 해부학적인 관점에서만 살펴보아야 한다고 주장한다.[51]

이와 함께 그가 주목한 것은 전통의학에서 말하는 신을 대신할 수 있

51 『重訂解體新書』 券8, 心篇第十五, "(심장에 대한 중국의 여러 가지 학설, 필자) 諸說 與西說大異矣 蓋漢則爲藏神之府 蘭則以爲配血之原 然心與合盧多 其位置形象全相同 則不得不直譯曰心也 學者宜改面目而就實焉."

는 신경액이었다. 신경액이 바로 전통의학의 원기元氣나 진기眞氣, 영위營衛 등과 유사한 것이라고 설명한다.[52] 이어서 전통의학 내지는 중국 지식인들의 저술 가운데 서양 해부학에서 말하듯 머리가 인식의 근거가 된다는 주장과 유사한 내용을 적출하여 알려준다. 『정리론正理論』의 "머리는 천곡天谷으로 신神을 저장한다"는 내용이나 『황정경黃庭經』의 구궁설九宮說, 『소문유편素問遺編』의 "천곡은 원신元神을 저장하는 곳" 같은 학설들이다. 특히 의학자로 『본초강목本草綱目』을 저술한 이시진李時珍의 "니환궁泥丸宮은 신령神靈이 모인 곳"이라는 언급, 왕앙이 『본초비요』에서 말한 김성의 사례, 왕굉한의 『의학원시』 등을 상세히 소개한다.[53] 특히 사람이 무엇인가를 생각하려고 할 때에는 눈을 감고 위를 쳐다본다는 왕앙의 설명과 후두부를 긁적거리면서 무엇인가를 찾아내려고 한다는 왕굉한의 설명방식이 시대가 다름에도 매우 유사하다는 점을 지적하기도 한다.[54]

중국에서 전해진 이상의 지식은 뇌가 지각의 중심이 된다는 것을 실제로 증명하기보다는 그 유비로써 이루어지는 행위를 통해 직관적으로 판단한 사례일 뿐이다. 이에 보다 정밀한 설명이 필요한데, 『해체신서』에서 언급된 뇌와 신경의 구조뿐만 아니라 기능적 요소를 보여줄 필요가 있었다. 오쓰키가 이에 중점적으로 설명한 것이 바로 뇌와 신경의 연결 관계와 신

---

52 『重訂解體新書』 券11, 第三編汗孔名義解-神經液末條, "按神經液者 與漢所謂所營養生身之氣血之氣 或元氣 眞氣 陽氣 或營衛者 精氣也 之氣 相似也 然此視其可見 而究其不可見之理 彼則不視其可見者 而推其不可見之理 則其似者 特偶中暗合 不可同日而論也."

53 『重訂解體新書』 券11, 第六篇五知三識, "正理論曰 頭爲天谷以藏神", "泥丸之宮 魂魄之穴也", "素問遺編曰 天谷元神守之", "李東壁 人之頭 圓如蓋 穹窿象天 泥丸之宮 神靈所集" 등.

54 『重訂解體新書』 券11, 第六篇五知三識, "汪氏所謂 閉目上瞪 王氏所謂搔腦後 卽探得二氏不同其時 而其所發明全同."

경액이었다. 그는 먼저 뇌와 신경의 관계를 이렇게 설명한다.

> 신경의 근원은 뇌와 척추에서 생겨난다. 뇌에서 나온 것은 좌우에 각기 10개가 쌍으로 있으며, 척추에서 나온 것은 좌우에 각 30개가 쌍으로 되어 있어서 합하면 80개가 된다. 줄기에서 가지가 나오고, 가지가 더 가는 가지로 나뉘며, 다시 실처럼 퍼져서 온 몸과 인체의 여러 기관을 감싸고 있다. 상·중·하 삼강三腔과 사지四肢, 내외內外와 표리表裏에 통하지 않은 데가 없으며, 작용하지 않은 곳이 없다. 신식神識의 작용과 생활의 계기[玄機]를 내는 까닭에 장부에 있으면 정기精氣를 건강하게 하며, 근맥筋脈에 있으면 움직일 수 있게 하며, 골수骨髓에 있으면 수액髓液을 충실하게 한다. (뇌의) 다섯 가지 지각이 밖으로 감응하고 세 가지 인식작용이 안에서 이루어져, 시각·청각·언어·동작·후각·미각·촉각 등이나 기쁨·성냄·사랑·미워함·슬픔·수치와 같은 감정이 모두 이를 통해서 나오게 되는 것은 신령스러운 미묘함을 품고 있어서이다.[55]

그렇다면 뇌와 신경은 어떻게 해서 지각과 인식을 할 수 있는 것인가? 이때 중요하게 등장하는 것이 바로 신경액이다. 오쓰키는 신경액이란 뇌에서 생성되며, 혈액 가운데 지극히 정밀하고 순수한 물질이 변화하여 이루어진다고 말한다. 또한 여기에는 신경을 통해 온몸에 퍼져 나갈 수 있

---

55 『重訂解體新書』 劵5, 身體元質篇第三-神經, "夫神經之原 起於腦及脊椎 乃自腦出者左右各十條 爲十對 自脊椎出者 左右各三十條 爲三十對 合爲八十條 幹生枝 枝分梢 絲分縷拆 彌綸周身 蔓延諸器 三腔四肢 內外表裏 無物不通 無處不用 以發神識之妙用 生活之玄機 故在臟腑則壯順精氣 在筋脈則健運流動 在骨髓則充實髓液 五知應於外 視聽言動臭味觸 三識守於內 喜怒愛惡悲羞之類 莫不皆出此物 含神含靈之妙矣."

는, 지각과 운동의 신기神氣가 담겨져 있다고 설명한다.[56] 즉 뇌에서 만들어진 신경액 물질이 신경을 통해 온몸에 전달되어 감각을 받아들이고 운동의 중추가 되며, 신경액이 모여 있는 뇌에서는 감각된 자극을 지각하는 동시에 별도의 인식작용을 하는 것으로 이해한다.

이처럼 뇌와 신경을 연결해주는 기능적 전달 물질인 신경액이 뇌에서 생성된다고 개략적으로 말하였지만, 보다 정확하게는 대뇌수질大腦髓質과 송과선松科腺이 그 기능을 담당한다고 다시 설명한다.

> 신경액은 뇌 가운데 주름진 형태의 뇌(대뇌피질, 필자주)와 수腦 형태의 뇌(대뇌수질), 두 곳에서 만들어진다. 그 원천은 혈액이다. 동맥 가운데의 정혈精血이 쇄골하맥鎖骨下脈의 분지를 따라 뇌 가운데로 들어가면, 뇌 가운데에 있는 대뇌피질에서 정조精粗를 분별하여, 순정한 것은 그 바깥으로 보내어 대뇌수질과 송과선[松毬濾胞]에서 다시 미세하게 정련하여 정미하고 순백의 영액靈液을 만든다. 찌꺼기인 거친 것은 정혈맥靜血脈의 미세혈관으로 보내어 겸양맥관鎌樣脈管으로 모았다가 다시 정혈맥으로 돌아가게 한다. 대뇌수질에서 걸러낸 나머지 액체는 뇌의 틈 사이에 모아두었다가 후신경齅神經을 따라 코 아래에 있는 선[濾胞]으로 내보내어 콧물로 만든다.[57]

---

56 『重訂解體新書』 券6, 身體元質篇第三－神經液, “按此物成於腦中 亦血液中之至精至粹化爲生活靈妙之液者 而含有走竄揮發之神氣 常在神經中 流行全身 以主一切知覺運動之神氣也.”

57 『重訂解體新書』 券6, 身體元質篇第三－神經液, “神經液之成於腦中 皺樣髓樣二腦也 其原亦血液也 蓋動脈幹中之精血 從鎖骨下脈分支 上注腦中 腦中心皺樣 分別精粗 其精者輸諸其外圍 髓樣及松毬濾胞 再經細煉 以成精微純白之靈液 其粗者 卽渣滓也 輸諸靜血脈細支 會湊鎌樣脈管 以復其本幹 髓樣所濾過之餘液 則溜瀦其襞積之間罅 遂從齅神經輸之鼻底濾胞 以爲洟汁也.”

이렇게 형성된 신경액은 정신작용의 근거이며 인체활동의 중추가 된다고 이해한다. 그렇기 때문에 신경액의 작용에 문제가 생기거나 신경의 이상으로 신경액이 제대로 흐르지 못하게 되면, 인체의 기능에도 문제가 생긴다. 정신이 혼란하거나 몸이 마비되는 듯한 증상 모두 여기에서 기인한다. 그렇기 때문에 신경액은 '활발신기活潑神氣'이며 '생기신기生機神氣'이고 '자식정기滋息精氣' 등의 별칭을 갖게 된다고도 말한다.[58]

신경과 신경액은 전통의학에서 말하는 심장과 신(神 혹은 神氣)의 관계를 대체하는 다른 형태의 도식이었다. 특히 해부와 해부학을 비판하는 논자들이 반복해서 신기가 사라진 시체의 해부는 의미가 없다고 주장했던 것을 상기한다면, 신경액의 강조는 매우 중요한 시사점을 알려준다. 왜냐하면 신기라고 하는 것이 구체적으로 확인할 수 있는 대상이 아니기 때문에, 해부학적인 관점에서 심장과 신기의 논의를 직접적으로 부인하기 어려웠다. 그러한 점에서 신경액은 신기와 달리 확인이 가능한 구체적 물질이었고, 오쓰키는 이러한 점을 주목했다.

> 신경액은 눈으로 보기가 쉽지 않다. 만약 관찰하고자 한다면, 살아있는 가축의 배를 갈라 먼저 대동맥·대정맥을 결박하여 피가 흐르지 않도록 하고서 신경 가운데 큰 줄기를 묶으면 신경액이 조금씩 모여서 (결박한 주변 신경이) 팽창하게

58 『重訂解體新書』 劵6, 身體元質篇第三-神經液, "神經液 又義譯稱靈液 其質稀澄 其色淡白 其味如硇砂露精 其性備火德 故周流暢達 神速電急 光輝閃發 以宣化凝流二體 無器不循 無處不通 以應其意 以適其宜 或照溫生育 或感動知覺 或健運諸脈 或滑利諸液 神識之妙用 生活之玄機 無不悉皆係此液之性力作用矣 若此液失常度 或滯息不通 則其部之神用妙機 或廢或衰 於是乎 心思迷亂 神意昏懜 皮膚頑痲 身體不遂等之諸疾蜂起矣 可見此物於身體 貴重靈妙 無復與二矣 故又有活潑神氣 生機神氣 滋息精氣等之諸稱."

된다. 이를 날카로운 칼로 자르면 신경액이 조금씩 흐르게 된다. 그러면 가축이 갑작스레 죽는다. 생명의 기틀[生機]을 끊었기 때문이다.[59]

생명과 감각, 인식 등의 근원이라고 오랫동안 주장되었던 무형의 신을 신경에 분포하고 있는 유형의 신경액으로 대체한 것이다. 생명력인 신이 사라진 신체의 해부는 의미가 없다고 전통의학에서 주장하지만, 그는 관찰 가능한 대상인 신경액을 통해 해부학적 관찰이 생명의 작동도 밝힐 수 있다고 파악한 것이다. 이로써 해부무용론을 극복할 수 있는 논리가 등장하였다.

신경액을 통해서 지각과 인식의 근원을 찾으려는 노력은 100여 년이 지나 중국에서 간행된 『전체신론』에서 다른 방식으로 전개되었다. 『전체신론』에서는 신경에 해당하는 뇌기근腦氣筋의 근본이 뇌에서 나오며, 그것이 동작과 각오를 주관한다고 하였다. 이렇게 해서 인체의 동각動覺이 뇌에 근거한다는 뇌설을 확정함과 동시에 이탈리아의 해부학자인 갈바니Luigi Galvani의 동물전기이론에 기초하여 동물의 뇌에서 전기가 만들어져 신경을 통해 근육에 전달된다고 보았다.[60]

신경액의 주장이나 전기적 자극의 등장은 해부학을 새롭게 할 수 있는 계기였다. 뇌와 근육 사이에 신경이 연결되어 있지만, 신경의 동성動性이 확보되지 않는다면 그것은 단지 죽어버린 구조일 뿐이다. 그런데 신경액과 전기 자극은 바로 신기를 대체하는 작용의 매개물로 역할하기 때문에

---

59 『重訂解體新書』 劵6, 身體元質篇第三－神經液, "按神經液 難容易視之 若欲視之 則生割畜獸 先緊縛動靜二血脈之大支 預方其脫血 乃就神經之大管者 束縛之則其液溜聚 自爲脹起 乃把利刀 剖開之 滴滴流漓也 獸則卒然斃矣 蓋以斷絶其生機故也."

60 신규환, 「청말 해부학 혁명과 해부학적 인식의 전환」, 89－90쪽.

더이상 해부의 유용성이 문제되지 않는다. 그리고 이 과정은 구조적인 특성만으로 설명하기 어려운 인체의 작동기전을 생리학적 관점에서 설명함으로써 해부학을 보다 온전히 주장하는 데 효과적으로 작용하였다. 뇌와 신경의 구조적 형태만이 아니라 그들이 인체에서 작동할 수 있는 계기가 파악되면서, 이제 신을 저장하는 몸의 주체로서 심장의 자리를 뇌와 신경이 대체하게 되었다.

4. 맺음말

서양 해부학 서적의 번역에 불과했지만 『해체신서』가 일본의학계, 더 나아가 일본 근현대사에서 차지하는 역사적 의미는 매우 컸다. 그로 인해 촉발된 난학蘭學과 양학洋學은 중세적 사고·지식을 지양하고 서구 지식과 문물을 본격적으로 수용하여, 일본이 동아시아 세계에서 가장 빠른 근대화를 달성하는 데 영향을 주었다.

무엇보다 『해체신서』에서 보여준 서양 해부학의 인체 설명과 정밀한 해부도는 음양오행론으로 대표되는 중국의 인체·세계관에 물음을 던지게끔 하였다. 그리고 해부학을 통해 드러난 중국의학의 약점과 서양의학의 장점은, 그들이 살고 있는 세계에 대한 인식 자체에 변화를 가져왔다. 스기타 겐파쿠가 여러 차례 선언했던 것처럼, 서양 해부학 앞에서 중국과 성인聖人의 학문이 여전히 절대적일 수는 없었다.

오쓰키 겐타쿠는 『해체신서』 단계에서 여전히 풀지 못했던 여러 문제의 해결책을 제시했다. 스승과 마찬가지로 기초의학으로서 해부학을 강조하면서도 해부의 역사성에 주목함으로써 해부가 일상적인 학문방법으로 자리할 장치를 마련하였다. 또한 일본을 중심으로 중국 역시 다른 유럽의 국가들과 마찬가지일 뿐이라고 이해하는 상대적 세계관을 발전시켰다. 한편 『해체신서』에서 언급된 뇌와 신경의 구조뿐만 아니라 기능적 요소로서 신경액을 정밀하게 설명함으로써 해부무용론에 적극적으로 대처할 수 있게 하였다. 즉 전통의학에서 말하는 심장과 신(神 혹은 神氣)의 관계를 대체하는 신경과 신경액이라는 다른 형태의 도식을 제시한 것이다.

해부학에서는 인체를 설명할 뿐만 아니라 객관적으로 시각화하는 작업이 절대적으로 필요하다. 그리고 숨겨져 있는 내부를 그대로 드러내는 일은 대상이 갖고 있는 본질을 확인하는 작업이기도 하다. 동양의 전통의학에서 인체의 본질은 기능적 측면만을 강조하는 오장육부론으로 설명되었다면, 해부학에 의해 형태 역시 중요한 요소가 되었다. 시각은 사물의 실체를 파악하는 가장 기본이었고, 이제 관심은 인체의 감각이 인식되는 과정을 설명하는 것으로 모아졌다.

참고문헌

자료

『藏志』, 『解屍編』, 『解體新書』, 『重訂解體新書』, 『西國記法』, 『物理小識』, 『本草備要』, 『天方性理』, 『醫學原始』, 『簡明中西匯參醫學圖說』.

연구논저

김문용, 「서양 의학 전래 이후 인체관 변화의 향방: 청대 왕굉한(王宏翰)과 왕청임(王淸任)의 경우를 중심으로」, 『시대와 철학』 22-4, 2011.

김성수, 「에도(江戶) 시대 해부학의 발전: 『장지(藏志)』의 간행을 중심으로」, 『의사학』 21-1, 2012.

김성수, 『해체신서』, 한길사, 2014.

김성수·신규환, 『몸으로 세계를 보다: 동아시아 해부학의 성립과 발전』, 서울대학교출판문화원, 2017.

신규환, 「청말 해부학 혁명과 해부학적 인식의 전환」, 『의사학』 21-1, 2012.

여인석, 「『주제군징(主制群徵)』에 나타난 서양의학 이론과 중국과 조선에서의 수용 양상」, 『의사학』 21-2, 2012.

이종찬, 『동아시아 의학의 전통과 근대』, 문학과지성사, 2004.

馬伯英, 『中國醫學文化史』, 上海人民出版社, 2010.

杉本つとむ, 『解体新書の時代』, 早稻田大學出版部, 1997.

小川鼎三, 『明治前日本醫學史1 - 日本解剖學史』, 日本學士院, 1978.

岩崎允胤, 『日本近世思想史序說下』, 新日本出版社, 1997.

洋學史研究會, 『大槻玄澤の研究』, 思文閣出版, 1991.

酒井シヅ, 『日本の醫療史』, 東京書籍株式會社, 1982.

片桐一男, 『杉田玄白』, 吉川弘文館, 1994.

皮國立, 『醫通中西 – 唐宗海與近代中醫危機』, 東大圖書公司, 2006.

식민지 체질인류학적 해부학 지식의 지적 계보: 생체계측학적 연구방법론을 중심으로

신규환

1. 머리말

개항 이후 서양근대의학 도입기에 해부학과 관련된 에피소드는 비교적 잘 알려져 있다. 대표적으로 관립의학교 교관 고조 바이케이古城梅溪(1860-1931)의 해부학 강의로 인한 퇴출 사건과[1] 경성의학전문학교京城醫學專門學校(이하 경성의전) 해부학교실 교수 구보 다케시久保武(1879-1921)의 '구보 망언 사건' 등을 들 수 있다.[2] 일본인 교수진들의 자질 부족과 그들의 식민지인들에 대한 차별인식이 도화선이 된 이 사건들은 결코 우연히 발생했다고 말할 수 없다. 특히 구보 다케시는 식민지시기 대표적인 해부학자로서 일본인의 우월성과 식민지배의 정당성을 설파하기 위해 구축된 식민지의학의 최전선에서 활약했으며, 식민지 체질인류학Physical Anthropology의 초석을 다진 인물

1 신동원, 『한국근대보건의료사』, 한울아카데미, 1997, 267-272쪽; 김성수·신규환, 『몸으로 세계를 보다: 동아시아 해부학의 성립과 발전』, 서울대학교출판문화원, 2017, 294-299쪽.

2 김성수·신규환, 『몸으로 세계를 보다』, 307-308쪽.

이었다.[3] 구보의 체질인류학과 그 배경이 된 일본인종론의 성격에 대해서는 국내외에 이미 적지 않은 연구가 있고,[4] 최근에는 구보뿐만 아니라 그 후속 세대의 체질인류학적 연구에 대한 관심도 고조되고 있다.[5]

그러나 구보 이후 체질인류학 연구가 어떤 계보를 형성했고, 체질인류학적 해부학이 연구방법론상 어떤 특징을 지녔는지, 또 그들의 연구가 어떻게 발전했는지 주목한 연구는 거의 없었다. 구보 이후 식민지 조선에서 체질인류학적 해부학 교육과 연구를 주도했던 인물은 우에다 쓰네키치上田常吉(1887-1966), 쓰자키 다카미치津崎孝道(1894-1975), 이마무라 유타카今村豊(1896-1971) 등 경성의전 해부학교실과 경성제국대학京城帝國大學(이하 경성제대) 의학부 해부학교실 등에서 체질인류학을 주도했던 해부학자들이었다. 이들은 경성의전 해부학교실원이라는 인맥상 연결점 이외에도 체질인류학 분야에 생체계측학Biometrics이라는 실증적 연구방법론을 도입·발전시켰다는 공통점을 지닌다. 따라서 이들은 학문적으로 서로 다른 배경을 가졌을지라도 생체계측학을 통해 서로의 연구성과를 검증해야 할 위치

---

3 여인석 외, 『한국의학사』, 역사공간, 2018, 266-267쪽.

4 서홍관·신좌섭, 「일본인종론과 조선인」, 『의사학』 8-1, 1999; Hoi-eun Kim, *Doctors of Empire: Medical and Cultural Encounters between Imperial Germany and Meiji Japan*, University Toronto Press, 2014, pp.119-122; Rotem Kowner, "'Lighter Than Yellow, But Not Enough': Western Discourse on the Japanese Race, 1864-1904," *The Historical Journal* 43-1, 2000; Rotem Kowner, "Dr. Baelz's Mongolian spot: German medicine, discourse of race in Meiji Japan, and the local response," David G. Wittner and Philip C. Brown, *Science, Technology, and Medicine in the Modern Japanese Empire*, London and New York: Routledge, 2017, pp.148-163.

5 김옥주, 「경성제대 의학부의 체질인류학 연구」, 『의사학』 17-2, 2008; 김성수·신규환, 『몸으로 세계를 보다』, 301-315쪽.

에 있었다. 특히 구보가 일본인의 종족적 우월성을 증명하고자 했던 가설들은 그 후속 세대들이 검증해야 할 대상이었다. 흥미롭게도 구보의 가설은 식민지시기 혈액형인류학자들에게도 공유되고 있었기 때문에, 체질인류학과 혈액형인류학Blood Group Anthropology의 연구성과도 비교해 볼 필요가 있다. 이 글은 구보의 후속 세대들이 구보의 연구성과를 어떻게 평가하고 발전시켜 나갔는지, 그리고 어떤 성과와 한계를 갖고 있었는지를 주목해 보고자 한다. 이를 통해 식민지시기 체질인류학적 해부학 연구와 식민지의학의 특성을 밝히는 데 기여하고자 한다.

2. '구보 망언 사건'과 구보의 학문세계

1921년 5월 26일 목요일, 경성의전 해부학 수업 이후 두개골이 분실되는 사건이 발생했다. 이른바 '구보 망언 사건'의 시작이었다. 이 사건은 당시 언론에서 '경성의전 규분사건京城醫專糾紛事件' 등으로 불렸다. 사건 발생 후 일주일이 지난 6월 3일자 『동아일보』 보도에 따르면, 1학년 해부학 수업이 끝나고 학생들이 오후 2시부터 5시까지 해부실에서 해골 실물을 관찰했는데, 두개골 한 개가 분실되었다고 한다. 해부실은 방이 좁아서 모두 참관할 수가 없어서 지원자만 참관하도록 했는데, 조선인인 본과 5명, 여성 청강생 1명과 일본인 특별과 4명으로 총 10명이었다.[6]

다음날 구보 교수는 1학년 수업시간에 두개골 하나가 분실되었음을 말하고, 본과생들을 지목하여 두개골을 내놓으라고 억지를 부렸고, 학생들

6 「醫專 師弟의 大叫紛」, 『동아일보』 1921년 6월 3일 3면.

은 가져간 일이 없다고 주장하였다. 이에 구보는 "너희들 조선 사람은 원래 해부학상으로 야만에 가까울 뿐 아니라 너희의 지난 역사를 보더라도 정령 너희들 중에서 가져간 것이다"라고 비난하였다. 1학년 학생들은 구보 교수가 아무런 증거 없이 학생들을 도둑 취급하고, 사소한 일로 조선 사람 전체를 야만이니 국민성이 나쁘다니 모욕한 일에 대해 대표자 4명을 뽑아 항의했으나 아무 대답도 하지 않고 학생들을 돌려보냈다. 이에 조선인 학생들은 조선인이 해부학적으로 열등한 이유를 학문적으로 설명해 줄 것과 더이상 구보의 수업을 들을 수 없다는 점을 들어 48시간 이내에 이 문제가 해결되지 않으면 동맹휴학을 결의하겠다고 하였다. 결국 6월 4일, 학생들은 학교 측이 학생들의 제안을 받아들이지 않자 동맹휴학을 결의하였다.[7] 6월 7일, 학교 당국은 구보 교수의 사과로 사건이 일단락되었다고 주장했으나 사태가 진정되지 않자, 학생들의 동맹휴학에 대해 퇴학 9명, 무기정학 185명이라는 강경책으로 맞섰다.[8] 이에 학교 당국과 조선인 학생들 사이에 갈등과 대립이 한 달여 동안 계속되었다.

학교 당국과 학생들 사이의 대립 국면이 해소될 기미가 없자, 학부형들과 학생들은 학부형 중재안을 협의하였다. 학생들 사이에는 온건파와 강경파의 갈등이 있었지만, 학부형들이 어렵게 중재안을 가져온 데다가 며칠 전 구보 교수가 『동아일보』에 눈물로 참회한다는 글을 게재하기도 한 터라, 대다수 학생들은 사태를 종결하고 학교로 돌아가자는 입장으로 기울고 있었다. 이에 학교 당국은 6월 28일부터 등교하라는 통지를 보냈다.[9]

---

7 「醫專學生遂盟休」, 『동아일보』 1921년 6월 5일 3면; 「決議書에 顯한 醫專盟休眞相」, 『동아일보』 1921년 6월 6일 3면.

8 「一百九十四名의 同盟退學請願」, 『동아일보』 1921년 6월 9일 3면.

9 「學校當局에서 登校通知」, 『동아일보』 1921년 6월 27일 3면.

이로써 한 달여를 지속해 온 경성의전 분규사건이 종결되었다. 언론의 관심 속에서 학부형들이 중재에 나서 학교 당국의 징계안은 철회되었지만, 시가 기요시志賀潔(1870–1957) 교장은 구보의 경망스런 언행을 질타하면서도 그의 학문적 입장에는 별 문제가 없다고 말할 정도로 당시 식민지배층에게 인종론적 사고는 팽배해 있었다.[10]

사진 1 **구보 다케시(久保武: 1879–1921)**

구보 다케시는 일본 중부의 이시카와현石川県 출신으로 1898년 가나자와金澤 제4고등학교 의학부(현 가나자와대학 의학부)를 졸업하고, 1899–1900년 도쿄제국대학東京帝國大學 의학부와 1901–1902년 교토제국대학京都帝國大學 의학부 등에서 해부학을 공부하였다. 1903–1906년 구보는 아이치현립의학전문학교愛知縣立醫學專門學校[11] 교유敎諭로 활동하였다.

1907년 그는 조선으로 건너와 1908년 8월부터 대한의원에서 해부학 교관으로 활동하기 시작하였다. 대한의원 교육부의 해부학 교관으로 임용된 구보는 대한의원 부속의학교에서 1학년에 개설된 해부학, 조직학, 태생학 등과 2학년에 개설된 국소해부학 등을 담당하였다. 1911년 2월 대한의

10 「의전 규분의 주인공」, 『동아일보』 1921년 6월 22일 3면.

11 아이치현립의학전문학교의 전신은 공립의학교(1878)로 아이치의학교(1881), 아이치현립의학교(1901)로 개칭되었고, 1903년 전문학교령에 의해 아이치현립의학전문학교가 되었다. 1939년 나고야제국대학(名古屋帝國大學)이 출범하면서 나고야제국대학 의학부로 개편되었다. 아이치현립의학전문학교 현황에 대해서는 『愛知縣立醫學專門學校及愛知病院一覧』, 1912 참고.

원 부속의학교가 조선총독부의원 부속의학강습소로 축소 개편되면서 교관이 대폭 감원되자, 구보는 교관직을 사임하고 만주 펑톈奉天에 있는 남만의학당南滿醫學堂으로 자리를 옮겼다. 1911년 구보는 가나자와의학전문학교金澤醫學專門學校 교수로 임명되기도 했다.

구보는 1907년부터 1910년 11월까지 4년 동안 조선인의 생체계측 연구를 수행하고, 조선인의 두개골을 비롯한 다수의 골격을 확보하여 조선인의 체질에 관한 연구를 수행하였다. 1913년 구보는 「조선인의 체질인류학에 대한 연구(Beitrage zur physischen Anthropologie der Koreaner)」라는 제목으로 도쿄제국대학에 박사학위논문을 제출하였고, 1914년 의학박사학위를 받았다. 구보는 1915년 조선총독부의원 의학강습소(4년제) 교관으로 다시 교편을 잡았고, 1학년의 해부학과 조직학, 2학년의 국소해부학 과목을 강의하였다. 1916년 4월, 경성의전이 설립되자, 기존의 조선총독부의원 소속 시설과 인력이 거의 그대로 경성의전으로 이관되었다. 구보는 경성의전 해부학교실의 초대 교수가 되었다. 1921년 8월 23일, 구보는 43세의 나이로 사망하게 된다. 사망 직전 그는 경성의전에서 두개골 분실을 둘러싼 이른바 '구보 망언 사건'을 일으켜 조선 사회에 큰 파장을 일으켰는데, 사망 이후 일본 내각총리로부터 훈장을 받기도 했다.[12] 구보는 조선의 해부학 분야에서 체질인류학과 인종학을 정착시키는 데 결정적인 역할을 한 인물이었다. 구보는 그의 박사학위논문이 시사하듯, 생체계측이라는 실증적인 연구방법론으로 일본인과는 다른 조선인의 체질인류학적 특징을 밝히고자 하였고, 그것을 평생의 연구과제로 삼았다.

---

12 「朝鮮総督府京城医学専門學校教授久保武叙勲ノ件」, 1922. 8. 24, 日本國立公文書館所藏, 勲00597100.

구보의 연구는 조선인의 체질인류학적인 특징을 밝히는 데 있어, 일본인과의 차이에만 주목했던 것은 아니었다. 무엇보다 일본인의 입장에서 우열론적인 체질인류학을 확립하고자 했다. 그의 체질인류학 성립과정을 살펴보려면, 먼저 그의 학문세계를 구축하는 데 있어 결정적인 영향을 미쳤던 학문적 스승인 벨츠Erwin von Bälz(1849-1913)의 체질인류학 연구의 특징을 살펴볼 필요가 있다.

1849년 독일 슈투트가르트 인근의 비트가임-비싱겐Bietigheim-Bissingen 지방에서 태어난 벨츠는 독일의 에버하르트 카를 대학Eberhard Karls University에서 의학을 공부하였으며, 1870년 보불전쟁에 군의관으로 참전하기도 했다. 그는 1875년 라이프치히대학에서 강사로 근무하다가 메이지 정부의 초청을 받고, 1876년 도쿄의학교東京醫學校(다음 해부터 도쿄대학 의학부로 개칭) 교수로 초빙되어 27년 동안 일본의 근대의학자들을 양성했다. 그는 첫해에는 생리학과 약리학을 가르쳤는데, 다음 해부터는 주로 내과학을 가르쳤다. 그는 일본에서 독일식 내과학을 정착시켰고, 체질인류학을 개척하는 연구 업적을 쌓았다. 그는 1899년과 1903년 두 차례에 걸쳐 조선을 방문·조사하여 체질인류학 연구를 완성하고자 하였다. 그의 체질인류학 연구는 독일인의 인종주의적 우월성에 바탕하여 독일제국의 지배를 합리화하는 역할을 수행하였다.[13] 더 나아가 벨츠는 체질인류학 연구를 통해 일본의 종족적 근대화과정을 설명하고자 했다.

벨츠는 동아시아인들의 체질을 세 가지로 유형화하였다. 첫째, 만주-한국인형The Manchu-Korean type이다. 이 유형은 크고 인상적으로 성숙한 모습을 가지며, 장두형長頭型의 두개골과 긴 안면, 넓고 높은 앞이마, 두드러

---

13 安井廣, 『ベルツの生涯: 近代醫學導入の父』, 思文閣出版, 1995.

지지 않는 광대뼈, 크지만 둥글고 째진 눈, 종종 명백한 셈족에게 보이는 멋진 매부리코, 작은 입술, 호리호리하고 긴 몸통을 가진다. 이러한 특징은 일본의 상류층에서 일반적인데, 말레이-몽골형보다 유럽인에 가깝다. 둘째, 말레이-몽골형The Malayan-Mongol type이다. 이 타입은 덜 찢어지고 종종 둥근 눈, 넓은 코, 두툼한 입술을 가진 큰 입, 주걱턱을 가진 단두형의 두개골을 가진다. 몸체는 튼튼하고 넓고 짧은 다리를 가지고 있다. 이러한 특징은 동일본과 하층민에서 일반적이다. 셋째, 아이누형The Ainu type이다. 이 타입은 평균적인 일본인보다 훨씬 작지만 강력한 체격을 가졌다. 목이 짧고 넓으며 근육질의 어깨를 가졌다. 머리는 몽골족보다 길고 둥근 눈과, 짧은 코, 부푼 입술을 가진 큰 입, 넓은 턱뼈를 가졌다. 홋카이도 지역에서 주로 발견되며, 이런 타입은 현재 일본인에게 최소한 유전적으로 계승되고 있다.[14]

벨츠의 가설은 일본인이 전통적인 아이누형에서 만주-한국형(진보한 백인종형)과 말레이-몽골형(후진적인 황인종형)의 혼합된 형태로 변화되어 왔음을 설명하는 것이었고, 이것은 일본의 근대화를 설명하는 적절한 가설로서 유럽인들에게 적극적인 지지를 받았다.[15] 벨츠의 체질인류학은 제국주의적 팽창을 준비하던 일본에게 일본인의 종족적 우월성을 통해 식민지배의 이론적 근거로 활용될 수 있는 매력적인 이론이었다.[16] 그러나 일본인이 아이누형에서 만주-한국형으로 발전했다는 설명방식은 일본의 근대화를 설명할 수는 있었지만, 일본인의 시각에서는 자칫하면 조선인과 중국

14 Rotem Kowner, "'Lighter Than Yellow, But Not Enough': Western Discourse on the Japanese Race, 1864-1904," *The Historical Journal* 43-1, 2000, pp.123-124.

15 Rotem Kowner, "'Lighter Than Yellow, But Not Enough'," pp.124-125.

16 Hoi-eun Kim, *Doctors of Empire*, p.122.

인이 일본인을 능가하는 해부학적으로 진보된 종족으로 설명될 우려가 있었다. 일본인들에게는 제국의 지배자로서 일본과 타자화된 식민지 사이를 설명할 수 있는 새로운 가설을 필요로 하였다.[17] 즉 일본인이 조선인이나 중국인보다 해부학적으로 우월하다는 가설을 실증하는 것이 구보와 조선인을 연구한 체질인류학자들에게 넘겨진 학문적 과제였다.[18]

일본인의 우월성을 입증하기 위한 구보의 방법론은 조선인의 야만성을 드러내는 것과 중국인, 조선인, 일본인 사이의 위계를 실증적으로 증명하는 것이었다. 구보는 조선인이 야만적이라는 것을 밝히기 위해 저작근과 표정근이 강하게 발달되어 있다는 점을 강조했다.[19] 또한 그는 조선인의 소화기 발육이 뛰어나 소화 기능이 뛰어난 것도 저작근의 발달과 더불어 조선인의 야만성을 드러내는 요소로 평가했다.[20] 구보가 평소 조선인이 야만적이라고 했던 것은 이와 같은 논리에서였는데, 사실 몇몇 하층민의 사례를 이론화하여 저작근과 소화기가 발달했다는 것으로 야만성을 증명한다는 것은 과학적 근거가 부족한 것이었다. 구보는 그의 스승인 벨츠와 마찬가지로 몇 가지 경험적 사실에만 근거하여 그의 가설을 입증하려고 했다.

또한 구보는 체격에 관한 연구에서 처음에는 조선인의 체격이 중국인보다 일본인에 가깝다고 주장을 하였다. 그러나 이럴 경우, 야만적인 조선인이 일본인과 가까워질 우려가 있었고, 일본인의 우위를 말하기도 어려

17 일본 인종론의 성립과정에 대해서는 서홍관·신좌섭, 「일본인종론과 조선인」, 『의사학』 8-1, 1999.

18 구보 이외에 조선인의 체질인류학을 연구했던 인물로는 고가네이 요시코(小金井郎精, 1859-1944), 교노 겐지(淸野謙次, 1885-1955), 하세베 고톤도(長谷部言人, 1882-1969) 등이 있다. 서홍관·신좌섭, 「일본인종론과 조선인」, 74-75쪽.

19 久保武, 「人種解剖學より見たる朝鮮人(二)」, 『朝鮮及滿洲』 117, 1917. 3.

20 久保武, 「解剖學的に見たる日鮮人の比較硏究」, 『朝鮮及滿洲』 136, 1918. 10.

워진다는 문제가 있었다. 이에 구보는 조선인의 체격이 일본인보다 중국인에 가깝다는 주장으로 변경하고, 체격뿐만 아니라 조선인의 풍속, 습관, 생활상태까지도 일본인보다는 중국인에 가깝다고 주장하였다. 여기에 덧붙여 구보는 조선은 남방과 북방이 서로 다르며, 조선의 북방은 중국과 가깝고 조선의 남방은 일본과 유사하다는 전략을 구사했다. 북방은 퉁구스족, 남방은 말레이 혹은 일본 계통으로 여겼다. 조선과 일본의 종족적 유사성은 조선에서 일본으로 건너간 고대의 이주 때문이 아니라 일본의 임나일본부 경영를 통한 식민지 경영의 결과라는 식민주의설을 활용한 것이었다.[21] 즉 조선의 남방이 일본에 영향을 준 것이 아니라 일본이 조선을 경영하면서 조선에 영향을 주었다는 논리였다.

구보의 연구에 의하면, 일본의 영향을 받은 경상남북도 조선인들의 신장이 가장 큰 편에 속했고, 경기도 조선인들은 가장 작은 것으로 평가되었다.[22] 이렇게 해서 구보의 체질인류학적인 가설은 한반도의 남부와 북부가 서로 다르고, 한반도의 남부는 일본의 영향을 받아 유사한 측면이 있지만, 일본이 한반도 남부보다 우월하다는 논리로 구체화되었다. 구보는 일본인의 우월성을 증명하기 위해 생체계측학이라는 연구방법론을 체질인류학에 적극 도입했지만, 이것이 과학적으로 입증되기 위해서는 한반도와 일본 등지에 대한 충분한 자료를 필요로 했다. 그러나 구보 시기에는 한반도와 일본 등지의 생체계측 자료가 많지 않았다. 구보 자신도 국소적인 자료와 선택적인 자료의 한계를 극복하기 위해 임나일본부설과 같은 의학 외

---

21 久保武, 「朝鮮と滿洲の比較硏究: 體格上より觀た朝鮮人と支那人」, 『朝鮮及滿洲』 124, 1917. 10, 28-31쪽.

22 久保武, 「朝鮮と滿洲の比較硏究」, 29-31쪽.

적인 가설까지 동원해야 하는 실정이었다. 당시 일반적인 생체계측 결과는 대체로 한반도의 북부, 남부, 일본 순으로 큰 것에서 작은 것으로 나타나고 있었기 때문에, 구보의 가설을 합리적으로 설명하는 것이 불가능했고, 그에 대한 합리적인 설명은 구보의 후학들에게 과제로 남겨졌다.

3. 구보 후속 세대의 체질인류학과 혈액형인류학 연구

1916년 경성의전 설립 시기부터 해부학교실의 창립과 건설은 구보가 주도하였다. 1919년에는 도쿄제대 출신인 우에다 쓰네키치가 조교수로 부임하였고, 1923년에는 교토부립의전 출신인 쓰자키 다카미치가 조교수로 부임하였으며, 1924년에는 교토제대 출신인 이마무라 유타카가 강사로 임용되었다. 이들은 모두 경성의전에서 교육과 연구를 시작하였고, 경성제대 의학부 설립 이후로는 경성제대 의학부 해부학교실로 자리를 옮겨 각각 제1강좌, 제2강좌, 제3강좌를 이끌었다. 이는 일본의 제국대학 의학부 해부학교실에서 통상적으로 두 강좌만 운영한 것에 비해 경성제대 의학부가 막대한 해부학 분야의 연구비와 더불어 비교적 큰 규모의 해부학교실을 운영했다는 것을 보여준다.[23]

우에다는 1916년 도쿄제대 의학부를 졸업한 후, 1919년 경성의전 해부학 교수가 되었다. 그는 독일 유학을 거쳐 1926년에는 경성제대 의학부 해부학 교수로 부임하였으며, 종전 이후에는 제국여자의학전문학교, 나라현립의과대학 등에서 근무하였다. 나라현립의과대학 재직 시절 그는

---

23 장신요, 「한국의 체질인류학에 대한 회고」, 『대한체질인류학회지』 1-1, 1988, 3쪽.

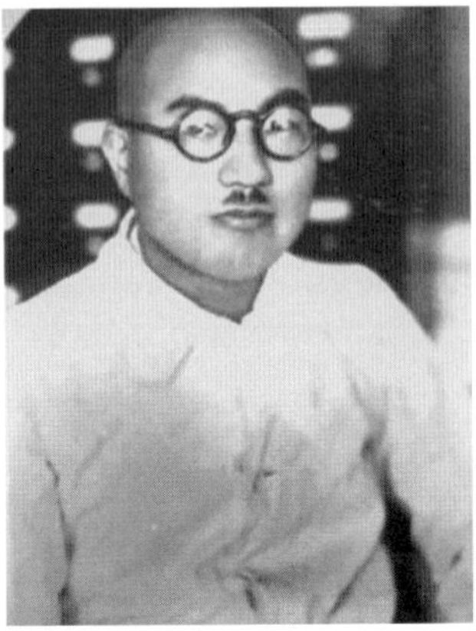

사진 2 이마무라 유타카(今村豊: 1896 – 1971)

4년여 동안 전국 158개 촌락에서 5만 6,459명의 일본인에 대한 생체계측을 실시하기도 했다. 그의 연구는 주로 생체계측 및 통계법의 확립에 집중되었다.[24]

이마무라는 1921년 교토제대 의학부를 졸업한 후 교토제대 외과학교실 부수와 해부학교실 조수 등을 거쳐 1924년 경성의전 해부학교실의 강사가 되었다. 그 후 2년 동안은 독일 유학을 떠났고, 1926년 경성제대 의학부 조교수로 발령을 받았다. 그는 1928년부터 해부학교실 제3강좌 교수로 부임하여 주로 인류학 연구를 담당하였다. 1938년에는 경성제대 의학부장이 되었으며, 1945년에는 대륙자원과학연구소를 창설하기도 했다.[25] 이마무라 역시 한반도와 만주, 몽골 등에서 출토된 700여 구의 인골에 대한 생체계측을 실시하는 등 생체계측학 분야에서 두각을 나타냈다.

쓰자키는 교토부립의전을 졸업하고 게이오대학慶應大學과 타이베이의전臺北醫專을 거쳐 경성의전에 들어갔다. 우에다 교수가 독일 유학을 떠난 후, 쓰자키는 1923년 3월부터 경성의전 해부학 교수로 있다가 1926년 우에다 교수와 함께 경성제대로 전임되었다. 쓰자키의 주요 연구 분야는 척추동

24 우에다의 대표적인 저작으로 『生物統計學』(岩波書店, 1935)와 「統計法」, 『人類學先史學講座』 第4巻(雄山閣, 1938) 등이 있다.

25 종전 이후 이마무라는 히로시마현립의과대학(廣島縣立醫科大學), 니가타대학(新潟大學), 미에현립대학(三重縣立大學) 의학부 해부학교실 교수로 활동하였다.

물의 비교조직학이었다.[26] 쓰자키가 타이베이제대臺北帝大 의학부로 자리를 옮김에 따라, 경성제대 의학부의 체질인류학은 우에다와 이마무라 등이 주도하였다.

구보의 가설은 생체계측학이라는 실증적인 연구방법론을 제시하고 있었기 때문에, 생체계측학을 전공한 구보의 후속 세대인 우에다와 이마무라는 구보의 가설을 실증적으로 검증해야 할 위치에 있었다. 우에다와 이마무라는 「조선인 및 근린종족 체질인류학적 연구朝鮮人及近隣種族體質人類學的研究」를 공동으로 진행하기도 했다. 이 연구는 1934-1936년 일본 핫토리보공회服部報公會로부터 2,000엔의 학술보조비 지원을 받기도 했다.[27] 이 연구비는 1,000엔 이하가 대다수였던 다른 연구비와 비교해 볼 때 상당히 중시되었음을 알 수 있다.

구보의 체질인류학적 가설은 한반도의 북부와 남부가 다르고, 한반도 남부의 조선인들은 일본의 지배를 받아 일본인과 유사하지만 일본인보다 해부학적으로 열등하다는 것이었다. 그러나 1920년대까지는 일본 내지조차 생체계측이 완료되지 않아 이러한 가설을 입증할 수는 없었다. 일본인 해부학자들은 구보의 가설을 입증하기 위해 상세한 계측과 통계를 통해 실증적인 연구를 진행했지만, 실제 계측 결과 조선인, 일본인, 중국인 사이에는 체질적인 차이가 두드러지지 않았다.[28] 심지어 구보 자신도 조선인과 일본인의 체격에 관한 일반적인 연구에서 조선인의 신장과 체중이 일본인보다 약간씩 크다는 점을 인식하고 있었다. 그럼에도 그 자신의 실증적

---

26 쓰자키의 대표 저작으로는 『最新掌中解剖學』이 있다. 「故津崎孝道教授を悼みて」, 日本解剖學會 編, 『解剖學雜誌』 51-2, 1976, 109-119쪽.

27 「學術研究費援助補助事項」, 『京城帝國大學一覽』, 1941, 240쪽.

28 김옥주, 「경성제대 의학부의 체질인류학 연구」, 『의사학』 17-2, 2008, 195-197쪽.

사진 3　우에다 쓰네키치(上田常吉: 1887–1966)

연구에서는 일본인의 체격이 약간씩 큰 사례를 적극적으로 활용함으로써 자신의 가설을 입증하고자 하였다.[29]

구보에 뒤이어 식민지의학의 최전선에서 생체계측을 주도했던 우에다와 이마무라 역시 조선인, 일본인, 중국인의 신체계측 연구를 진행할수록 그들 사이의 생체계측 차가 두드러지지 않는다는 결론에 다다랐다. 그들은 일본인의 체격이 항상 우월하다는 결론을 얻을 수도 없었고, 오히려 통계 결과만으로만 보면 조선인의 체격이 대체로 일본인보다 우월한 경향을 나타내고 있었다. 일본인의 우월성을 실증하고자 했던 구보의 가설은 사실상 실증할 수 없는 가설이었다. 우에다의 연구 결과는 일본인의 우월성은 증명이 불가능하고 일본인과 조선인은 생체계측학상 유사하다는 결론으로 향해 가고 있었다. 흥미롭게도 이러한 결론은 현실정치에 적극적으로 활용될 여지가 있었다. 조선과 일본의 체질인류학적인 유사성을 강화하는 이러한 논리는 1930–1940년대 이후 중일전쟁과 대동아전쟁을 준비하는 과정에서 오히려 일선동조론日鮮同祖論이나 내선일체內鮮一體를 체계화하는 중요한 논거로 활용될 수 있었다. 심지어 우에다는 일본인이 조선인과 종족적으로 유사하거나 혼합되었을 가능성이 있음을 제기한 일본인 혼합기원설을 주창하였고, 우에다는 이를 검증하기 위해 이마무라와 더불어 중국, 만주, 몽골까지 연구 영역을 확대하였다.

29　久保武, 「解剖學的に見たる日鮮人の比較研究」, 『朝鮮及滿洲』 136, 1918. 10, 39–40쪽.

우에다는 「조선인과 일본인의 체질 비교」(1935)를 통해서 지역별 신체 계측 범위를 크게 확장시켰다. 기존 구보의 연구가 주로 한반도 중부 지역에 한정되었다면, 우에다는 전국 규모의 신체계측을 실시했다. 그 결과, 함북 지역 남성의 신장이 166.74±0.51로 가장 컸고, 충남 지역 남성이 161.74±0.45로 가장 작았다. 일반적으로 한반도 북쪽으로 갈수록 신장이 크고 남쪽으로 갈수록 작아지는 경향을 보였는데, 그중에서 충남 지역이 제일 작았다. 우에다는 조선인의 신장이 가장 크고, 그다음으로 일본인이 작고, 아이누가 가장 작다고 보았다. 또한 그는 한반도에서 가장 신장이 작은 충남과 전북 지역의 신장 크기는 일본에서 161-162cm이 최대 신장인 긴키近畿와 추고쿠中國 지역의 교토京都, 시가현滋賀縣, 오사카大阪, 돗토리현鳥取縣, 오카야마岡山 등과 일치한다고 보았다.[30]

우에다는 신장 이외에도 조선인의 두개골 길이와 편폭에 대해 계측을 실시하였는데, 한반도의 남부와 북부에서 86-87로 편폭 지수가 높고, 중부의 편폭 지수는 82-83으로 낮다고 보았다. 이 조사에 따르면, 신장 계측과 달리 두개골의 길이와 편폭 지수는 좀 더 복잡한 양상을 보여준다. 두개골의 길이와 편폭 지수는 북쪽으로 갈수록 크고, 남쪽으로 갈수록 작아지는 것이 아니라, 전남이 가장 높은 지수를 나타내며, 그다음이 경남과 함북, 그다음이 전북, 경북, 평북, 함남 등의 순서를 나타낸다.[31] 두개골의 길이와 편폭 지수는 대체로 조선인이 일본인보다 높게 나타나고 있다.

그는 인류학자인 마츠무라 료松村瞭(1880-1936)의 연구를 활용하여, 긴키

30 上田常吉, 「朝鮮人と日本人の体質比較」, 東京人類學會 編, 『日本民族』, 岩波書店, 1935, 135-136쪽, 139-141쪽.

31 上田常吉, 「體質より見たる內鮮民族」, 『朝鮮』 260, 1937, 143쪽.

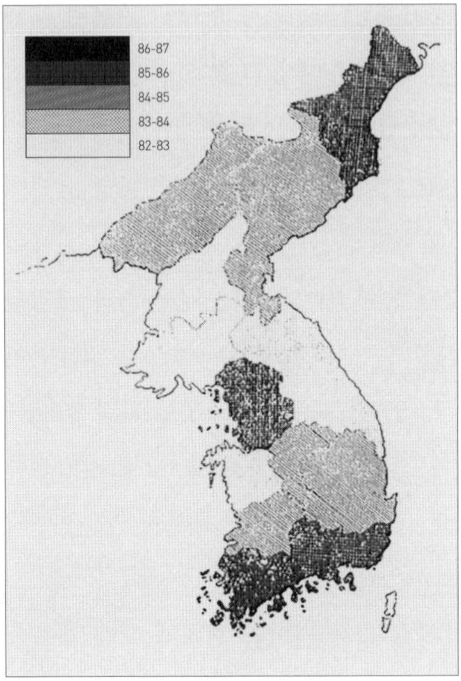

그림 1 우에다 쓰네키치가 작성한 조선인 남성의 두개골 편폭 지수도[32]

지역 남성 두개골의 편폭 지수가 82.14인데, 두개골 편폭 지수가 가장 높은 미나미규슈南九州의 82.73을 제외하면, 나머지 일본 대부분의 지역은 두개골 편폭 지수가 79-80 정도로 낮다고 보았다. 우에다는 두개골 편폭 지수가 상대적으로 높고 두개골 길이가 짧은 단두종短頭種(조선인을 지칭하는 것)이 한반도 중남부에서 건너와 긴키 지역에서 주류를 형성한 것으로 보았다. 그 결과 한반도 중남부와 긴키 지역은 종족적으로 유사한 양상을 보이게 되었다고 보았다.[33]

32 上田常吉, 「體質より見たる內鮮民族」, 143쪽.

33 上田常吉, 「朝鮮人と日本人の体質比較」, 144-145쪽.

결국 우에다는 조선 중남부와 일본문명의 요람인 긴키와 추고쿠 지역 등의 생체계측치가 비슷하다는 결론에 도달했다.[34] 말하자면, 구보가 일본인의 우월성을 증명하려 했던 것과 대조적으로, 우에다는 신장과 두개골 계측을 통해 일본과 조선은 종족적으로 매우 유사하며, 일본인이 단일한 종족이 아닐 가능성과 한반도와 밀접한 연관과 교류 가능성이 있음을 제시하였다. 이것은 일본 본토에서 일본인 단일민족설을 주장한 교토제대의 기요노 겐지清野謙次(1885–1955) 등과 대립되는 연구였다.[35] 더 나아가 이러한 체질인류학적 주장들은 1930년 중일전쟁과 1940년대 대동아전쟁의 발발로 내선일체와 일선동조론의 이론적 토대가 되었다.

구보의 연구 중 하나는 조선과 만주의 체질인류학상 위계를 밝히는 것이었다.[36] 구보는 조선인이 중국인과 체질적으로 유사할 뿐만 아니라 풍속, 습관, 생활태도 등도 상당히 흡사하다고 보았다. 반면 남중국과 북중국의 체격은 달랐는데, 북중국이 남중국보다 체격 조건이 큰 편이었다. 따라서 북중국과 인접한 조선은 북중국의 문화적·종족적 영향을 받을 가능성이 높았고, 구보의 가설과는 달리 조선인들이 체질인류학상 상위를 차지할 가능성이 높았다.

구보의 가설은 사실상 그 후속 세대가 입증할 수 없었다. 뜻밖에도 구보의 가설 입증은 일본인의 종족적 우월성을 증명하고자 했던 혈액형인류학 분야에서 새로운 돌파구를 찾았다. 바로 인종계수라는 새로운 방법

34 上田常吉, 「朝鮮人と日本人の体質比較」, 139쪽; 上田常吉, 「體質より見たる內鮮民族」, 1937.

35 清野謙次, 『日本民族生成論』, 日本評論社, 1946.

36 久保武, 「朝鮮と滿洲の比較研究: 體格上より觀た朝鮮人と支那人」, 『朝鮮及滿洲』 124, 1917. 10.

으로 종족적 위계질서를 규명할 수 있다고 본 것이다. 1901년 오스트리아의 면역학자 란트슈타이너Karl Landsteiner와 그 제자들이 네 가지의 혈액형을 발견한 이래로 동시대 과학자들은 혈액의 기원과 유전, 진화에 대해 관심을 가졌다. 특히 독일의 내과의사 둔게른Emil von Dungern과 그의 제자 힐슈펠트Ludwick Hirschfeld는 혈액형이 B형에서 A형으로 진화하며, 여러 인종들과 민족들 사이의 혈액형 분포를 생화학적 인종계수[Biochemical Race Index=A형 인자(A+AB)/B형 인자(B+AB)]로 나타낼 수 있다고 주장하였다. 1919년 랜싯에 발표한 논문을 통해 힐슈펠트는 백인종일수록 A형의 출현빈도가 높고, 유색인종일수록 B형의 출현빈도가 높아진다고 보았다. 유럽인들은 A형 인자를 보유한 사람이 B형 인자를 보유한 사람보다 2배 이상 많은 반면, 유색인종은 그 반대 결과를 나타냈다. 힐슈펠트는 인종계수가 2.0 이상인 인종(민족)을 유럽형, 1.2 이하를 아시아-아프리카형, 2.0과 1.2 사이를 중간형으로 보았다.[37]

혈액형인류학은 인종적 우위에 입각하여 식민지배를 강화하려는 일본에서 크게 인기를 끌었다. 특히 규슈제대 법의학교실의 후카마치深町穂積는 조선인과 만주인의 혈액형 분포 등을 조사하여 1922년 조선인의 인종계수를 1.16, 만주인의 인종계수를 0.75로 보고하였다. 상대적으로 일본인들의 인종계수를 밝히려는 시도는 뒤늦게 이루어졌는데, 1940년 도쿄제대 법의학교실 후루하타古畑種基 교수팀은 일본인의 인종계수를 전국 평균 1.53으로 보고하였다.[38]

---

37 Ludwick and Hanna Hirschfeld, "Serological Difference Between the Blood of Different Races: the Result of Researches on Macedonian Front," *The Lancet*, Oct. 1919.

38 정준영, 「피의 인종주의와 식민지의학: 경성제대 법의학교실의 혈액형인류학」, 『의사

식민지 조선에서 종족적 위계질서를 규명하려는 시도는 경성제대 법의학교실의 사토 다케오佐藤武雄(1895-1958)에 의해 이루어졌다. 사토는 인종계수를 활용하여 2.5 이상은 서구형, 1.2-2.5는 중간형, 1.2 이하는 아시아-아프리카형으로 규정하였다. 이것에 따르면, 터키인과 일본인은 인종계수 1.8로 중간형에 속하며, 흑인 0.8, 베트남인 0.8, 인도인 0.5 등 아시아-아프리카형에 속한다. 사토의 연구에 따르면, 조선 북부, 중부는 아시아-아프리카형에 속하고, 조선 남부는 '다행히' 중간형으로 된다. 사토의 조사에 의하면, 일본인은 1.52, 조선인은 1.07, 만주 및 몽골인은 0.86, 인도인은 0.69 등으로 위계화된다. 즉 혈액 연구의 결과, 인종계수가 만몽으로부터 조선 북부로, 조선 북부에서 남부로, 조선 남부에서 일본으로 이행하는 경향을 보인다는 것이다.[39] 이것은 만주로부터 조선 북부, 조선 남부, 일본이 위계적으로 연결되어 있을 뿐만 아니라 일본이 가장 진화한 형태임을 보여줌으로써 구보가 제시한 체질인류학적 가설을 혈액형인류학의 인종계수를 통해 입증한 결과였다.

그러나 혈액형인류학의 인종계수가 구보의 체질인류학적 가설을 모두 입증한 것은 아니었다. 일본 내의 인종계수도 지역마다 각기 달랐고, 남부 지역의 인종계수는 유럽형에 근접하기도 했고, 일본 북부로 갈수록 인종계수가 아시아-아프리카형에 근접하는 결과로 나타났다. 이럴 경우 일본과 조선의 교류 결과를 입증하기 어려운 데다가 일본인과 조선인의 격차를 명확히 구분 짓는 일도 쉽지 않았다. 따라서 인종계수를 통해서는 인종

학』 21-3, 2012, 529쪽.

39 김옥주, 「경성제대 의학부의 체질인류학 연구」, 『의사학』 17-2, 2008, 198-200쪽.

의 우월성을 확정하기 어렵다는 회의적인 견해가 강했다고 한다.[40]

벨츠의 가설이 경험적 인식에 근거하여 과학적 근거 없이 서양인의 구미에 맞게 고안되었다면, 구보의 가설은 일본 제국주의의 요구에 맞춰 경험적 인식에 근거하긴 했지만 생체계측 자료를 활용한 실증적 연구를 추구했다는 점에서 진일보한 것이었다. 그러나 구보의 가설 역시 벨츠의 가설과 마찬가지로 과학적 근거가 없었고, 근거가 박약한 지점에서는 임나일본부설과 같은 의학 외적인 이론을 끌어들여 경험적 인식을 보완하는 전략을 구사할 수밖에 없었다. 구보 이후 경성의전과 경성제대 의학부에서 해부학을 담당했던 우에다와 이마무라 등은 조선인, 일본인, 중국인 등의 신체계측에 관한 광범위한 조사를 실시하였다. 이들 일본인 해부학자들은 각각의 종족이 서로 다르다는 체질인류학적 가설을 입증하려는 명확한 목표를 가지고 있었음에도 불구하고, 실증적으로 두드러진 차이를 발견하기 어려웠다. 반면 혈액형인류학의 인종계수는 동아시아에서 일본의 위계를 상부에 위치 지을 수 있었다. 그러나 일본 지역 내에서도 지역별 인종계수의 차이가 컸기 때문에, 인종적 우월성을 확정 지을 수 있는 지표로 활용하기 어려운 점이 있었다.

4. 맺음말

식민지시기 대표적인 해부학자로 구보 다케시를 들 수 있다. 그는 메이지 시기 독일식 의학교육을 주도했던 벨츠의 제자로 식민지 조선에서 식민지

40 정준영, 「피의 인종주의와 식민지의학」, 530쪽.

체질인류학을 확립시킨 인물이었다. 구보는 체질인류학에 근거한 차별적인 식민지의학을 체계화하고자 했고, 그의 차별적인 해부 인식은 '구보 망언 사건'의 인식론적 근거가 되었다.

벨츠는 일본인의 해부학적인 특징이 전통적인 아이누형에서 만주-한국형(진보한 백인종형)과 말레이-몽골형(후진적인 황인종형)의 혼합된 형태로 변화되어 왔다고 설명했다. 이것은 일본인의 체질인류학적 발전모델을 설명하는 데에는 적합했지만, 자칫하면 식민지 조선인이 일본인보다 체질인류학적으로 우월하다는 가설을 제공할 수 있었다. 이에 구보는 일본인이 조선인보다 체질인류학적으로 우월하다는 가설을 입증할 수 있는 근거를 찾기 시작했다. 구보는 조선인이 저작근과 소화기가 상대적으로 발달한 야만성을 가진다고 보았다. 다른 한편 구보는 조선인의 체격이 일본인의 체격에 가깝다는 가설을 제시했는데, 이럴 경우 조선인에 대한 우월성을 주장하기 어렵다는 논리적 문제가 발생하자 조선인의 체격이 일본인보다는 중국인에 가깝다는 주장으로 변경하였다. 심지어 조선과 일본의 종족적 유사성에 관한 그의 주장은 조선에서 일본으로 건너간 고대의 이주 때문이 아니라 일본의 임나일본부를 통한 식민지 경영의 결과라는 식민주의설을 활용한 것이었다.

구보 이후 그 후속 세대인 우에다와 이마무라는 경성의전 해부학교실과 경성제대 의학부 해부학교실에서 생체계측학을 주도했다. 우에다와 이마무라의 주 전공은 신체계측을 통한 계량적인 방법으로 체질인류학을 연구하는 것이었기 때문에, 생체계측학적으로 일본인의 우월성을 증명할 수 있는지는 그들의 주요한 학문적 과제가 되었다. 그러나 연구가 진행될 수록 신체계측을 통해서 일본인이 조선인보다 우월하기는커녕 오히려 신장, 두개골의 길이와 편폭 등의 지수에서 대체로 조선인이 일본인보다 우월한 결과가 나왔다. 우에다와 이마무라 등 구보 후속 세대의 연구는 일본인과 조선인이 체질인류학적으로 유사하다는 결론으로 향하고 있었다. 구보가 일본인의 우월성을 증명하려 했던 것과 대조적으로, 우에다는 신장과 두개골 계측을 통해 일본과 조선은 종족적으로 매우 유사하고, 일본인이 단일한 종족이 아니며, 오히려 한반도와의 밀접한 연관과 교류 가능성이 높다고 판단했다. 조선과 일본의 체질인류학적인 유사성을 강화하는 이러한 논리는 1930-1940년대 이후 일본이 중일전쟁과 대동아전쟁을 준비하는 과정에서 오히려 일선동조론日鮮同祖論이나 내선일체內鮮一體를 체계화하는 중요한 논거로 활용될 수 있었다.

일본인의 종족적 우월성을 증명하려던 구보의 과제는 체질인류학 분야의 후속 세대에서 실질적인 성과를 내지 못했다. 반면 혈액형인류학에서는 구보가 원했던 일본인의 종족적 우월성을 증명하는 데 획기적인 진전을 보였다. 인종계수는 서구형, 중간형, 아시아-아프리카형으로 위계화되었고, 한반도의 북부와 중부는 아시아-아프리카형에 속하고, 일본과 한반도 남부는 중간형에 속한다고 보았다. 특히 일본은 한반도 남부보다도 인종계수가 높은 것으로 위계화되기 때문에, 일본, 한반도 남부·중부·북부·만주 순으로 위계화되었다. 그러나 일본 내에서도 지역별로 인종계수가 서로 달랐고, 북부로 올라갈수록 인종계수는 아시아-아프리카형에 근접해지는 형국이었다. 이럴 경우, 체질인류학적으로 일본과 조선의 교류 결과를 입증하기 어려운 데다가 일본인과 조선인의 격차를 명확히 구분 짓는 일도 쉽지 않았다. 구보 이래로 그 후속 세대들은 실증주의적 방법론을 통해 일본인의 종족적 우월성을 증명하고자 다양한 시도를 했다. 그러나 체질인류학과 혈액형인류학적인 검증 결과는 만주, 한반도, 일본열도의 우열을 완전히 상반된 것으로 만들어 상호 모순되는 결론을 얻었다. 또한 그들은 식민지의학에 필요한 가설을 모두 입증할 수 없었고, 필요에 따라 연구 결과를 편의적으로 사용하는 수밖에 없었다.

참고문헌

자료

『동아일보』.

『조선일보』.

久保武,「毛髮の人類學(1)」,『朝鮮及滿洲』103, 1916. 2.

久保武,「毛髮の人類學(2)」,『朝鮮及滿洲』104, 1916. 3.

久保武,「毛髮の人類學(3)」,『朝鮮及滿洲』105, 1916. 4.

久保武,「毛髮の人類學(4)」,『朝鮮及滿洲』106, 1916. 5.

久保武,「毛髮の人類學(5)」,『朝鮮及滿洲』107, 1916. 6.

久保武,「毛髮の人類學(6)」,『朝鮮及滿洲』108, 1916. 7.

久保武,「毛髮の人類學(7)」,『朝鮮及滿洲』114, 1916. 12.

久保武,「毛髮の人類學(8)」,『朝鮮及滿洲』116, 1917. 2.

久保武,「人種解剖學より見たる朝鮮人」,『朝鮮及滿洲』115, 1917. 1.

久保武,「人種解剖學より見たる朝鮮人(二)」,『朝鮮及滿洲』117, 1917. 3.

久保武,「解剖上より見たる女の體質的特徵」,『朝鮮及滿洲』109, 1916. 8.

久保武,「朝鮮と滿洲の比較研究: 體格上より觀た朝鮮人と支那人」,『朝鮮及滿洲』124, 1917. 10.

久保武,「解剖學的に見たる日鮮人の比較研究」,『朝鮮及滿洲』136, 1918. 10.

久保武,「朝鮮人の人種的特徵」,『京城日報』35, 1916. 7.

今村豊,「滿蒙民族の體質」,『京城帝國大學大陸文化研究會パムフレット』3冊, 1939. 3.

今村豊,「蒙古族及び通古斯族の體質」,『大陸文化研究會報告』4卷, 1938. 4.

上田常吉,「京畿道 朝鮮人의 생물통계학으로 본 유전적 관계에 대하여」,『朝鮮醫學會雜誌』26-11, 1936.

上田常吉, 「京畿道朝鮮人の體質人類學的硏究」, 『人類學雜誌』 57-10, 1942.
上田常吉, 「朝鮮人と日本人の體質比較」, 東京人類學會編, 『日本民族』, 岩波書店, 1935.
上田常吉, 「體勢かる見た朝鮮人」, 『アジア問題講座 8』, 民族歷史編 2, 1939.
上田常吉, 「體質より見たる內鮮民族」, 『朝鮮』 260, 1937.
上田常吉, 「統計法」, 『人類學先史學講座 第4卷』, 雄山閣, 1938.
上田常吉, 『生物統計學』, 岩波書店, 1935.
小林ちよ, 「日本に於けるABO式血液型分布の統計的觀察」, 『犯罪學雜誌』 14, 1940.
『愛知縣立醫學專門學校及愛知病院一覽』, 1912.
「朝鮮総督府京城醫學專門學校教授久保武敘勲ノ件」, 1922. 8. 24, 日本國立公文書館所藏, 勲00597100.
荒瀨進·小濱基次·田邊秀久·高牟體功, 「朝鮮人の體質人類學的硏究(第一回報告, 北鮮の部)」, 『朝鮮醫學會雜誌』 24, 1934.
荒瀨進·小濱基次·島五郎·西岡辰藏·田邊秀久·高牟體功·川口利次, 「朝鮮人の體質人類學的硏究(第二報告)」, 『朝鮮醫學會雜誌』 24, 1934.

연구논저

김성수·신규환, 『몸으로 세계를 보다: 동아시아 해부학의 성립과 발전』, 서울대학교출판문화원, 2017.
김옥주, 「경성제대 의학부의 체질인류학 연구」, 『의사학』 17-2, 2008.
박순영, 「일제 식민주의와 조선인의 몸에 대한 "인류학적" 시선: 조선인 신체에 대한 일제 체질인류학자들의 작업을 중심으로」, 『비교문화연구』 12-2, 2006.
박순영, 「일제 식민통치하의 조선 체질인류학이 남긴 학문적 과제와 서구 체질인류학사로부터의 교훈」, 『비교문화연구』 10-1, 2004.
서홍관·신좌섭, 「일본인종론과 조선인」, 『의사학』 8-1, 1999.
여인석 외, 『한국의학사』, 역사공간, 2018.
장신요, 「한국의 체질인류학에 대한 회고」, 『대한체질인류학회지』 1-1, 1988.

전경수, 「식민과 전쟁의 일제인류학: 대북제대와 경성제대의 인맥과 활동을 중심으로 2」, 『비교문화연구』 8-2, 2002.
전경수, 「식민과 전쟁의 일제인류학: 대북제대와 경성제대의 인맥과 활동을 중심으로」, 『비교문화연구』 8-1, 2002.
정준영, 「피의 인종주의와 식민지의학: 경성제대 법의학교실의 혈액형인류학」, 『의사학』 21-3, 2012.
「故津崎孝道教授を悼みて」, 日本解剖學會編, 『解剖學雜誌』 51-2, 1976.
安井廣, 『ベルツの生涯: 近代醫學導入の父』, 思文閣出版, 1995.
全京秀, 「京城帝國大學の學術調査と'京城學派'の誕生: 人類學分野にフオ-カスを合わせて」, 『朝鮮學報』 214, 2010.
全京秀, 「京城學派の人骨研究と戰時人類學: 今村豊の南柯一夢(?)と絆」, 酒井哲哉·松田利彥編, 『帝國と高等教育: 東アジアの文脈から』, 國際日本文化研究センター, 2013.
周蜜, 『日本人的起源與形成: 體質人類學的新視角』, 上海古籍出版社, 2013.
Kim, Hoi-eun, *Doctors of Empire: Medical and Cultural Encounters between Imperial Germany and Meiji Japan*, University Toronto Press, 2014.
Kowner, Rotem, "'Lighter Than Yellow, But Not Enough': Western Discourse on the Japanese Race, 1864–1904," *The Historical Journal* 43-1, 2000.
Kowner, Rotem, "Dr. Baelz's Mongolian spot: German medicine, discourse of race in Meiji Japan, and the local response," David G. Wittner and Philip C. Brown, *Science, Technology, and Medicine in the Modern Japanese Empire*, London and New York: Routledge, 2017.
Ludwick and Hanna Hirschfeld, "Serological Difference Between the Blood of Different Races: the Result of Researches on Macedonian Front," *The Lancet*, Oct. 1919.

동아시아 의학사 연구방법론에 대한 비판적 시론: 해부학 관련 역사서술을 중심으로[1]

이기복

1. 서양은 해부, 동양은 기氣?

요즈음 의학사 혹은 과학사 관련 학자 및 연구자들의 주제 및 논의과정을 보건대, 동아시아 의학사 관련 논의가 여전히 과거의 정형화된 틀 안에서 이뤄지고 있는 경우가 적지 않다. 그 전형적 예는 서양은 물질과 해부학에 관심을 두고 의학적 발전으로 나아간 반면, 동아시아는 해부술 및 몸의 구조와 물질에는 무관심했고 오히려 기氣의 흐름이나 장부의 추상적 기능에 주로 시선을 뒀다는 '이분법'의 서사다. 이에 대해 동아시아 지역에 해부 기술이나 물질적 구조에 대한 관심을 보여주는 사례가 적지 않다고 반문하면, 그것은 단지 유비類比에 지나지 않는다거나, 혹은 이른바 해부학이라는 범주에 넣고 논할 가치가 없다거나, 아니면 단지 예외적 사례

1 이 글은 학술지 『의사학』에 게재했던 내용을 새로운 형식에 맞게 일부 수정한 것임을 일러둔다. 이기복, 「동아시아 의학사 연구 방법론에 대한 비판적 시론」, 『의사학』 29-2, 2020, 569-611쪽.

일 뿐이라고 일축하곤 한다. 이 외에도 연구자들이 문화사를 지향한다면서도 중세 의서의 내용을 분석할 때 미신적 행태라며 일부 치법을 소개하는 데 머물거나, 아니면 현대의학의 시각에서 볼 때 과학적으로 설명할 수 있는 흥미로운 치법을 활용했다며 선인의 지혜를 언급하곤 한다. 또한 한의학은 중국의학의 아류라는 잠재적 인식 아래 '중의학과 한의학이 무엇이 다른가?'라는 질문을 하곤 하는데, 이러한 상투적인 질문은 종합의서인 『의학입문醫學入門』(1575)과 『만병회춘萬病回春』(1587)을 각기 저술한 명대 의사 이천李梴과 공정현龔廷賢(1522-1619)을 일러 중국의학의 계승자라 칭하면서도 같은 성격의 『동의보감東醫寶鑑』(1613)을 저술한 조선의 의관 허준許浚(1539-1615)에 대해서는 중국의학의 수입자라는 언설로 이어지기도 한다.

이 글은 이항논법으로 대표되는 이러한 부류의 서사에 이의를 제기하면서 그 근저에 깔린 전제를 짚어보고, 의학사 및 이를 포괄하는 과학기술사 분야의 연구방법론에 대한 최근의 성찰적 논의를 간략히 검토하고자 한다.[2] 여기서 나아가 동아시아 의학사의 새로운 지형을 드러낼 수 있는

---

2 이 글에서 '과학'은 좁은 의미의 과학(science)은 물론 기술과 의학을 포괄하는 보다 넓은 의미로 쓰지만, 의학을 강조할 필요가 있는 경우 의학/과학처럼 중복해서 쓰기도 한다. 동아시아 의학사 및 과학사 연구방법론에 대한 국내 학자들의 최근 논의로는 다음을 들 수 있다. 신동원, 「동아시아 전통 과학사론의 비판적 검토」, 『문학과 사회』 36-4, 1996, 1758-1772쪽; Soyoung Suh, "From Influence to Confluence: Positioning the History of Pre-Modern Korean Medicine in East Asia," *The Korean Journal of Medical History* 19-2, 2010, pp.225-253; 김영식, 『동아시아 과학의 차이: 서양 과학, 동양 과학, 그리고 한국 과학』, 사이언스북스, 2013, 171-242쪽; 구만옥, 「조선후기 과학사 연구에서 '실학'의 문제」, 『韓國實學研究』 36, 2018, 637-699쪽; 임종태, 「과학사 학계는 왜 실학을 저평가해 왔는가?」, 『韓國實學研究』 36, 2018, 677-699쪽; 임종태, 「實學에서 中國의 문제로: 전근대 한국 과학사 연구의 최근 동향」, 『역사학보』 231, 2016, 401-418쪽. 기타 인문사회학 분야의 여러 논의로는 다음을 참조할 수 있다. 강정인 편, 『탈서구중심주의는 가능한가: 비서구적 성찰과 대응』, 아카넷, 2016; 배

접근방법론도 시론적으로 모색할 것이다.

위 사례를 포함해 문제점을 안고 있다고 생각되는 여러 화법, 담론, 태도 등은 비단 의학사 뿐 아니라 과학기술사 및 문명사 전반에 대한 특정한 관점에 뿌리를 두고 있다. 대체로 그 특정한 관점은 이를테면 목적론적 역사인식, 발전론적 역사관, 모더니즘, 현재주의, 선형적 역사 전개론, 휘그주의 등과 깊게 연관되어 있는 '유럽중심주의'이다. 그 출발은 오늘날의 이른바 과학적 진리를 기준으로 삼아, 근대화 이전 시기(특히 비유럽 지역) 대부분의 과학·기술·의학 활동에 비과학과 불합리의 딱지를 붙이는 데서 시작됐으며, 근대과학기술에 부합하거나 그 전구로 이해할 수 있는 사건만을 중심으로 한계의 극복과 과학으로의 발전이라는 서사를 만들어 냈다.[3] 그 기본적인 전제는, 근대과학은 문화적으로 '보편적'이지만 기원상 '유럽'에 유일한 것으로 역사적으로 '단일한' 발전과정을 밟는다는 것이다. 이러한 태도는 사상 및 문화 일반의 규범으로 확대 해석되어 서양의 양식과 다른 기타 지역의 문화 및 사유 형식은 거의 무의미하다고 보는 데까지 나아가, 과학혁명·시민혁명·자본주의를 이뤘던 유럽인의 경험을 중심으로 세계의 역사는 특정한 목적을 향해 필연적으로 전개돼 왔다는 서술로 이어졌다.[4] 비유럽 지역의 학자들조차도 사실상 유럽인의 역사적 경험을 설명

항섭·박소현·박이진 공편, 『동아시아 연구, 어떻게 할 것인가』, 성균관대학교출판부, 2016; 심재관, 『탈식민시대 우리의 불교학』, 책세상, 2001.

3 초기 동아시아 과학사 서술은 전통과학의 패배와 종언을 전제로 하면서, 선구적인 업적과 기술의 전통을 추출하여, 근대과학의 계보를 그리는 데 집중한 경우가 많았으며, 과학문화의 구조적 파악과 사회적·사상적 역할에 대해서는 그다지 관심을 두지 않았다.

4 대표적으로는 Max Weber, *The Protestant Ethic and the Spirit of Capitalism*, London: Allen & Unwin, 1976[1905]; Robert K. Merton, Science, *Technology and Society in Seventeenth-Century England*, New York: H. Fertig, 1970[1938]의 논

하기 위한 개념적 범주 및 연구질문에 기대어 자신들의 역사를 해석해 왔다는 점에서 그간의 세계사는 사실상 유럽사의 일환이라고까지 말할 수 있을 것이다.[5] 이러한 점은 구미 주류 역사학계가 자신들의 역사를 세계사의 주류라고 인식하고 있는 가운데 서양 이외의 역사와 전통에는 대체로 무관심하며, 과학사회학(STS) 분야의 학자들 역시 동아시아의 과학사에는 거의 개의치 않는다는 사실에서도 간접적으로 드러난다. 적지 않은 동아시아 의학사 연구자들 역시 역사 행위자들의 의제와 맥락에는 주목하지 않은 채 알게 모르게 모더니즘 및 유럽중심주의의 영향 아래 역사적 사건을 해석해 왔다.

이러한 방식의 역사서술은 형식 측면에서 유럽사 대 기타사라는 이항대립을 상정한 것으로 오리엔탈리즘으로 대표되는 '이분법'의 역사인식으로 파생되었다. 이는 세상을 서양과 동양으로 크게 분리시켜 세계문명사를 서사하는 이른바 '대분열 담론The Great Divide'을 필두로 하여, 근대 대 전통, 이론 대 실천, 논리 대 직관, 발명 대 모방, 정신 대 육체, 사회 대 자연, 중심 대 주변, 과학 대 유교 등의 대립적인 근대적 서사구조를 모두 포괄한다.[6] 19세기 후반 근대과학기술로 무장한 제국주의 세력이 비유럽 지

설을 들 수 있다.

5 근대성에 대한 20세기 비서구 지역의 정치·경제·사회·사상적 대응 사례에서도 이러한 사정은 쉽게 확인된다. 강정인 편, 『탈서구중심주의는 가능한가』.

6 이에 대한 전반적인 논의 및 비판은 다음을 참조할 수 있다. Andrew Cunningham and Perry Williams, "De-Centring the 'Big Picture': "The Origins of Modern Science" and the Modern Origins of Science," *The British Journal for the History of Science* 26-4, 1993, pp.407-432; Roger Hart, "Beyond Science and Civilization: A Post-Needham Critique," *East Asian Science, Technology, and Medicine* 16, 1999, pp.88-114; Longxi Zhang, *Mighty Opposites: From Dichotomies to Differences in the Comparative Study of China*, Stanford: Stanford

역으로 침습을 강화하고, 20세기에는 근대 및 과학 중심의 역사관이 지배적인 위치를 점하게 되면서 이른바 '과학Science'이 동아시아 지역에서 높은 인식론적인 지위를 획득할 수 있었다. 이러한 환경 변화는 동아시아의 지식인들로 하여금 자신들의 문화 전통을 부정하게 만들거나 아니면 정반대로 서양의 '과학'에 대응하기 위한 전략으로 과학에 환원될 수 없는 고유한 동아시아의 지적 사유를 찾아내도록 자극했다. 의학 분야의 경우 20세기 초 동서양의 특징을 전일론 대 환원론, 흐름/조화 대 물질/해부, 치본治本 대 치표治標 등 양 항으로 대립시키기 시작하면서,[7] 20세기 중후반 중국(혹은 동아시아) 의학의 정수를 '정체관념整體觀念'이나 '변증논치辨證論治' 등으로 규정했다.[8] 이를 잇는 중의학/한의학 교과서 및 개론서 역시 동아시아 의학의 특징을 근대과학이나 생의학의 개념이나 언어로는 번역될 수 없는 고유하고 단일한 것으로 기술했다.[9] 이러한 정치적 서사는 20세기 후

University Press, 1998.

7 의학의 경우 이러한 비교상은 다음 문헌에서 확인된다. 운철초(惲鐵樵, 1878-1935), 『군경견지록(群經見智錄)』, 1922; 조헌영(趙憲泳, 1900-1988), 『통속한의학원론(通俗漢醫學原論)』, 1934; 양택민(楊澤民, 1895-1948), 『잠창의화(潛廠醫話)』, 1930년대. 서양과 중국을 이항논법으로 비교하기 시작한 것은 1894년 청일전쟁 패배 직후부터며, 한국의 경우 일찍이 李光洙(1892-1950)의 「新生活論」에서 보인다. Mrng Yue, "Hybrid Science versus Modernity: The Practice of the Jiangnan Arsenal, 1864-1897," *East Asian Science, Technology, and Medicine* 16, 1999, pp.13-52; 李光洙, 「新生活論」, 『每日申報』, 1918년 9월 6일-10월 19일.

8 Volker Scheid, "Holism, Chinese Medicine and Systems Ideologies: Rewriting the Past to Imagine the Future," Anne Whitehead and Angela Woods eds. *The Edinburgh Companion to the Critical Medical Humanities*, Edinburgh: Edinburgh University Press, 2016, pp.66-86; Volker Scheid, *Chinese Medicine in Contemporary China: Plurality and Synthesis*, Durham: Duke University Press, 2002, pp.200-237.

9 Manfred Porkert, *The Theoretical Foundations of Chinese Medicine: Systems*

반 '시스템이론'이나 '신과학운동'으로도 연결되는데, 중국을 대표로 하는 동아시아의 사상, 이를테면 유기체적 사유양식을 서양의 환원론적이고 기계론적인 세계관과 대비되는 것으로 내세우면서 서구과학문명에서 파생된 여러 문제점을 보완하고자 했다.[10] 이는 잘 알려진 오리엔탈리즘의 또 다른 양식이라고 볼 수 있는데, 이러한 서술방식은 천문학 및 역사 분야로도 확대되어 문화 간 혹은 지역 간 본질적이고 상호 공약 불가능한 차이점이 존재한다는 인식으로 일반화됐다.[11]

유럽중심주의 서사와 여기에서 파생된 이분법의 역사서술방식은 타자로부터 주어진 규범으로 자신을 평가한다는 점에서, 그리고 역사적 사건 및 관련 행위자의 구체적인 맥락, 다양한 접근방식, 역동성을 차폐한다는 점에서 그간 동아시아 과학사/의학사를 소외시켜 왔다. 근대주의자는 물론이고, 동아시아 역사에서 근대성, 과학성, 혁명성의 맹아를 찾아내고

---

of Correspondence, Cambridge, London: MIT Press, 1974; Ted J. Kaptchuk, Chinese Medicine: The Web that Has No Weaver, London: Rider, 2000; Nathan Sivin, *Traditional Medicine in Contemporary China: a partial translation of Revised outline of Chinese medicine* (1972)*: with an introductory study on change in present day and early medicine*, Ann Arbor: Center for Chinese Studies, University of Michigan, 1987.

10 Fritjof Capra, *The Turning Point: Science, Society, and the Rising Culture*, Bantam Books, 1982; David Bohm, *Wholeness and the Implicate Order*, London: Ark Paperbacks, 1980; 金觀濤·劉青峯 엮음, 김수중·박동헌·유원준 옮김, 『중국문화의 시스템론적 해석』, 도서출판 천지, 1994.

11 과학사 분야의 논설 Jacques Gernet, tr. by Janet Lloyd, *China and the Christian Impact: a Conflict of Cultures*, Cambridge: Cambridge University Press, 1985는 이러한 경향성을 잘 예시한다. 오리엔탈리즘에 대한 비판으로는 Edward W. Said, *Orientalism*, New York: Pantheon Books, 1978; 姜尙中 지음, 이경덕·임성모 옮김, 『오리엔탈리즘을 넘어서』, 이산, 1997을 참조할 수 있다.

자 했던 학자들도 한 걸음 물러서서 세계를 조망하지 못한 채 여전히 타자의 규범과 시선에서 동아시아인의 공과를 논한다는 점에서 동아시아 과학사/의학사의 소외를 유발했다.[12] 이와 반대로 동아시아 의학의 독자성과 연속성을 강조하는 학자들은 서양과학으로 환원할 수 없는 동아시아 의학의 원형이자 정수가 고대부터 지금까지 면면히 이어져 왔다는 점에서 살아있는 의학전통의 상을 제시한다. 그러나 이는 역설적으로 환경의 변화에도 불구하고 유연하게 변신하지 않고 동일한 원칙을 고수한다는 점에서 현대과학의 저편에 있는 '죽어 있는' 전통의학을 의미하는 것이기도 했다.[13] 이러한 소외 현상은 중심-주변의 이분법 구도에서도 나타난다. 원래 제국주의-식민지 과학을 설명하기 위해 제시됐던 중심-주변확산모형은 중심인 중국에서 주변인 고려/조선으로 문물과 지식이 일방향으로 퍼져간다는 가정에 기초한 것으로 중국의학에 대한 한국의학의 성격을 논할 때 흔히 취하는 방식이다.[14] 이의 변종인 충격-대응이론 역시 17세기 이후 특

12 이를테면, '서양과학을 수용하고자 했던 실학자 대 이에 저항했던 성리학자'라는 구도 아래 조선 후기 과학활동의 공과를 논했던 상투적 언설들은 이러한 사례 가운데 하나다. 이들은 성리학을 과학에 저항하는 배타적인 사유양식으로 정형화하고 역사적 사건을 제3의 선택지가 없는 이항대립으로 단순화시켜 왔다.

13 정체된 과거의 의학으로서 동아시아 의학을 바라보는 시각은 과학자·생의학자·한의학자는 물론 역사학자에게서도 보인다. 이를테면 중국의학사가 Unschuld와 Bray의 서술에서도 확인된다. Paul Unschuld, *Medicine in China: A History of Ideas*, Berkeley: University of California Press, 1985, pp.154-155; Francesca Bray, *Technology and Gender: Fabrics of Power in Late Imperial China*, Berkeley and Los Angeles: University of California Press, 1997, p.303.

14 Shigeru Nakayama, "The Spread of Chinese Science into East Asia," Yung Sik Kim and Francesca Bray eds., *Current Perspectives of in the History of Science in East Asia*, Seoul: Seoul National Univeristy Press, 1999, pp.13-20; 馬伯英·高晞·洪中立著, 鄭遇悅譯, 『中外醫學文化交流史』, 電波科學社, 1997. 이에 대한 비판적 논의

히 20세기 전환기에 서양과학의 충격에 의해서 동양이 무지에서 깨어날 수 있었다는 서사를 만들어 내기도 했다. 이상 이러한 서술방식은 구조적으로 동아시아/한국의 종속성, 정체성, 주변성, 수동성을 전제한 것으로, 동아시아 과학사/의학사 서술에서 자기 부정과 자기 소외의 긴장을 유발하고 실제 역사 지형을 왜곡해 왔다. 이를 바로잡기 위해서는 무엇보다도 유럽중심주의 및 이항논법의 틀을 넘는 것이 관건이다.

2. 유럽중심주의 서사에 대한 성찰

동아시아 과학사 분야에서는 일찍부터 유럽중심주의와 근대성 찾기에 대한 비판적 논의가 진행돼 왔다. 먼저 논할 것은 '왜 중국에는 과학이 없었는가?'와 같은 '왜-아니why-not'류의 질문에 대한 비판이다. 20세기 전환기부터 중국 지식인 사이에서 등장한 이러한 질문은 중국과학사 연구의 선구자인 니담J. Needham(1900-1995)이 제기한 니담테제, 즉 '16세기까지 서구보다 월등했던 중국의 과학전통이 왜 근대과학으로 발전하지 못했나?'라는 연구질문으로 정식화됐다.[15] 그간 니담의 선구적인 연구성과는 서양인

로는 Soyoung Suh, "From Influence to Confluence"를 참조할 수 있다.

15 예를 들면 Joseph Needham, *Science and Civilisation in China*, Vol. V: Chemistry and Chemical Technology, pt. 2: Spagyrical Discovery and Invention: Magisteries of Gold and Immortality, Cambridge: Cambridge University Press, 1974, xxii에서 찾아볼 수 있다. '중국에는 왜 과학이 없었는가?'라는 질문 자체는 이보다 앞서 풍우란(馮友蘭, 1895-1990) 같은 중국 지식인들에 의해 이미 제기됐었다. Yu-lan Fung, "Why China has no Science-An Interpretation of the History and Consequences of Chinese Philosophy," *International Journal of Ethics* 32-3, 1922, pp.237-263.

들이 비유럽 지역의 발달된 과학기술을 인식할 수 있는 계기를 마련해 줬지만, 후배 학자들은 그가 근대과학적 요소를 역사 속 중국의 과학기술에서 찾으려고 했다는 점을 비판했다.[16] 니담의 질문은 비유컨대 화재가 난 집이 아닌 엉뚱한 집에 가서 '왜 불이 나지 않았냐?'며 추궁하는 것과 같다.[17] 이는 결국 보편과학의 단일한 발전과정을 전제하고 서양에서 태동한 과학기술만이 역동적이고 보편적이며 학문의 대상이라는 인식에서 출발해, 타 문명에서 어떤 결핍이나 한계를 묻거나 근대화의 걸림돌을 찾고자 한 셈이었다.[18] 이러한 시각은 온전한 서양과학이 중국이나 한국에 전해졌어야만 했다는 인식으로 이어지기도 했다. 이러한 '왜-아니why-not' 질문류는 서양-동양 관계는 물론 중국-한국의 관계에서도 여전히 찾아볼 수 있다. 왜 서양과학 또는 텍스트 『상한론傷寒論』이 온전한 형태로 조선에 전해지지 않았는가? 서양의 해부학 혹은 청대의 온병학溫病學은 어째서 조선에서 유행하지 않았는가? 조선에는 왜 생물학/본초학 관련 이미지를 생산해 내지 않았는가?[19] 하지만 정작 물어야 할 것은 '동아시아인들은 자연세계

---

16 Roger Hart, "Beyond Science and Civilization"; Nathan Sivin, "Why the Scientific Revolution Did Not Take Place in China-or Didn't it?," 2005. Available at http://ccat.sas.upenn.edu/~nsivin/scirev.pdf (Accessed: January 20, 2021); Yung Sik Kim, "The 'Why not' Questions of Chinese Science: The Scientific Revolution and Traditional Chinese Science," *East Asian Science, Technology, and Medicine* 22, 2004, pp.96-112; Patrick K. O'Brian, "The Needham Question Updated: A Historiographical Survey and Elaboration," *History of Technology* 29, 2009, pp.7-28.

17 '불난 집' 비유는 중국학 학자 그레이엄(Angus C. Graham)이 1973년 처음 제시한 것으로 알려졌다.

18 예를 들어, 17세기 과학혁명을 이끌었던 유럽의 경험을 기준으로 중국의 다른 사정, 즉 지배적 유학체계, 중국의 관료제, 절대신 관념의 부재, 상공업의 억제, 중국어 문제 등을 그 장애 요소로 지적하곤 했다.

19 이러한 질문에 대한 통상적 답변으로는 이를테면 중화주의(中華主義) 혹은 과학/생물학

에 대한 지식을 어떠한 방식으로 이해하고 실천하며 발전시켜 왔으며, 나아가 이러한 역사적 과정의 사회문화적·지적 맥락은 무엇이었는가?'여야 한다. '왜-아니' 질문은 그간 당연하다고 여겼던 믿음, 태도, 시각, 인식을 성찰하는 계기를 제공했다.

유럽중심주의에 기반을 둔 역사인식, 즉 보편과학은 단일한 선형적인 발전과정을 밟으며, 유럽에서 등장한 근대과학이 바로 그 유일한 실체라는 관점은 최근 지속적인 비판을 받아 왔다.[20] 전통적 인식에 따르면 이렇다. 즉 세계 다른 문화권과 달리 17세기 유럽에서는 갈릴레오, 뉴턴 등 여러 선지자적이고 합리적인 과학자들이 과거의 몽매한 신학적 세계관을 깨고 근대과학혁명을 이끌었으며, 이를 이어 19세기 유럽이 산업혁명 및 기술혁명을 이루어 냄으로써 20세기 근대문명을 성취했다. 또한 이는 세계 지성사에서 유럽만의 독특한 역사적 경험이자 세계사의 필연적 과정 즉 보편적 문화현상으로 그 지성사적 기원은 유럽의 시원인 기원전 그리스의 합리적 과학에서 찾을 수 있다. 그러나 이와 달리 서양근대과학의 전개에 대한 최근 과학사학계의 연구는 '과학' 및 '근대'의 개념이나 역사적 궤적이 단일하지 않았다는 점을 논증하면서, 과학을 사회적 맥락과 분리되어 있는 객관적인 지식체계로 보거나 유럽인의 사유와 경험만을 역사서술의 준거로 삼았던 그간의 편향적 시각에 이의를 제기해 왔다. 예를 들어, 과학사가들은 고대 그리스 과학 및 과학혁명기 유럽 과학은 오리엔트 및 이슬람 등 이웃 문명에 빚진 바가 적지 않았으며, 과학혁명과정에 마술적·

의 윤리학/유학에의 종속을 들며 조선 사회의 한계가 함께 거론되곤 한다.

20 Kapil Raj, *Relocating Modern Science: Circulation and the Construction of Knowledge in South Asia and Europe, 1650–1900*, New York: Palgrave Macmillan, 2007, pp.1–10.

신학적·심미적인 요소가 많이 개입돼 있었고, 과학혁명 자체도 균일하지 않은 복수의 형태로 존재하면서 긴 시간에 걸쳐 다양한 궤적을 밟아 왔을 뿐 아니라,[21] 18세기까지만 해도 지구에서의 주인공은 유럽이 아니었음을 지적했다.[22] 또한 이들은 패러다임의 전복 양상과는 다른 중층적인 과학 활동이 현재까지 다양한 방식으로 공존해 왔음을 실증적으로 논구하기도 했다.[23] 한마디로, 전통적 인식과 달리 유럽의 근대과학은 필연적 혹은 보편적이라기보다는 상황에 따른 우연적인 것이었으며, 단일한 과학 형태가 아니라 복수의 과학활동이었고, 유럽 고유의 산물이라기보다는 주변 문명 혹은 식민세계와의 교류에 힘입어 형성된 것이었다.[24]

의학 및 과학 지식의 성격에 대한 최근 과학기술학 분야의 연구는 지금까지 자연스럽고 당연한 것으로 여겨지던 근대과학의 특징을 매우 논쟁적인 것으로 바꿔 놓았으며, 이는 과학지식이 그것이 생산되고 소비되는 사회문화적 환경 및 행위자인 과학자와 독립된 객관적 진리라는 데 이의를 제기하는 것이다. 대중적이며 통상적인 인식에 따르면, 과학지식은 증명할 수 있는 것으로 만고의 유일무이한 진리이며, 지식이 축적되면서 과학

---

21 Bruno Latour, *We Have Never Been Modern*, Cambridge: Harvard University Press, 1993; Steven Shapin, *The Scientific Revolution*, Chicago: University of Chicago Press, 1996; Ian Hacking, *Representing and Intervening: Introductory Topics in the Philosophy of Natural Science*, Cambridge: Cambridge University Press, 1983; 김영식, 『과학혁명: 전통적 관점과 새로운 관점』, 아르케, 2001.

22 문명사의 관점에서 볼 때 이슬람, 인도, 중국 등이 18세기 이전 지구 즉 세계사의 주류였음에도 불구하고 그간 '근대' 담론에서 비서구 지역의 역사가 상대적으로 소외돼 왔다.

23 Lorraine Daston and Peter Galison, *Objectivity*, New York: Zone Books, 2007.

24 Kapil Raj, *Relocating Modern Science*; Kenneth Pomeranz, "Areas, Networks, and the Search for 'Early Modern' East Asia," David L. Porter, ed., *Comparative Early Modernities*: 1100–1800, London: Palgrave, 2012, pp.245–269.

은 진보한다. 또한 과학 지식/이론은 객관적이고 실재하며 사회에 독립적인 것으로, 내적인 논리에 의해 결정되거나 관찰과 실험으로 확정될 수 있다. 하지만 연구 분석에 따르면, 현대의 정밀과학에서조차도 이러한 주장은 생각보다 훨씬 논쟁적이며,[25] 근대과학이 태동한 17세기 이후 실험과학은 이와 관련해 원천적으로 모순되고 역설적인 특성을 지닌 채 전개돼 왔다.[26] 특히 과학이 작동되는 방식, 이를테면 개념이 수용되고, 이론이 검증되고, 지식이 확정되고, 기술이 선택되는 과정에 외적인 요소, 이를테면 과학자 집단의 인식적 요소와 사회문화적 요소가 개입하는 경우가 적지 않다.[27] 이러한 특징은 다층위의 복잡한 인체를 다루고 다양한 질병을

---

25 예를 들면 콜린스(Collins)가 제시한 '실험자의 회귀(Experimenter's Regress)'를 들 수 있다. Harry Collins and Trevor Pinch, *The Golem: What Everyone Should Know About Science*, Cambridge: Cambridge University Press, 1998, pp.91-108; Hacking, *Representing and Intervening*.

26 17세기 유럽의 실험철학은 사회와는 독립된 이른바 '실험'을 매개로 지식을 생산할 수 있다는 전제를 안고 출발했지만, 역설적이게도 실험과학을 정당화시키고 확립시키는 역사적 과정은 지극히 정치적이고 사회적인 것이었다. Bruno Latour, *We Have Never Been Modern*, pp.13-48. 마찬가지로, 서구의 근대성 역시 상투적 주장과 달리 식민성 및 폭력성과 분리할 수 없는 것이었다. 사실 20세기 전환기 서구가 마침내 자신들의 근대성을 정당화하고 이를 보편으로 확립시킬 수 있었던 것은 바로 제국주의의 전 세계적 확산을 통해서였다. 다시 말하면, 19세기 서구의 근대성이 식민성을 파생시킨 것이 아니라 오히려 식민성을 통해 서구의 근대성이 구성된 것이었으며, 이런 까닭에 역사적 사건으로서 근대성과 식민성은 서로 분리할 수 없는 단일체의 양면이었다. Walter M. Mignolo, *Local Histories/Global Designs: Coloniality, Subaltern Knowledges, and Border Thinking*, Princeton: Princeton University Press, 2000.

27 Steven Shapin and Simon Schaffer, *Leviathan and the Air-Pump: Hobbes, Boyle and the Experimental Life*, Princeton: Princeton University Press, 1985; Latour, *We Have Never Been Modern*; Collins & Pinch, *The Golem*; Bruno Latour and Steve Woolgar, *Laboratory Life: The Construction of Scientific Facts* (2ed.), Princeton: Princeton University Press, 1986; Hasok Chang, *Inventing Temperature: Measurement and Scientific Progress*, Oxford: Oxford University

정의하고 분류하며 치료 효과를 산출해 내야 하는 의약학 분야에서는 더 두드러진다. 이는 의학/과학은 실재성, 법칙성, 객관성 등의 관념으로만 해명될 수 없으며, 지식 내용은 물론 행위자들의 기술적인 실행과정 및 사회문화적 맥락을 함께 고려할 때 그 의미를 더 잘 이해할 수 있음을 의미한다.[28]

유럽중심주의에 대한 일반 역사학계의 도전 가운데 주목할 만한 것으로는 근대가 하나가 아니라 복수인 '근대modernities'가 존재하고 그 근대로의 이행과정 역시 다양한 궤적을 밟아 왔다는 주장이다. 유럽 중심의 역사관에 의문을 제기했던 일단의 학자들은 정치, 경제, 문화, 문학, 예술, 과학 등 각 분야에 걸쳐서 근대로 불릴 만한 상호 유사한 문화적 과정 및 역사적 사건이 대항해시대가 시작된 15세기 말부터 19세기 전반에 걸쳐 전지구적으로 유사한 시기에 출현했으며, 국제적 네트워크를 통해 경제적·문화적 자원이 넘나들며 상호 연결되어 있었다는 점을 강조했다.[29] 이는

Press, 2004; 홍성욱, 『과학은 얼마나』, 서울대학교출판부, 2004, 3-67쪽.

28 다시 말하면 그 과정은 역사적 경험에 제한받거나 사회문화적 가치가 개입되는가 하면 과학자 집단의 사회적 합의를 거치는 경우가 많다. 예를 들면, 결정론적 물리학에 적대적이었던 20세기 초반 독일 바이마르공화국에서 비인과적인 양자역학이 발흥할 수 있었고, 다윈의 자연선택설은 19세기 빅토리아시대의 정치경제학과 상호 영향을 주고받으면서 이론화할 수 있었으며, 18세기 산소의 발견 및 근대화학체계의 형성은 프랑스의 수리 전통, 영국의 기체화학 전통, 독일의 의화학 전통이 융합됨으로써 가능했다.

29 Kenneth Pomeranz, "Areas, Networks, and the Search for 'Early Modern' East Asia." 이들은 20세기 후반 동쪽 아시아 국가들의 괄목할 만한 경제성장을 두고 그 잠재성이 전근대기 아시아 지역에 이미 존재했던 교역 네트워크에 기원한다는 인식에서 출발했다. Giovanni Arrighi, Takeshi Hamashita and Mark Selden eds., *The Resurgence of East Asia: 500, 150 and 50 Year Perspectives*, London, New York: Routledge, 2003. 경제·정치 분야를 넘어 이들 학자들은 문학·언어·미술·지리·과학·문화 일반까지 탐구 영역을 넓혀 왔다. 이들이 주목하고 있는 전지구적인 초기 근대적 현상으로 이를테면 국가 간 원거리 연결망의 형성, 이에 따른 인간·지식·관념·사물의 연결 및 교류, 정부 조직의 체계적 조직화, 인구의 증가, 민생의 향상, 도시화

세계의 근대적 양상이 다원적으로 존재하고 있으며 그 근대로의 역사적 궤적 또한 하나가 아닐 뿐 아니라 전지구적으로 상호 연결되어 있었음을 지적하는 것으로, 근대로의 이행과정에 대한 전통적인 시각의 교정을 요구하는 것이었다. 다시 말하면, (근대 이전 및 비서구 지역의 역사적 행적과는 확연히 달랐던) 유럽인들의 고유한 문화적 성취가 전세계적으로 확산 및 전개되어 가는 역사적 과정의 결과물로 20세기에 관찰되는 다양한 근대적 속성이 등장했다는 전통적 인식의 오류를 지적한 것이다. 이들 학술 논의가 (비록 단수가 아닌 복수 형태를 쓴다지만) '근대'라는 용어를 그대로 차용한다는 점에서 자본주의/근대 맹아론이나 목적론적 역사인식을 연상시키지만, 이들 학술사업은 틀에 박힌 이분법의 역사서술이나, 유럽 중심의 세계관 그리고 문화상대주의를 넘어서는 세계사를 기술하는 데 일조했다.

그럼에도 불구하고 이분법의 서사가 여전한 까닭은 세계의 역사에 대한 상像이 정립되지 않았고 구체적인 연구방법론에 대한 논의가 충분하게 이뤄지지 않았기 때문이다.

및 시장 형성, 상업출판 및 대중소설의 등장 등을 들 수 있다. David L. Porter ed., *Comparative Early Modernities: 1100-1800*, London: Palgrave, 2012. 과학 분야 역시 마찬가지여서, 다양한 매개자와 네트워크를 통해 국가 및 지역의 경계를 넘어 과학 지식이 생산, 유통, 전이, 전용, 정당화되는 사례를 어렵지 않게 확인할 수 있다. Kapil Raj, *Relocating Modern Science*.

3. 세계 역사상 다시 그리기: 다중심성, 다원성, 연결성, 다양성

이 절에서는 서로 연관된 몇 가지 특성을 들어 세계 역사상을 요약해 보고자 한다. 첫째는 과학활동 공간의 시공간적 '다중심성polycentricity'이다. 과학문명사의 지형을 보건대 과학의 중심지가 특정 지역에 고정되어 있지 않고 역사적으로 여러 곳에서 부침했었다는 사실을 주목할 필요가 있다. 전통적 문명사 담론에서 근대과학의 발생지로 인식된 유럽과, 동아시아 문명의 원류로 이해되는 중국 등은 역사에서 늘 상수로 간주되는 지역 단위였지만, 과학사의 역사적 사례들은 오히려 과학활동의 중심지가 동시대에 여럿 존재하거나 시대가 변함에 따라 이동하기도 했음을 보여준다. 예를 들면, 헬레니즘기 알렉산드리아, 11세기에는 중국의 화북 지역 및 아라비아, 15세기에는 조선의 한양, 17세기에는 중국의 강남 지역, 18세기에는 일본의 에도, 19세기에는 영국이 과학활동의 중심 연결점으로 부상했었다.

이때의 지역은 근대적 개념인 '국민국가nation-state'의 단위와는 다른 것이어서, 과거에 이름으로 존재하는 대부분의 정치적 단위체는 지리적·민족적 경계가 역사적으로 흐렸을 뿐 아니라 유동적이었다. 중국의 경우도 마찬가지여서 주변 민족 및 타 문화와 지속적으로 접촉해 왔으며, 역사적으로 지리적·정치적·인종적 단일체가 아니었다.[30] 동아시아 지역에서 단

30 Evelyn Rawski, *Early Modern China and Northeast Asia: Cross-Border Perspectives*, Cambridge: Cambridge University Press, 2015. 이와 관련해서, 조선의 허준(許浚)이 '동의(東醫)'를 내세울 때 단일한 중국의학이 아닌 '북의(北醫)'와 '남의(南醫)'로 나눠 이를 지칭한 점은 주목할 만하다.

일한 중심국가[中國] 하나가 존재했다기보다는 오히려 역사적으로 여러 개의 문화, 지역국가, 네트워크, 상호 교환이 있었을 뿐이라고 봐야 한다.[31] 고정된 중심과 테두리를 상정했던 전통적 인식에 반하는 이러한 세계상은 유럽 중심의 위계적인 세계사 서술과 근대적 국가 관념을 분석 단위로 해서 역사 지형을 단순하게 구획한 일국 중심의 문화권 서술방식에 이의를 제기한다.[32]

둘째는 과학/의학 실행체계의 다원성plurality 혹은 복수성이다.[33] 쿤T. Kuhn이 제기한 정상과학의 개념, 즉 하나의 패러다임이 지배하는 과학활동의 상과는 달리 17세기 유럽에서 일어난 이른바 과학혁명조차도 복수의 과학실행체계가 점진적으로 변화해 가는 과정이었음은 전술한 바 있다.[34]

---

31 Togo Tsukahara, "Polycentric East Asia: From the Perspectives of Traditional Historiography and 'Science and Empires'," ICHSEA 2019, Jeonju: Aug. 19-23, 2019. 이를테면 원대 중국은 원제국사의 일부였고, 만주족이 지배했던 청대 중국 그리고 티베트와 대만을 포함한 현대 중국은 아시아사의 일부였지만, 현재 중국인들에게 이들 모두는 근대국가인 중국의 역사 가운데 하나일 뿐이다. 한국, 일본과 달리 현재 중국 역사학계는 중국 자국사와 그 상대로서 구미를 중심으로 한 세계사에만 관심을 둘 뿐(근대 전환기 일본사 약간을 제외하고는) 아시아사를 따로 다루고 있지 않다(中山大學 黃永远 교수 전언).

32 Prasenjit Duara, *Sovereignty and Authenticity: Manchukuo and the East Asian Modern*, Lanham: Rowman & Littlefield, 2003; Tsukahara, "Polycentric East Asia."

33 이 글에서 '실행(practice)'은 지식을 생산하고 소비하는 (의학의 경우 임상 업무 포함) 과정 일체를 이르는 의미로 쓰며, 실험/임상과정은 물론 이론 및 지식 자체에 대한 논의도 포괄한다. 지식에는 이론으로 설명되지 않는 절차지식, 경험지식, 통계지식 등이 존재하며, 앎과 행함의 경계가 흐린 경우가 많을 뿐 아니라 아는 것도 행위로 볼 수 있기 때문이다. '실천'은 이론의 상대어로 그 응용과정을 연상시키며, '활동'은 '실행'이란 용어에 비해 좀 더 사회적인 의미를 함축한다.

34 Thomas S. Kuhn, *The Structure of Scientific Revolution*, Chicago: University of Chicago Press, 1970.

역사적으로 보건대, 동서양 공히 과학은 역사적으로 복수의 이론체계와 실행방식이 파생되고 변화해 왔으며, 현재의 과학도 다원적으로 존재하고 있음을 알 수 있다.[35] 어떤 학자는 이런 역사적 사실을 근거로, 전체주의 및 국가주의가 이입될 수 있는 획일주의와는 다른 다원주의적 과학의 상을 전망하기도 한다.[36] 질병과 몸을 다루는 의학의 경우 인체시스템의 중층성과 복잡성, 질병 정의/분류의 문화의존성 그리고 통제실험의 난점 등을 고려해 볼 때, 보편적인 하나의 접근방식이 존재한다는 근대주의자들의 신념과 달리 의학의 실행 양태는 정밀과학 분야보다도 훨씬 중층적이고 다원적이다.[37] 현재의 생의학 및 한의학만 보더라도 각기 다양한 형태의 실행 양상으로 존재할 뿐만 아니라, 환경의 변화와 필요에 따라 외부자원, 지식, 연결망을 포섭하고 자신을 재정의하는 방식으로 자신들의 영역을 확장함으로써 상호 경계가 흐린 경우가 적지 않다.[38] 이런 까닭에 단일하고 전형적인 의학 형태를 염두에 둔 질문, 이를테면 서양의학과 동양의학 혹은 중의학과 한의학의 차이를 묻는 질문에 대한 답변은 적절한 맥락화가 이뤄지지 않을 경우 단순한 이항논법의 오류에 빠질 위험성이 크다.

셋째는 '연결성' 즉 지역을 가로지르는 교류 및 연결trans-local interconnected-

---

35 Daston & Galison, *Objectivity*; Hacking, *Representing and Intervening*, pp.142-144.

36 장하석, 『장하석의 과학, 철학을 만나다』, 이비에스미디어, 2014, 378-414쪽. 물론, 여기서 말하는 다원주의는 모든 것이 옳다거나 판단을 유보하는 상대주의와는 다른 것이다.

37 Denis Noble, *The Music of Life: Biology beyond the Genome*, Oxford: Oxford University Press, 2006; Denis Noble, "Central Dogma or Central Debate?" *Physiology* 33, 2018, pp.246-249; Harry Collins and Trevor Pinch, *Dr. Golem: How to Think about Medicine*, Chicago: University of Chicago Press, 2005.

38 Sean Hsiang-Lin Lei, "From *Changshan* to a New Anti-Malarial Drug: Re-Networking Chinese Drugs and Excluding Chinese Doctors," *Social Studies of Science* 29-3, 1999, pp.323-358.

ness의 세계상이다. 전술했듯이, 대항해시대 이후 전 세계적으로 인간, 사물, 도구, 지식, 관념, 텍스트 등이 국경을 포함해 지역 간 경계를 넘나들어 이동하고 지식과 경험이 변형, 재해석, 생산, 소비되면서 새로운 과학 활동이 창출돼 왔다. 역사적으로 볼 때, 이보다 이른 시기부터 유럽 지역이 동방국가, 이슬람, 중국, 인도 등과 지속적으로 연결되어 상호 교류해 왔었고, 중국을 비롯한 동아시아 지역도 중앙아시아, 동남아시아, 인도 지역 등과 과학지식 및 사물이 일방향이 아닌 여러 방향으로 교류하는 방식으로 지리적 경계를 넘어 영향을 주고받아 왔다.[39] 이 과정에서 토착지식과 외래지식이 다양한 방식으로 연관되는데, 이때 만들어진 지식 및 실행은 대개 혼종성heterogeneity을 띤다. 이러한 사실은 관행적인 일국사 및 동서양 등 권역별 시야와 지리적 경계를 넘어 좀 더 확대된 지역을 하나의 분석단위로 하는 역사서술을 요구하는 것으로, 이러한 접근법은 배타적이고 번역 불가능한 고유성이 이를테면 유럽이나 중국 문명에 존재하며 이것이 주변으로 전파됐을 뿐이라는 일면적이고 상투적인 그림과는 다른 역동적

39 Yan Zhen and Jingfeng Cai, *China's Tibetan Medicine*, Beijing: Foreign Languages Press, 2004; 廖育群, 「印度醫學的'脈'與'穴'」, 『中國科技史料』, 2001/2, 152-167쪽; 陳明, 『殊方異藥: 出土文書與西域醫學』, 北京大學出版社, 2005; Paul D. Buell, "How did Persian and Other Western Medical Knowledge Move East, and Chinese West? A Look at Rashid al Din and Others," *Asian Medicine* 3, 2007, pp.279-295; Natalie Köhle, "A Confluence of Humors: Āyurvedic Conceptions of Digestion and the History of Chinese 'Phlegm' (tan 痰)," *Journal of the American Oriental Society* 136-3, 2016, pp.465-493; Linda L. Barnes, *Needles, Herbs, Gods and Ghosts: China, Healing and the West to 1848*, Cambridge: Harvard University Press, 2005; David E. Mungello, *Curious Land: Jesuit Accommodation and the Origins of Sinology*, Honolulu: University of Hawaii Press, 1989; 朱謙之 지음, 전홍석 옮김, 『중국이 만든 유럽의 근대: 근대 유럽의 중국문화 열풍』, 청계, 2003; 라이프니츠(Leibniz, Gottfried Wilhelm) 지음, 이동희 편역, 『라이프니츠가 만난 중국』, 이학사, 2003.

인 의학 지형을 보여줄 수 있다.[40] 이러한 다중심성, 다원성, 연결성의 세계상은 동아시아 지역의 전근대 및 근현대 의학사를 기술하는 방식 가운데 대표적이었던 비대칭적이고 위계적인 중심-주변설명모형에서 탈피해야 함을 의미한다.

넷째는 근대/과학에 이르는 역사 궤적의 '다양성diversity'이다. 역사는 이미 정해진 하나의 정점 즉 이른바 '근대'로 수렴해가는 선형적 과정이 아니다. 앞서 논의했듯 이른바 '근대'로 지칭되는 근대적 양상도 다양할 뿐 아니라, 그 근대적 양상에 도달하는 방식과 경로도 사회문화적 조건이 다르기 때문에 역사는 다단한 궤적을 밟는다. 이런 사실은 근대로의 역사적 경험이 유럽에 유일하고, 문화적으로 보편적이라는 역사관을 수정해야 함을 의미한다. 이는 과학에도 마찬가지여서, 현대의 과학기술 및 의학에 복수의 상像과 활동이 존재하고, 특히 이러한 현대과학활동에 적지 않은 기여를 하고 있는 동아시아는 역사적으로 내외의 지적·문화적·물적 자원을 동원해 환경의 변화 속에서 서구와는 다른 나름의 방식으로 과학실행체계

40 예컨대, 중심-주변 관계에서 지식이 일방적으로 이식된다는 통념과 달리, 제국과 식민지 혹은 서양과 동양 양측에 의해 과학 지식 및 실행이 '공동 생산'된 경우가 적지 않다. Kapil Raj, *Relocating Modern Science*; Mario Cams, *Companions in Geography: East-West Collaboration in the Mapping of Qing China (c.1685-1735)*, Leiden: Brill, 2017. 또한, 조선 후기 서양과학과 동아시아과학 두 지적 전통의 만남은 구체적 맥락에 처한 역사 행위자들이 자기를 새로 구성하기 위해 외래 및 토착 요소를 다양한 방식으로 동원하면서 이들을 전유하거나 상호 연관시키는 역동적이고 능동적인 문화적 과정이었다. 임종태, 『17, 18세기 중국과 조선의 서구 지리학 이해』, 창비, 2012, 203-356쪽; 문중양, 『조선후기 과학사상사』, 들녘, 2016, 17-34쪽. 이러한 접근방식은 우월한 서구지식과 고루한 전통지식의 대면과 충돌 그리고 전자에 의한 후자의 필연적이고 궁극적인 대체라는 유럽중심주의 인식틀을 벗어나 접촉과정의 역동성과 복잡성, 역사 행위자의 주도성을 드러내는 실례를 제공한다.

를 만들어 오늘에 이른 것이었다.[41] 흔히 받는 질문은, 전통적으로 서양은 과학이 발전한 반면 동아시아는 과학이 아닌 기술이 발전한 것이었으며, 동아시아 문명은 사변적이고 보수적인 유교의 한계 때문에 진정한 과학을 발전시키지 못한 채 근대로의 전환기 서양문명에 포섭될 수밖에 없었지 않았냐는 것이다.[42] 하지만 실제로는 유럽에 등장한 이른바 근대과학적 사유는 19세기 초까지도 소수의 학자들에만 그쳤으며, 동서양 공히 과학과 기술은 19세기 전반까지만 해도 서로 분리되어 있었고, 통념과 달리 서양의 신학이나 동아시아의 유학 모두 과학 발전을 촉진한 측면이 적지 않다. 또한 일본이 19세기 말 일찍부터 근대화를 성취했다는 점에서 단지 이삼십 년만을 제외하고 동아시아인들도 근대과학활동에 적극적으로 참여하며 오늘날의 경제적·과학적 성취를 이뤘다는 사실을 고려해보면 동아시아 과학사에 대한 그간의 일반적 인식은 유럽에 편향된 것이라고 할 수 있다. 세계적으로 근대 및 과학에 이르는 역사적 궤적은 다양하며, 그 가운데 선험적인 범례는 없다.[43]

이러한 그림의 세계상은 이항논법과 그 근저를 이루는 유럽중심주의를 성찰할 수 있는 기회를 제공함에도 불구하고, 구체적으로 어떠한 방식으로 사건을 맥락화하고 이에 접근할 것인지, 이에 대한 논의는 더 진척돼야 한다.

---

41 김근배, 『한국 과학기술혁명의 구조』, 들녘, 2016.

42 이는 대중 강연 및 대학 강의에서 과학자, 일반인, 대학생에게 받는 대표적인 질문 가운데 하나다.

43 19세기 이른바 근대과학기술 역시 문명-야만담론을 내세워 제국주의 첨병 역할을 해 왔고, 생명공학, 로봇공학 등 현재 빠르게 발달하는 과학기술이 과연 인류를 유토피아로 이끌지 불확실하며, 동아시아 의학전통을 잇고 있는 의학체계가 현재 작동하고 있다는 점을 고려해 보면 그 다양한 역사적 궤적에 위계를 둘 수 없는 것은 자명하다.

4. 동아시아 의학사 서술방법론 탐색

그 접근방법론으로는 우선 행위자를 역사 무대에 복귀시키고 동아시아 과학/의학 전통의 역동성을 드러내는 것이다. 다시 말하면, 앞서 비판적으로 검토한 외재자의 분석틀을 벗어나기 위해서는 먼저, 역사의 주체를 논의의 장에 복원시켜, 당시 이들이 인식한 현안과 설정한 의제는 무엇이었고 이를 어떠한 방식으로 풀어나갔는지, 그리고 해법으로서 그러한 활동의 실질적인 기능, 사회문화적 맥락 그리고 역사적 의미 등에 대해서 좀 더 주목해야 한다.[44]

예를 들면, 18세기 수학 저술인 『주해수용籌解需用』의 경우, 저자인 홍대용洪大容(1731-1783)이 당시 최신 서양수학이론을 제대로 소화해서 소개하지 못했다는 현재주의적 평가가 일반적이었다. 하지만 이 책은 서양 수학을 도입하기 위한 것이 아니라, 홍대용이 우주의 물리적 구조를 이해하기 위한 수학적 기초를 다지기 위한 목적을 갖고 있었던 것으로 자신이 전망했던 '무한우주론' 프로젝트의 일환으로 저술한 것이었다.[45] 다시 말하면 당시 세계관과는 질적으로 달랐던 '무한우주론'을 구체적으로 전개하기 위해서는 천체 관측 및 계산과 관련된 수학적 접근법이 요구됐고, 홍대용은 필요하다고 생각되는 당시 동서양의 산법, 기기, 측정술, 수학 등을 동

---

44 역사 행위자의 직접적인 언설에 대한 분석이 결여된 채, 동아시아의 사유는 서양의 것으로 대체되거나, 과거의 인식은 최신의 것으로 극복돼야 한다는 연구자의 편향된 시선이 역사서술에 그대로 투영된 경우가 적지 않다. 모더니즘 및 발전론적 역사관에 대한 반성적 성찰이 요구된다.

45 Yujin Hong, "The Organization of *Chuhaesuyong* 籌解需用 and the Reason Why Hong Taeyong 洪大容 Wrote It," ICHSEA 2019, Jeonju: Aug. 19-23, 2019.

원해 이러한 문제를 풀어내고자 한 것이 『주해수용』이었다.

고려/조선에서 출현한 '향약鄕藥' 및 '동의東醫' 관련 의학문헌의 경우도 마찬가지다. 중심-주변확산모형에 뿌리를 둔 통상적 인식은 이들 의서가 중국과는 다른 의학을 지향했다거나 아니면 외려 중국의학을 수용해 중화를 구현코자 한 것이었다는 논의가 주를 이룬다. 하지만, 자세히 살펴보면 이들은 중국의학을 토착화하거나 고유한 의학을 구현하고자 한 것이 아니라, 환경의 변화에 따라 부상한 윤리적·정책적·학술적·의학적 문제를 해결하기 위했던 것으로 오히려 확산모형에 전제된 주변성이나 수동성과는 상반되는 다른 층위의 목표와 의제를 갖고 있었다.[46]

이처럼 역사 주체를 복원시키는 데서 나아가 근대의 타자로만 소환됐던 '전통'이 실은 고정적이지 않고 유연하며 역동적이라는 사실을 환기할 필요가 있다. 비유컨대 전통은 구성원이 따르고 전수해야 하는 고정된 규범이나 신념의 집합체라기보다는 오히려 개인이나 공동체가 자신을 구성할 때 필요한 일종의 '조리법recipe'과 같다고 할 수 있다.[47] 조리법은 현실적 조건의 변화나 구성원의 취향에 따라 재료, 양념, 풍미를 유연하게 변

---

46 Kiebok Yi, "Culturo-spatial Dynamics and Processes of Locality and Identity Formation in East Asian Medicine: the Case of the Discourses *Hyangyak* 鄕藥 and *Tongŭi* 東醫," ICHSEA 2019, Jeonju: Aug. 19-23, 2019. 역사의 행위자가 무엇을 하려고 했는지 그리고 이를 어떠한 방식으로 구현했는지에 대한 정성적 연구를 도외시한 채, 단지 유사한 인용문의 출처와 횟수를 토대로 지식의 족보학을 그리곤 했던 기존의 상투적 연구방식 역시 문제점을 내포하고 있다. 텍스트 지식의 수용 및 이식에만 초점을 둔 이러한 식의 서술은 아직도 학계에서 여전한데, 이는 중국 문헌의 인용 빈도가 높았던 고려/조선의 의학을 두고 중국의학의 짜깁기거나 아류일 뿐이라는 편향된 주장을 지시할 뿐이다. 이런 논법에 따르면 20세기 한국의 과학 역시 서양 과학의 이식물이거나 모조품에 지나지 않게 된다.

47 Lee Harris, "The Future of Tradition," pp.14-17.

화시키는 것이 가능하며, 이들 사이에서 시비나 위계를 따지는 것은 무의미하다.[48] 사례가 보여주듯이, 어떤 집단이 자신들의 의학을 구성하기 위해 선택한 조리법으로서 '의학전통'은 역사적 우연성에 따라 계속 변신하며 다른 조합과의 타협, 교환 혹은 융합이 가능한 것이었다.[49] 그럼에도 불구하고 동아시아 의학은 역사가들에 의해 아직도 '전통의학'으로 지칭되며 흔히 근대전환기 과학으로 대체된 과거의 의학으로만 서술되거나,[50] 아니면 앞서 언급했듯이 여전히 정형화되고 화석화된 의학으로 표상함으로써 사실상 죽어 있는 의학으로 기술해 왔다.[51] 이러한 서술과 달리, 동아

---

48 의학전통을 김치를 만드는 조리법이라고 비유한다면, 선택에 따라 만들 수 있는 김치는 배추김치, 열무김치, 총각김치, 동치미, 나박김치, 갓김치, 파김치 등 매우 다양할 수 있다.

49 Volker Scheid, *Currents of Tradition in Chinese Medicine, 1626-2006*, Seattle: Eastland Press, 2007.

50 유학적 자연관/신체관이 근대과학의 그것으로 전환됐다는 서술은 물론, 특별한 숙고 없이 조선시대 의학과 20세기 한의학을 일러 '전통의학'으로 부르는 인문사회학 논설을 흔히 접할 수 있다. TCM 즉 'Traditional Chinese Medicine'이란 용어가 쓰이는 것도 볼 수 있는데, 이는 중국 정부가 전근대시기 중국 의학의 '과학적' 정수를 구현했다고 주장하며 20세기 중반 이후 구축한 중의학 실행체계 및 기관을 세계에 내보이기 위해 채택한 것이었다. 'TCM'은 역사상의 고유명사일 뿐이다.

51 예를 들어 전염성 질환 치료에 동아시아 의학이 20세기 혹은 이후에 담당했던 역할도 과소평가되어 왔다. Marta Hanson, "Conceptual Blind Spots, Media Blindfolds: The Case of SARS and Traditional Chinese Medicine," Angela Ki Che Leung and Charlotte Furth eds., *Health and Hygiene in Chinese East Asia: policies and publics in the long twentieth century*, Durham; London: Duke University Press, 2010, pp.228-254; Eric I. Karchmer, "Slow Medicine: How Chinese Medicine Became Efficacious only for Chronic Conditions," Howard Chiang ed., *Historical Epistemology and the Making of Modern Chinese Medicine*, Manchester: Manchester University Press, 2015, pp.188-216; 한국한의학연구원, 『중국의 COVID-19 관련 중의학 동향』, 한국한의학연구원, 2020. 이러한 편향된 시선은 (전근대 시기) 중국의학과 한국의학의 차이점은 질문하면서도 예컨대 근현대 미국 물리학과 한국 물리학의 차이점은 묻지 않는다는 사실에서도 드러난다. 동아시아 의학은 '고유성/

시아 의학의 학자 및 의사들은 타자와도 교섭하면서 고전의 원칙과 선학의 경험을 재해석하고 현실의 경험을 접목시킴으로써 지속적으로 의학 혁신을 이뤄 왔다. 예를 들면, 16-17세기 이후 고증학의 출현 등 동아시아 지성사의 내재적 맥락 아래 전래의 문화적 유산을 비판적으로 재검토하는 과정에서 여러 의학 혁신 이를테면 명·청대 명문학설命門學說 및 온병학溫病學, 청대 해부학에 대한 연구, 조선 후기 사상의학四象醫學 및 부양론扶陽論, 에도시대 고방파古方派의학 등 새로운 의학 사상 및 실행을 등장시켰다.[52] 또한 19세기 후반 이후 현재까지도 동아시아 의학은 전래의 문헌전통은 물론이고 임상 환경의 변화에 따라 생의학 및 과학적 접근법 등과 지속적으로 교섭하고 결합함으로써 유연하게 변신해 왔다.[53] 의학전통에 대한 이러

지역성'으로, 근현대 과학은 '보편성'으로 표상하는 이러한 이중적인 잣대는 현재주의 혹은 모더니즘을 반영한다.

52 Volker Scheid, "Transmitting Chinese Medicine: Changing Perceptions of Body, Pathology, and Treatment in Late Imperial China," *Asian Medicine* 8-2, 2013, pp.299-360; Volker Scheid, "Promoting Free Flow in Networks: Reimagining the Body in Early Modern Suzhou," *History of Science* 56-2, 2018, pp.131-167; Daniel Trambaiolo, "Ancient Texts and New Medical Ideas in Eighteenth-Century Japan," Benjamin A. Elman ed. *Antiquarianism, Language, and Medical Philology from Early Modern to Modern Sino-Japanese Medical Discourses*, Leiden: Brill, 2015. pp.81-104; Yi-Li Wu, "Bodily Knowledge and Western Learning in Late Imperial China: the Case of Wang Shixiong (1808-68)," Howard Chiang ed., *Historical Epistemology and the Making of Modern Chinese Medicine*, Manchester: Manchester University Press, 2015, pp.80-112; Leslie de Vries, "The Gate of Life: Before Heaven and Curative Medicine in Zhao Xianke's *Yiguan*," PhD diss., Universiteit Gent, 2012; 신규환, 「청말 해부학 혁명과 해부학적 인식의 전환」, 『의사학』 21-1, 2012, 67-100쪽.

53 Sean Hsiang-Lin Lei, *Neither Donkey nor Horse: Medicine in the Struggle over China's Modernity*, Chicago: The University of Chicago Press, 2014; Sean Hsiang-Lin Lei, "Qi-Transformation and the Steam Engine The Incorporation of

한 재인식은 그동안 중심-주변틀에 내재된 주변성, 충격-대응모형에 전제된 수동성이라는 이미지에 가려진 동아시아 의학전통을 제대로 살피는 첫 걸음이 될 것이다.

이와 함께 동아시아 의학사 서술대상의 범위 및 범주를 확장할 필요가 있다. 우선 동아시아 의학의 흐름과 전체적인 양상을 살피려면 특정한 시공간에 한정된 사례 연구뿐 아니라 비교적 긴 시간을 포괄하며 여러 지역의 사건을 함께 조망해 볼 수 있는 연구도 요구된다. 특히 동아시아 의학을 하나의 역사서술 단위로 부상시킬 필요가 있다.[54] 그간의 동아시아 관련 의학사는 대개 중국의학사를 중심으로 이뤄져 왔고 한국이나 일본 관련 사건도 함께 다룬 연구가 없지는 않지만, 전근대 시기 동아시아 의학사를 다룬 글 대부분은 지역사의 관점에서 벗어나지 않는다. 동아시아의 각 지역은 크게는 의학고전을 공유할 뿐 아니라, 의학 관련 지식, 담론, 실행이 상호 긴밀히 연결되어 있다는 점에서 전체 지역을 포괄해서 상호 조

Western Anatomy and Re-Conceptualisation of the Body in Nineteenth- Century Chinese Medicine," *Asian Medicine* 7, 2012, pp.319-357; Volker Scheid, *Chinese Medicine in Contemporary China*; Jongyoung Kim, "Hybrid Modernity: The Scientific Construction of Korean Medicine in a Global Age," PhD diss., University of Illinois, 2005; Taewoo Kim, "Tradition on the Move: Emerging Acupuncture Practices in Contemporary South Korea," *Asian Medicine* 11, 2016, pp. 133-159; Taehyung Lee, "The State-Centered Nosology: Changing Disease Names of Traditional Medicine in Post-Colonial South Korea," *Asian Medicine* 11, 2016, pp.100-132.

54 그렇다고 해서 동아시아 의학을 일관되게 특정할 수 있는 본질적 특성이 역사적으로 존재한다고 주장하는 것은 아니다. 또한, 동아시아 의학 단위가 아니라면 근대가 불가능하다거나 근대를 논할 수 없다는 말은 더더욱 아니다. 다만 비교사의 관점에서 유사한 담론 공간으로 논의 대상을 확대할 때, 특정 지역에서 일어난 사건을 보다 잘 맥락화할 수 있을 뿐만 아니라 우리를 새로운 인식으로 이끌기도 한다.

명하는 것은 자연스런 일임에도, 그동안은 중국을 중심으로 한 지식의 기원 및 전파란 관점에서 단순하고 평면적으로 다뤘을 뿐이다.[55] 이런 까닭에 '동아시아 의학'을 중국의학, 티베트의학, 베트남의학, 일본의학, 한국의학 등으로 구성된 의학활동의 총체, 다시 말하면 지역 경계를 넘나들며 상호 연계된 의학 실행들로 구성된 일족으로 정의하고, 이를 토대로 동아시아 의학사를 서술할 필요성이 제기된다.[56] 이러한 접근법은 그간 중국사 중심의 혹은 일국사 시야의 한정된 의학사 서술을 넘어 서사의 구조 및 내용을 풍부하게 할 수 있어서 동아시아 의학사의 다양한 지형을 더욱 잘 드러내는 데 유효하다.[57] 이러한 효과는 역사서술의 대상과 범위를 제도, 이론, 학파, 기원, 계보 등에서 나아가 최근 학계의 주목을 끄는 쓰임, 실행, 도구, 약물, 행위자 등으로까지 확장할 때 더 잘 드러날 것이다.[58] 이러한

---

55 각주 46 참조.

56 중국의학사 관련 영어권의 통사로는 1985년 중국의학사가 운슐트(Unschuld)가 출간한 *Medicine in China: A History of Ideas* 그리고 2013년에 나온 편서 *Chinese Medicine and Healing: An Illustrated History*를 대표적으로 꼽을 수 있다. Paul Unschuld, *Medicine in China*; T.J. Hinrichs, and Linda L. Barnes eds., *Chinese Medicine and Healing: An Illustrated History*, Cambridge: Belknap Press of Harvard University Press, 2013. 제목의 변화에서 볼 수 있듯이 2013년본은 의학사상(ideas)에서 치유(healing)로 서술 영역을 확장하고 한국, 일본, 베트남 및 구미 지역 일부를 넣기도 했으나 여전히 중국을 중심으로 서술하면서 'Chinese Medicine'이란 표제를 고수하고 있다.

57 이런 점에서, 동아시아 의학사를 다루고 있지만 중국의학을 중심으로 서술하고 있는 Hinrichs & Barnes, *Chinese Medicine and Healing*을 보완하거나 대체할 수 있는 새로운 '동아시아' 의학통사가 요구된다.

58 기원 및 혁신보다는 쓰임에 초점을 둔 역사서술로는 David Edgerton, *The Shock of the Old: Technology and Global History Since 1900*, Oxford: Oxford University Press, 2007을, 실행과정을 논의대상으로 하고 있는 글쓰기로는 Judith Farquhar, *Knowing Practice: The Clinical Encounter of Chinese Medicine*, Boulder:

확장은 그간의 위계적이고 이분법적인 서사를 넘어 동아시아 의학사의 다른 지형에 도달하는 데 일조할 것이다.

이상 제시한 (어떤 의미에서) 원칙론적인 접근방식을 넘어서 구체적으로 실행과정에서 드러나는 동아시아 의학사의 지형을 드러내기 위해서는, 우선 이를 구성하는 다양한 요소를 검토해 볼 필요가 있다. 먼저 동아시아 의학을 초역사적인 요체를 들어 규정하지 말고, 열린 형태 즉 여러 질문과 개념으로 구성된 어떤 실행체계라고 보고 그 구체적인 질문을 검토해 봄으로써 동아시아 의학의 특성을 찾아볼 수 있을 것이다.[59] 동아시아 의학 관련 문헌 및 사료를 자세히 살펴보면 그것은 대개 의학[醫], 몸[身], 질병[病], 처치[治], 지식[知], 인간[人] 등의 범주에 상호 걸쳐 있는 것으로, 그 질문을 대략 열거해 보면 다음과 같다.

의醫: 의학/의료란 무엇이어야 하는가? 의학/의료에서 요항은 무엇인가? 의술의 한계는 있는가? 의사의 전문성은 어디에서 오는가? 바람직한 의사는 어떤 이를 말하는가? 의학의 문화적 지위는?[60]

몸身: 몸/세계를 이루는 요소는 무엇인가? 그 요소들은 어떠한 방식으로 연계

Westview Press, 1996 및 Bruno Latour, *Science in Action: How to Follow Scientists and Engineers Through Society*, Cambridge: Harvard University Press, 1987을 참조할 수 있다.

59 이는 앞서 외재자의 틀이 아닌 역사 행위자들의 의제와 실행에 좀 더 초점을 둬야 한다는 주장과 맥락이 같다.

60 '의(醫)'와 관계된 대표적인 개념적 언어로는 도(道), 술(術), 의자의야(醫者意也), 인술(仁術), 소도(小道), 천명(天命), 세(勢), 상의(上醫), 용의(庸醫) 등이 있다. 이 외에도 의학의 투명성 여부, 보편의학과 지역의학, 전문의와 일반의, 유의(儒醫)와 세의(世醫)의 긴장관계 등이 대표적 논제이다.

되어 작동하고 변화하는가? 몸은 어떻게 생겼고, 어떻게 움직이는가? 이상적인 의학적 몸은 어떤 것인가?[61]

병病: 질병은 무엇인가? 질병은 왜 생기는가? 질병을 어떻게 분류하는가? 질병을 진단하는 기법/도구로는 어떤 것이 있는가? 기후, 풍토, 체질과 질병과의 관계는 어떠한가?[62]

치治: 질병을 다스리기 위한 방식은? 치료의 목적은 무엇인가? 의학적 효과를 내는 것은 무엇인가? 구체적 개입을 위한 전략, 기술, 도구, 논리는 무엇인가? 이의 역사적 전개 과정은? 약물이 의료와 만나는 방식은 어떠한가?[63]

지知: 의학 지식의 원천은 어디서 오는가? 지식에 접근하는 방식은 어떠한가? 지식은 어떻게 검증하는가? 지식의 정당화 기제는? 지적 권위는 어디에서 오는가? 지식의 전수가 이뤄지는 방식은? 텍스트의 지적 지위, 해석 전략 그리고 임상실천과의 관계는? 의학전통은 어떻게 이어지는가?[64]

인人: 환자-의사의 대면 양상은 어떠한가? 이들 사이의 권력 관계는? 환자-의사 간 행동 규범과 이때 발생하는 윤리적 문제는 무엇인가? 의사의 사회

---

61 예를 들어 세계는 크게 보아 '감응(感應)' 혹은 '접촉(接觸)'을 통해 작동한다. 의학적 몸은 '과정'으로도 이해되지만 동시에 '물질/구조'로도 이해된다.

62 병인(病因)으로는 예를 들어 운기(運氣), 육음(六陰), 외상(外傷), 사기(邪氣), 부절제(不節制), 병독(病毒), 음식(飮食), 감정(感情) 등을 들 수 있다.

63 약물의 경우, 약재 수급망의 존재방식에 따라 의학의 실행 양상도 바뀌어 왔다. 이를테면 여말선초 중앙의 관계망(官界網)을 통한 약재 공급, 조선 중기 사족 주도의 약계 운영, 조선 후기 상업화된 민간시장이 수급을 담당하며 약재 수급망의 주요 연결고리 역할을 했다. 신동원, 「조선시대 지방의료의 성장: 관 주도에서 사족 주도로, 사족 주도에서 시장 주도로」, 『한국사연구』 135, 2006, 1-29쪽.

64 예를 들어 지적 권위가 존재하는 곳으로는 고전 텍스트[經], 오랜 역사[史], 관찰 경험[驗], 삼세가업(三世家業), 계보/학위, 과학적 객관성[EBM] 등을 꼽을 수 있다. 지식을 전수하는 방식은 도제식 임상, 문헌학 연구, 표준화 교육, 텍스트/표 등을 통해서 이뤄진다.

적 지위는? 환자가 의사를 신뢰하는 기준은? 의약醫藥을 매개로 형성되는 사회적 관계망의 양상은 어떠한가?

이러한 질문을 중심으로 문제를 풀어나가는 실행체계로 동아시아 의학을 다시 정의하고 이에 더하여 사회문화적·시대적 맥락을 함께 본다면, 이분법의 서사가 그렸던 것과는 다른 동아시아 의학사의 다양한 지형을 찾아볼 수 있을 것이다. 위의 각 질문에 대한 행위자들의 풀이방식은 대개 서너 가지 해법들 사이의 어디에 속한다. 질병 원인과 관련해서는 환경과의 조화가 깨졌거나, 외부의 어떤 것이 침입하거나, 물리화학적 외상을 입거나, 인간관계 및 감정의 편착 때문이라고 설명하거나 아니면 병인은 전혀 따질 필요가 없다고 보는 등 여러 설명방식이 존재할 수 있다. 치료 양식의 경우도 이를테면 물질 빼내기, 깨진 것 고치기, 어떤 것 넣기, 조절하기, 통하게 하기 등 다양한 개입방식으로 분류할 수 있다는 것을 알 수 있다. 이러한 예시는 소위 '기氣 일원론'이나 '변증논치'로 단순화할 수 없는 동아시아 의학의 다양한 측면을 보여준다. 또한 위 질문은 타 의학체계에도 적용될 수 있어서 서양의학과 생의학을 포함해 세계 다른 지역의 의학을 대상으로 동아시아 의학과의 유사성과 차이점을 함께 논의하는 데도 유용하다. 위 질문들은 역사적으로 늘 균일한 관심도를 갖는 것이 아니라 특정한 사회문화적·경제적 국면 속에서 일정한 방식으로 결합되어 앞 시대와는 다른 의학 실행방식을 낳곤 한다. 동아시아 의학사에 대한 이해를 높이려면 이를 출현시켰던 사회문화적 조건과 역사적 맥락 그리고 의사학적 의미도 함께 논의돼야 한다. 좀 더 거시적 관점에서 보면, 이러한 실행방식은 특정한 사조 즉 문화적이고 이념적인 시대적 조류 속에서 배태된 경우가 많다.[65]

그렇다면 동아시아 의학사의 지형 즉 개별 실행양상을 구체적으로 포착하고 이들을 구조화해서 전체적으로 조망할 수 있는 분석틀로는 무엇이 적당한가? 이를 논하기 위해서는 과학활동의 특성을 분석하고 조망하기 위한 방법론을 제시했던 선행연구를 참조하면 도움이 될 것이다. 먼저 문화사적 설명법이다. 예를 들면, 고대 중국과 고대 그리스의 과학/의학 활동의 특성과 차이점을 기술하고, 그 특성이 특정한 사회문화적·지적 환경에서 배태된 것이었음을 보이는 방식이다.[66] 문화사를 내세운 이러한 설명법은 유럽인들이 경험했던 역사가 문화적으로 보편적이라는 유럽중심주의를 불식시키는 데 기여했지만, 종종 상호 소통 불가능한 본질이 존재한다는 문화적 본질주의를 지지한다며 비판받기도 한다.[67] 또 하나는 인식론적 서사방식으로 이를테면 과학/의학이 작동되는 방식을 개념화하고 그 변화과정을 설명하는 것이다.[68] 대중적으로도 잘 알려진 쿤의 패러

65 의학의 실행방식에 영향을 줬다고 볼 수 있는 것으로는 예를 들어 제국(帝國)의 성립, 불교의 유입, 신유학의 출현, 고증학 및 한송(漢宋)논쟁, '험(驗)'담론 등장, 동서 교류, 과학주의, 국가주의, 세계화 등을 들 수 있다.

66 Geoffrey Lloyd and Nathan Sivin, *The Way and the Word: Science and Medicine in Early China and Greece*, New Haven: Yale University Press, 2002; Shigehisa Kuriyama, *The Expressiveness of the Body and the Divergence of Greek and Chinese Medicine*, New York: Zone Books, 2002.

67 이와 관련해선, Shigehisa Kuriyama, *The Expressiveness of the Body and the Divergence of Greek and Chinese Medicine*에 대한 비평적 반론을 편 李建民, 「'羊矢'之謎與中醫肌肉的身體觀」, 『中醫藥文化』 11-3, 2016, 4-19쪽을 참조할 수 있다.

68 예를 들어, Paradigm, Episteme, Cosmology, Problematique 등의 개념적 용어가 이런 범주에 속한다. 이와 관련해서 Thomas S. Kuhn, *The Structure of Scientific Revolution*; N. D. Jewson, "The Disappearance of the Sick-Man from Medical Cosmology, 1770-1870," *Sociology* 10, 1976, pp.225-244; Sarah Nettleton, "The Emergence of E-Scaped Medicine?," *Sociology* 38-4, 2004, pp.661-679 등을 참조할 수 있다.

다임이론의 경우, 과학활동에서 형식논리나 이론 자체보다도 과학자 집단의 역할을 부각시키고 근대과학의 진보성과 합리성에 이의를 제기했다는 점에서 의의가 있으나, 그가 제시한 패러다임 간 공약불가능성 및 혁명적 대체 그리고 그에 따라 부상한 혁명 중심의 단절적 역사관에는 이론의 여지가 적지 않다. 과학사 특히 동아시아 의학사의 사례는 이에 반하기 때문이다.[69] 다른 하나는 실행을 중심으로 인간 행위자는 물론 사물이나 연결망 등 비인간 행위자의 시선에서 과학활동을 기술하는 것이다.[70] 이와 같은 서술방식은 실행, 도구 등으로 연구자의 시야를 확대시켜 과학기술과 사회의 상호작용을 포함해 현대과학활동을 이해하는 데 흥미로운 접근법을 제공하지만, 동아시아 의학의 구조적인 특성을 이해하는 데 어떤 이점이 있는지는 과제로 남는다. 그렇다면, 예를 들어 문화상대주의, 문화본질주의, 혁명/단절 중심의 역사관을 넘어 역동적인 동아시아 의학의 특징을 잘 담을 수 있는 그릇은 어떤 것일까?

이들 선행연구자들의 논의에 영감을 얻어 동아시아 의학이 실행되는 여러 방식 및 그 방식들의 흥미로운 전개과정을 거시적으로 논하기 위한

69 이를테면 앞서 언급한 동아시아의 의학 혁신 사례들은 앞선 것을 대체하는 것이 아니라 계승하거나 상호 공존한다는 점에서 단절적 역사관에 부합하지 않는다. 이와 관련해서 그간 고려-조선, 성리학-실학 간의 단절적·혁명적 역사서술방식에 문제가 있음을 지적한 연구가 있었다. 한림대학교 한국학연구소 편, 『다시, 실학이란 무엇인가』, 푸른역사, 2007; 임종태, 「과학사 학계는 왜 실학을 저평가해 왔는가?」, 『韓國實學硏究』 36, 2018, 677-699쪽; 정요근 외, 『고려에서 조선으로』, 역사비평사, 2019.

70 예를 들어, Actor-Network Theory, Dance of Agency, Enactment, Praxiography, Ontological Turn 등과 관련된 논의를 참조할 수 있다. Bruno Latour & Steve Woolgar, *Laboratory Life*; Bruno Latour, *The Pasteurization of France*, Cambridge: Harvard University Press, 1988; Annemarie Mol, *The Body Multiple: Ontology in Medical Practice*, Durham: Duke University Press, 2002.

하나의 분석틀을 구상해 보고자 한다. 이와 관련해서, 개념, 인식 혹은 기법의 변화과정을 살펴본 선행연구 중 몇 가지는 주목할 만한 가치가 있다. 과학사가 대스턴L. Daston과 갤리슨P. Galison은 과거 400여 년간 서양과학 실행을 추적해서 과학의 대표적 표지인 '객관성'이라는 개념을 역사화하면서 과학 실행 양상의 중층성과 복수성을 논증했다.[71] 주로 도상을 중심으로 분석했던 이들은 과학적 자아를 중심으로 산출된 화상畫像, 실천 양상, 관찰자의 시선 등을 비교 범주로 삼아, 시기별로 새로운 과학 실행방식이 출현해서 현재는 복수의 과학 실행체계가 공존한다는 것을 보였다.[72] 서양과학 외에도 중국의학이나 서양의학에 대해 유사한 접근방식을 동원해 분석한 연구도 찾아볼 수 있다.[73] 이들의 논의방식이 흥미로운 것은 과학활동을 특징 지을 수 있는 요소 몇 가지를 표지로 삼아 그 실행방식을 종합해 내고 그 변화과정을 흥미롭게 기술해 냈다는 점이다. 이처럼 구상화된 실

71 Lorraine Daston & Peter Galison, *Objectivity*.

72 저자인 대스턴(Daston)과 갤리슨(Galison)은 다섯 가지 실행방식을 추출해 내고는 각기 Truth-to-Nature, Mechanical Objectivity, Structural Objectivity, Trained Judgment, Presentation의 용어로 포괄했다.

73 중국의학사가 샤이트(Scheid)는 동아시아 의학에서 중요한 개념 가운데 하나인 '증(證)'이 실은 내외 환경의 변화에 따라 지난 1000여 년간 그 의미가 여섯 차례나 바뀌어 왔다고 분석했다. '증(證)' 혹은 '변증(辨證)' 개념은 중국의학의 정수/본질로서 간주되어 단일한 개념인 것으로 이해돼 왔지만, 사회적 환경 변화에 따라 행위자 군(群), 임상 특징, 지적 권위 등이 변하면서 '증(證)'의 의미와 그것이 실행되는 방식이 달라졌다는 것이다. Volker Scheid, "Convergent Lines of Descent: Symptoms, Patterns, Constellations, and the Emergent Interface of Systems Biology and Chinese Medicine," *East Asian Science, Technology and Society* 8, 2014, p.134. 의료사회학자 네틀턴(Nettleton)은 18세기 이후 서양의학이 행해지는 방식이 다섯 차례 바뀌어 온 점을 지적하며 행위자의 성격/업무, 후원자 성격, 환자 개념 등을 상호 비교해 그 특징을 포착해 냈다. Sarah Nettleton, "The Emergence of E-Scaped Medicine?," p.675.

행방식을 동아시아 의학사에서도 포착해 낼 수 있는데, 이에 이름을 붙여야 한다면 나는 '실행 스타일Styles of Practice'이 적임이라고 생각한다. 사실 '스타일Style'이란 용어는 이미 미술사와 과학사 분야에서 일부 쓰이고 있던 용어다.[74] 인상파 혹은 입체파 화가들이 선험적 규범을 전제하지 않고 풍경 속의 나무를 나름의 스타일로 그려내듯이, '스타일'은 자연의 진리를 지시한다기보다는 자연을 표상하고 이해하는 여러 방식 가운데 하나라는 의미를 함축한다. 최근에는 선형적·발전론적 역사관을 불식시키기 위해 시기별 혹은 분야별로 나눠 과학의 역사를 서사했던 그간의 관행을 벗어나 이를 '스타일' 중심으로 나눠 서술하기도 했다.[75] 결론적으로, '실행 스타일'은 그간의 목적론적, 선형적, 위계적, 단절적, 본질주의적, 상대주의적, 이분법의 역사관을 지양하며, 앞서 언급한 실행체계로서 동아시아 의학을 구성하는 질문 및 개념 그리고 그 상호관계 속에서 동아시아 의학의 구조적 특징을 읽어내어 서술하는 기반이자 분석틀 역할을 할 수 있을 것이다.[76]

---

74 유사한 표현으로는 "Styles of Reasoning", "Styles of Knowing", "Ways of Knowing" 등이 있다. 이와 관련해서는 다음을 참조할 수 있다. Ian Hacking, "'Style' for Historians and Philosophers," *Studies in History and Philosophy of Science* 23, 1992, pp.1-20; Chunglin Kwa, *Styles of Knowing: A New History of Science from Ancient Times to the Present*, Pittsburgh: University of Pittsburgh Press, 2011; John V. Pickstone, *Ways of Knowing: A New History of Science, Technology, and Medicine*, Chicago: University of Chicago Press, 2001. 'Style'은 범주상 볼 때 'Epistemic Virtue'(Daston & Galison), 'Medical Cosmology'(Jewson) 등과 대체로 유사하다.

75 예를 들면, Chunglin Kwa, *Styles of Knowing*은 서양과학사의 전개과정을 Deductive Style, Experimental Style, Taxonomic Style, Evolutionary Style, Statistical Analysis as a Style of Science 등으로 표현했다.

76 이러한 접근방법론을 활용한 논의로는 다음에서 찾아볼 수 있다. 이기복·김상현·오재근·전종욱·신동원, 「중세 동아시아의 생명, 신체, 물질, 문화 탐구: 고려의 『향약구급방』을 중심으로」, 『의사학』 28-1, 2019, 1-42쪽; Kiebok Yi, "Ways of Knowing and

이상 제시한 접근방식은 역동적인 동아시아 의학의 새로운 지형을 탐색하는 데 효과적인 역할을 수행하고 이로써 의학사의 지평을 넓히고 미래 의학을 전망하는 데 일조할 수 있을 것이다. 예를 들어, 질병을 파악할 때 어느 곳에 주안점을 둬야 하는지에 따라 분류해 보자면 아마도 우주론적인 조화, 인간의 체질적 특성, 관찰 가능한 증후, 검사실/연구실의 데이터, 물질/체액의 동역학 등에 시선을 두는 실행 스타일을 발견할 수 있을 것이다. 또한 자신의 의학을 정당화하는 방식을 중심으로 보자면, 고전 텍스트, 특정한 성현, 경험의 역사, 과학적 객관성, 의사의 배경 등등에 지적 권위의 원천을 두는 각기 다른 스타일을 찾을 수 있을 것이다. 의학적 몸 또한 감응하는 몸, 감정의 몸, 내장이 없는 몸, 독毒으로서의 몸, 분석 가능한 계량의 몸, 체액이 순환하는 몸, 기계의 몸으로 나눠볼 수도 있을 것이다. 이런 것을 구체적으로 구조화하고 논증하는 것은 연구자의 몫으로 남지만, 이러한 다양한 실행 스타일의 사례는 환경의 변화에 따라 등장한 것으로 역동적으로 변신해 왔던 동아시아 의학사의 지형을 잘 보여준다. 이처럼 여러 갈래를 이룬 지형은 그간의 유교/유의儒醫, 학파/이론, 계보학, 단절/혁명, 모더니즘 중심의 서사가 보여줬던 그림과는 다르다. 지금까지도 조선시대 의학적 몸이나 질병에 대한 복잡하고 중층적인 관념과 치유방식을 유교라는 사상 혹은 이른바 '전통적' 치유문화로 단순하게 포괄한 후, 이들이 (역시 단일한 것으로 상상하고 있는) 근대적인 신체관 및 질병관 혹은 '과학'으로 20세기 초에 대체됐다는 서사가 일반적이었다.[77] 마찬가지

Styles of Practice: Cold Damage, Body, Text and Agency in Korean Medicine," ICTAM 2017, Kiel: Aug. 6-12, 2017.

77 유의(儒醫)라는 용어를 통해 동아시아 특히 조선의 의학사상을 조명하려는 시도는 서양 사상과의 대척점을 보여주면서 동아시아 의학의 선명성을 부각시켰지만, 의(醫)에 종사

로, 같은 학파에 속하거나 이른바 유의라는 부류에 귀속시키더라도 개별 학자나 의사의 지적 태도, 의醫에 대한 관점, 지적 태도 등 실행 스타일이 적지 않게 다르다는 점을 고려하지 않고 (특히 중국의학사의 경우) 계보 중심의 평면적인 학술사를 쓰는 데 그쳤다.

다음 마지막 절에서는 모두에서 제시했던 "서양은 해부, 동양은 기氣"라는 상투적 언설을 넘어 동아시아 의학사의 지형에서 이른바 해부학을 어떻게 위치 지워야 정당한 것인지 논의하고자 한다. 이는 구체적인 실례를 들어 지금까지 제시한 주장을 보완하는 역할을 할 것이다. 해부를 든 이유는, 의학사에 한정할 때 뿌리 깊은 이항논법의 대표적 사례로 여전히 거론되는 것이 서양의 해부학이기 때문이다. 이와 관련하여 어떤 독자는 지금까지의 논점에 대해서 다음과 같이 반문할지도 모른다. '19세기 이전 동아시아에 해부학 전통이 있었다는 점은 인정한다손 치더라도, 근대 이후의 상황은 이와 다른 것이 아닌가? 근대라는 시기에 의학적 몸이 과학적 몸과 기타 철학적, 윤리적 몸 등으로 구분되기 시작하면서, 서양의 근대의학은 과학적 몸 즉 공간과 물질에 시선을 집약한 반면 동아시아의 전통의학은 그것을 선택하지 않았다. 이는 바로 동서양 이분법의 해석틀이 작동하는 지점이 아닌가?' 하지만 이런 식의 기술 역시 근현대 의학사의 그림을 지극히 단순화시킨 것으로, 다음 절에서 일부 확인할 수 있듯이 역사적 사실에 반한다. 여러 지역/국가 및 다양한 역사 행위자의 관점에서 그리고 담론 층위를 넘어 실행 층위에서 역사를 살펴보면, 동서양 공히 이분법

했던 다양한 역사 행위자의 목소리와 실행 양상을 제대로 반영하지 못한 채 유의 혹은 유교로써 동아시아 의학을 일반화해 왔다. 이러한 서사 형태는 동아시아 의학을 유교철학 아니면 민간의료로 단순화시킴으로써 (의도했건 그렇지 않건 간에) 동아시아 의학을 역사에서 소외시켜 왔다.

의 서사와는 달랐던 복수의 의학 지형, 여러 갈래의 역사 궤적, 그리고 다양한 교섭 양상이 드러난다.[78]

5. 동아시아 해부학 위치 짓기

우선, 해부학과 관련된 일반적 인식 역시 앞에서 언급했던 바와 같이 편향돼 있다는 점을 지적하며 태도의 변화가 필요함을 환기시키고자 한다. 종종 아시아에서 만들어진 인체도 이를테면 내경도內經圖를 일러 유비에 지나지 않는 상징이라고 일축하면서, 기계나 공장으로 묘사한 서양의 인체도에 대해서는 외려 과학이란 이름으로 일컫는다. 비슷한 인체 유비에 대한 이러한 이중적 태도는 모더니즘과 유럽중심주의를 반영하는 것이다.[79] 일본 해부학의 선구로 알려진 『장지藏志』(1759)를 저술한 야마와키 도요山脇東洋(1706-1762)와 역시 인체 해부도를 다룬 『의림개착醫林改錯』(1830)을 지은 청대 왕청임王清任(1768-1831)은 서양 해부학의 영향을 받아 당시 주류였던 동아시아 의학을 비판했다거나 혹은 특히 왕청임의 업적은 단지 예

78 앞서 언급했듯이, 19세기 이후 근현대 서양의학의 변화과정을 보더라도 해부학으로 대표할 수 있는 하나의 의학적 몸만 있었던 것은 아니다. Sarah Nettleton, "The Emergence of E-Scaped Medicine?." 달리 예를 들자면, 임상시험 혹은 EBM 등은 한의학이나 생의학 모두에 적용되는 현대의학의 주요한 정당화 장치이자 실행방식이지만, 그 실행과정 자체는 해부학과 직접적인 관계가 없고 통계학적 기법이나 수학 논리로 규정될 뿐이다. 이때 관찰되는 의학 실행은 오히려 수학/통계학의 몸으로 표현할 수 있다.

79 이러한 태도는 다음 사례에서도 확인된다. 조선시대의 중화주의나 제국주의시대의 과학주의 둘 다 문명-야만의 인종적 이데올로기를 내세워 보편이라 생각했던 중심지역의 문물을 수용코자 했지만, 이 둘에 대한 현대인의 평가는 상반된다는 점에서 이중적이다.

외적인 사례일 뿐이라고 치부되어 왔다. 하지만 『장지』의 경우 난학이 일본에 들어오기 이전 고증학으로 대표되는 동아시아 사상사의 내재적 맥락 속에서 이뤄진 의학 혁신의 결과물이었고,[80] 『의림개착』 같은 저작물이 평지돌출한 듯 보이지만, 고증학의 지적 분위기 속에서 서학의 영향을 받아 인체의 구조에 관심을 두고 연구하는 집단이 19세기 전반 중국에 이미 형성돼 있었던 점도 지적할 필요가 있다.[81] 또한 널리 회자되는 해부학 번역서 『해체신서解體新書』(1774)를 냈던 스기타 겐파쿠杉田玄白(1733-1817)는 한방의학을 비판하고 난학을 소개하고 보급하는 데 앞장선 인물로만 알려져 있지만, 말년에는 서양의 해부학이 치료나 임상에 아무런 도움을 줄 수 없었다며 다시 한방의학 즉 동아시아 의학으로 돌아갔다는 사실은 그다지 알려져 있지 않다.[82]

이는 두 의학을 대립적이고 단순한 혁명적 전환 관계였다고 보는 근대주의자의 관점과 달리, 그 상호작용은 역사 행위자들이 가용한 신구 정보와 문화적 자원을 전용하거나 융합하여 의학전통을 재구성함으로써 자신들의 현안 문제를 풀어나가는 복잡다기한 과정이었음을 시사한다. 모든 의학은 실질적이고 물질적인 것들을 통해 작동하는 것으로 몸을 구성하는 실질 및 구조에 대한 일반적 경험, 관심, 연구활동은 유럽만이 아니라 어느 문명권에서나 존재해 왔다. 그럼에도 불구하고, 예를 들면 르네상스기 이후 유럽에서 새로 부상한 해부학에 대한 과도한 관심과 두드러진 의학

---

80 Daniel Trambaiolo, "Ancient Texts and New Medical Ideas in Eighteenth-Century Japan."

81 Yi-Li Wu, "Bodily Knowledge and Western Learning in Late Imperial China."

82 杉田玄白, 『形影夜話』(1802). 이에 대한 정보는 연세대학교 여인석 선생님께 얻었음을 밝힌다.

활동에 대해선 이를 필연적 역사 전개과정에서 유럽인들만이 성취한 규범적 사건으로 기술되곤 했다. 그러한 의학활동은 사실 유럽의 우연적인 사회문화적 조건 속에서 출현한 방식의 하나일 뿐이었다.[83] 한마디로 해부학은 몸에 대한 하나의 시선이자 질병 치료를 위한 하나의 접근법으로, 정도의 차이는 있지만 어느 지역에서나 찾아볼 수 있으며, 그 역사적 전개과정은 앞서 논의한 대로 의학 실행 스타일 혹은 다원적 역사 궤적이라는 관점으로 접근할 필요가 있다.

이제 예시로서 독본 형태로 해부학 관련 동아시아 자료 및 문헌을 분류해서 배치하고 이를 제시하는 방식으로 동아시아 의학사의 지형에 해부학을 자리매김해 볼 것이다.[84] 구체적으로는 먼저 논의 범주를 '해부학'에서 '의학적 몸'으로 확장하고 동아시아 의학사의 특성에 맞도록 하위 범주와 관련 용어를 재조정하는 것이다. 동아시아인의 중심 문제 혹은 동서양

---

83 앞서 지적한 17세기 과학혁명 사례와 마찬가지로, 르네상스기 유럽에서 해부학이 과도하게 유행했던 현상은 규범적 혹은 보편적이었던 것이 아니라 오히려 설명을 요하는 특수한 사건이었다. 해부 자체가 야만적으로 보일 뿐 아니라, 해부술이 치료에도 직접적으로 기여하지 못해 실용성이 약했기 때문이다. 이는 당시 유럽에 등장했던 해부학극장, 고대의 목적론, 신학 등 유럽 사회의 문화 특수적 상황과 관계가 깊다. Giovanna Ferrari, "Public Anatomy Lessons and the Carnival: The Anatomy Theatre of Bologna," *Past and Present* 117, 1987, pp.50-106; Nancy G. Siraisi, "Vesalius and the Reading of Galen's Teleology," *Renaissance Quarterly* 50, 1997, pp.1-37.

84 유럽 중심의 문명사관 및 이분법의 역사인식을 불식시키기 위한 효과적이고 현실적인 하나의 방법은 동아시아 과학사/의학사 관련 주요 일차 문헌에 대한 번역문과 이에 대한 소개문을 함께 실어 소스북 형태의 독본을 만들어 출간하는 것이다. 한국과학사가 신동원 교수와 중국의학사가 샤이트(Volker Scheid) 교수의 주도하에 전 세계 대학에서 활용할 수 있도록 한국과학사 및 동아시아의학사 영문독본이 각기 기획되어 현재 제작과정에 있으며, 필자도 이 사업에 직간접적으로 관여하고 있다. 이 글에 제시된 중국, 일본 등의 사례는 중국의학사, 베트남의학사, 일본의학사 관련 전문학자들과 자료를 공유하고 의견을 교환하는 과정에서 얻게 된 정보임을 일러둔다.

의 역사적 경험을 포괄하고 이를 멀리서 조망하기 위해서는 해부학보다 상위의 개념적 범주인 '의학적 몸'이 적절하기 때문이다. 의학적 몸은 앞서 언급한 바 있듯이 세부 주제 혹은 특정 시각에 따라 더 다양한 의학적 몸으로 분류할 수 있겠지만, 이는 독립된 다른 지면을 요하는 독립된 논제이다. 여기서는 대신 독본에서 다룰 만한 간략한 분류방식을 취해, 의학적 몸을 '공간지형학의 몸', '우주론적 몸', '감정의 몸' 그리고 기타로 간단히 나눠보고자 한다.[85] 여기서 해부학과 직접 관련 있는 항목은 '공간지형학의 몸'이다. 동아시아 의학문헌을 살펴보면 인체 구성물의 형상적 특징, 공간적 배치, 구조적 관계, 그리고 물질 변화 및 이동 등을 다룬 내용이 많은데, 이를 포괄하기 위한 용어로 나는 해부학 대신 공간지형학Topology이란 말을 의도적으로 선택했다.[86] 그 까닭은 서양의 문화적 색조가 강하게 배어 있는 개념적 용어인 '해부학'이나 '구조와 기능'이란 말의 간섭을 피해 동아시아 의학을 서술할 필요가 있기 때문이다.[87] 이는 규범으로서 '해부학'과 관련된 근대적 맹아를 동아시아 의학에서 찾고자 했던 근대주의자

---

85 '우주론적 몸'은 음양(陰陽), 오행(五行), 기(氣) 등 우주의 생성 및 작동과 관련된 우주론적 원리가 인체에도 적용되는 몸을 말한다. 달리 말하면, 소우주인 몸이 대우주인 천지(天地)와 '감응(感應)' 혹은 '상응(相應)'하는 몸이다. '감정의 몸'은 대표적으로 사상의학(四象醫學)에서 제시한 의학적 몸으로, 우주론적 원리와 달리 애(哀)·노(怒)·희(喜)·락(樂)의 '성(性)'과 '정(情)'이 인체 작동원리의 근간이 되는 의학적 몸을 지칭한다.

86 역으로 이 글에서 '공간지형학의 몸(Topological Bodies)'을 이런 의미로 정의한다. 'Topology'는 공간상 구성물의 상호 위치와 연결 관계의 불변적 특성을 탐구하는 수학의 한 분과를 지칭하는 용어이기도 하다.

87 혹자는 '공간지형학의 몸', '우주론적인 몸', '감정의 몸'을 각각 '과학적 몸', '철학적 몸', '윤리적 몸'으로 부를지도 모른다. 하지만 후자의 명칭은 유럽의 문화와 역사적 경험을 배경으로 하는 용어로서 이를테면 유럽의 이원론적 인체관이나 모더니즘을 암묵적으로 지시한다. 이러한 명명방식 역시 유럽인의 역사경험을 준거로 동아시아의 의학을 기술한다는 점에서 적절한 범주화라고 할 수 없다.

의 접근법과 달리 동아시아 의학사에서 이른바 '해부학'을 역사화하는 과정이 될 것이다.

다음 목록은 의학적 몸의 유형을 '공간지형학의 몸', '우주론적인 몸', '감정의 몸' 및 '기타'로 분류하고, 각각 이를 예시할 수 있는 관련 자료를 제시한 것이다. 전체적인 그림을 조망하기 위해서 다루는 기간은 근현대를 포함해서 넓게 잡고, 지역 역시 가능하면 동아시아 지역 전체를 다 포함하고자 했다. 근현대를 포함한 이유는 죽어 있는 '전통의학'이 아닌 역동적인 '의학전통'을 드러내기 위해서다. 또한 '동양은 문화/철학, 서양은 과학'이라는 인식을 효과적으로 불식시키고 논의의 초점을 분산시키지 않기 위해 가급적 의학 관련 문헌을 중심으로 예시를 골랐다.[88]

공간지형학의 몸

『黃帝內經 · 靈樞』(기원 전후) : 골도骨度/평인절곡平人絶穀 – 장기 계측

楊介, 미상(12세기) : 내부 장기 도해, 存眞環中圖

미상, 九相圖(13세기) : 부정관不淨觀 – 인체 시신의 변화

朱橚(1361–1425), 『普濟方』(1390) : 골공혈법骨孔穴法

미상, 『治腫指南』(16세기) : 외과外科/치종治腫

張介賓(1563–1642), 『類經附翼』(1624) : 명문命門, 삼초三焦, 심포心包

88 인류학자들의 관심을 끄는 '유비(類比)의 몸'이나, 유교에서 보이는 '강상(綱常)의 몸', 그리고 도교나 불교에서 보이는 '내관(內觀)의 몸' 등에서 볼 수 있듯이, 종교, 민속, 젠더, 문학, 미술 등 기타 인문학 분야에서도 몸에 대한 다양한 표상이 존재한다. 종교와 관련된 것으로 예를 들면 Geoffrey Samuel and Jay Johnston eds., *Religion and the Subtle Body in Asia and the West: Between Mind and Body*, New York: Routledge, 2013을 참조할 수 있다.

柯琴(17세기), 『傷寒來蘇集』(1669) : 치료의 토대로서 인체의 물리적 구획 공간

葉桂(1667-1746), 『臨證指南醫案』 : 의안醫案-구조물로서 경수經隧의 폐색

吳謙 외, 『醫宗金鑑』(1742) : 정골심법요지正骨心法要旨

高志鳳翼, 『骨繼療治重寶記』(1746) : 수기법手技法

山脇東洋, 『藏志』(1759) : 해부학

多紀元德(1755-1810), 『廣惠濟急方』(1790) : 수기법手技法/상과傷科

加古良玄, 『折肱要訣』(1810) : 정골술整骨術

胡廷光, 『傷科彙纂』(1815) : 상과傷科/접골接骨

王清任, 『醫林改錯』(1830) : 해부학-탄위론癱痿論/보양환오탕補陽還五湯

王士雄(1808-1866), 미상 : 유정섭兪正燮의 고환

朱費元(18-19세기), 『瘍醫探源論』 : 외과外科

周學海(1856-1906), 『讀醫隨筆』(1891) : 형기류形氣類-생리적 과정의 근거로서 구조물

이학로, 『한의학 순환구조론』(1999) : 물리적 공간 내 물질의 순환

우주론적인 몸

『黃帝內經 · 素問』(기원 전후) : 감응하는 몸

許浚(1539-1615), 『東醫寶鑑』 人身之說(1613) : 대우주-소우주 상관 관계

錢乙(1032-1113), 미상 : 우주론적인 몸

趙獻可(1573-1664), 『醫貫』(1617) : 우주론적 사색

惲鐵樵(1878-1935), 미상 : 사시오행과 인체의 연관성, 서양은 해부학 중심

黎有晫(1720-1791), 『海上醫宗心領』(18세기) : 팔괘八卦, 장부臟腑

張顯光(1554-1637), 『易學圖說』 人身之圖 : 상관적 사유

감정의 몸 및 기타

李濟馬(1837-1900), 『東醫壽世保元』(1894) : 감정感情/성정性情의 몸

祝味菊(1884-1951), 『病理發揮』(1931) : 기질器質의 몸과 관능官能의 몸

許浚(1539-1615), 『東醫寶鑑』(1613) 人身之說 : 형상形象의 몸

미상, 內經圖 : 내관內觀의 몸

'공간지형학의 몸'에 대한 예시에 간단한 설명을 붙이면 이렇다. 물질로서의 몸이라는 물리적 공간에 대한 인간의 관심과 연구는 오래전부터 있었을 테지만, 진한대 이전 동아시아인의 의학적 사유 및 경험이 담겨 있는 『黃帝內經·靈樞』에는 (서양의 경우와 비교해 보건대) 일찍부터 내부 장기에 대한 '계량적' 접근을 시도했던 의학전통을 찾아볼 수 있다.[89] 손발로 직접 대처할 수밖에 없었던 침구鍼灸, 상과傷科, 치종治腫, 정골整骨, 추나推拿, 검시檢屍, 구급救急, 태산胎産, 군진軍陣 등의 의학 분야는 몸의 물리적 구조와 배치에 대한 전문적 지식을 요하는 분야다. 예를 들면, 조선 중기의 『치종지남治腫指南』(16세기), 에도시대의 『광혜제급방廣惠濟急方』(1790), 청대의 『상과휘찬傷科彙纂』(1815) 등에 등장하는 도판, 묘사, 도구, 기법 등은 당시 의학 전문가들이 인체 구성물의 형상적 특징, 구조적 관계, 공간적 배치, 정성적 변화 등에 정통하고 있었음을 보여준다.[90] 청대 가금柯琴이 저술

89 한국, 중국, 일본의 해부 인식과 해부학 발전사를 통사적으로 개괄한 연구로는 김성수·신규환, 『몸으로 세계를 보다: 동아시아 해부학의 성립과 발전』, 서울대학교출판문화원, 2017을 참조할 수 있다.

90 『傷科彙纂』의 경우 Yi-Li Wu, "A Trauma Doctor's Practice in Nineteenth-century China: The Medical Cases of Hu Tingguang," *Social History of Medicine* 30-2, 2017, pp.299-322를 참고할 수 있다.

한 『상한래소집傷寒來蘇集』(1669)에서도 인체의 장기를 물리적 공간으로 구획하고, 각 구획 간 공간적 배치와 구조적 관계에 대한 탐구를 찾아볼 수 있다. 이 책은 고전 『상한론』에 등장하는 삼음삼양병三陰三陽病을 십이경맥十二經脈이나 우주론적 원리가 아닌 인체의 물리적 부위로 재해석해서 치방治方을 이해한 것으로 명말·청초 의학 혁신의 대표적 사례다.[91] 해부술을 본격적으로 다룬 『장지』나 『의림개착』 그리고 왕사웅王士雄(1808-1868)의 활동에서는 물질로서의 인체에 대한 관찰 및 분석, 그리고 이에 따른 의론醫論의 조정과정을 볼 수 있다. 20세기 전환기에는 서양 해부학 지식과 동아시아의 의학적 몸을 접목하기 시작했으며,[92] 알려져 있듯이 20세기 전반기에는 중의학 및 한의학 종사자들은 근대 해부학의 지식을 필수적으로 갖춰야 했다. 20세기 중후반에는 (침구학 관련) 중의학/한의학 교과서에 근대 해부학의 성과를 편입시켰다.[93] 20세기 말에는 육안해부학을 넘어 미시해부학 및 인체생리학의 연구성과가 축적되자 이를 동아시아 의학의 네

91 Volker Scheid, "Transmitting Chinese Medicine."

92 Yi-Li Wu, "Bodily Knowledge and Western Learning in Late Imperial China"; 김성수, 「에도(江戶) 시대 해부학의 발전: 『장지(藏志)』의 간행을 중심으로」, 『의사학』 21-1, 2012, 101-140쪽; Sean Hsiang-Lin Lei, "Qi-Transformation and the Steam Engine The Incorporation of Western Anatomy and Re-Conceptualisation of the Body in Nineteenth-Century Chinese Medicine."

93 20세기 중반 이후 생의학 및 동아시아 의학의 관계 및 역할을 규정하고 있는 의료체계는 중국, 한국, 북한, 베트남, 대만, 일본 등 지역 및 국가에 따라 다르다. 예를 들어 생의학과 한의학이 이원화돼 있어 외과술 등에 대한 접근이 현실적으로 제한된 한국과 달리 중국과 북한 등은 의료체계가 상대적으로 일원화되어 있다. 한국의 경우 인체 구조물의 물리적 관계 및 정성적 변화 등을 다루는 '추나(推拿)'가 20세기 후반 한의학의 분과 중 하나로 자리잡기 시작했으며, 최근에는 이 추나요법이 국민건강보험 수급대상에 편입되기도 했다. 참고로 한의과대학 교육과정의 경우 과학/생의학 관련 교과목이 절반 이상을 차지한다.

트워크로 끌어들여 동아시아의 실행 지식 전반을 재해석하고 이를 임상에 응용하려는 시도가 등장했다.[94] 『한의학 순환구조론』(1999)은 고대부터 이어진 동아시아 의학전통은 사실 '해부'와 '순환'에 토대를 두고 있었다고 주장하면서, 폐쇄된 인체 공간 안에서의 구조물 및 순환로의 위치 관계, 물질의 변환과 이동/출입을 중심으로 표적 물질을 처리하고 체액을 움직이는 전략이란 관점에서 동아시아 의학의 여러 이론적 개념, 처치 방식, 방제의 의미, 약물의 기전을 물질 언어로 번역하고자 했다.[95]

이상의 예시가 보여주듯이 '공간지형학의 몸'은 인체의 물리적 구조, 공간적 배치, 구성물질의 변환 및 움직임 등에 초점을 둔 것으로 '우주론적인 몸' 및 '감정의 몸' 등과 더불어 동아시아 의학을 이루는 대표적 지형 가운데 하나다. 현재도 '공간지형학의 몸' 전통은 살아있으며 환경의 변화에 따라 지속적으로 변신하고 있음을 확인할 수 있다. '공간지형학의 몸'을 예시하는 사료 중 어떤 것은 우주론과 관련이 있기도 하고 어떤 것은 관련이 없기도 하다. 실제 의료를 담당했던 전문 의원들은 대체로 유학자들의 논리 이를테면 음양오행의 조화와 삼강오륜의 질서를 회복함으로써 질병을 극복할 수 있다는 추상적인 언설보다는 보다 실질적인 해법에 골몰했다. 또한 학자나 의사가 우주론적 사유를 언급한다고 해서 물질로서 인체에

94 20세기 한국 한의학의 전개과정은 생의학에 의해 소외되고 주변화됐다는 전통적 시각과 달리 사실상 과학/생의학과 융합함으로써 오히려 주류의학의 일부가 됐다는 견해도 존재한다. Seonsam Na, "A Rebellion in the Korean Medicine Community: An Ethnography of Healthcare Politics in Contemporary South Korea," PhD diss., Oxford University, 2015.

95 이러한 방법론을 지지하는 학자 및 임상가는 상호 소통을 위한 언어로 전래의 추상적인 용어가 아닌 현대 해부생리학의 용어를 채택하고 있지만, 생의학의 환원론적 분석방식을 참조하면서 대체로 전일적인 관점에서 동아시아 의학을 해석한다.

대한 관심이 없었던 것은 아니다. 위의 사례를 보건대 의료 환경이 변함에 따라 동아시아 의학에 뿌리를 둔 여러 의학적 몸과 때로는 과학/생의학에서 유래한 몸이 공존하는 가운데 특정한 것이 더 두드러지는가 하면, 이들 의학적 몸이 서로를 전용하거나 혹은 융합하는 방식으로 상호 교섭함으로써 혁신적인 의학적 몸이 탄생하기도 한다. 결론적으로 이러한 사실은 동아시아 의학이 역동적으로 그리고 능동적으로 변신해 왔음을 보여준다.

위에 든 예시나 설명 가운데는 이미 관련 연구가 진행된 것도 있고 향후 구체적으로 논증돼야 할 것도 있지만, 논제의 범위 및 제한된 지면을 고려해 여기서는 일단 동서양 이분법 이를테면 '서양은 해부, 동양은 기氣' 라는 전형적인 인식과는 다른 동아시아 의학 지형의 일단을 보여주는 선에서 만족해야 할 것이다. 이와 관련된 논의와 연구가 향후 지속적으로 이어지길 기대한다.

참고문헌

姜尙中 지음, 이경덕·임성모 옮김, 『오리엔탈리즘을 넘어서』, 이산, 1997.

강정인 편, 『탈서구중심주의는 가능한가: 비서구적 성찰과 대응』, 아카넷, 2016.

구만옥, 「조선후기 과학사 연구에서 '실학'의 문제」, 『韓國實學硏究』 36, 2018.

金觀濤·劉青峯 엮음, 김수중·박동헌·유원준 옮김, 『중국문화의 시스템론적 해석』, 도서출판 천지, 1994.

김근배, 『한국 과학기술혁명의 구조』, 들녘, 2016.

김성수, 「에도(江戶) 시대 해부학의 발전: 『장지(藏志)』의 간행을 중심으로」, 『의사학』 21-1, 2012.

김성수·신규환, 『몸으로 세계를 보다: 동아시아 해부학의 성립과 발전』, 서울대학교출판문화원, 2017.

김영식, 『과학혁명: 전통적 관점과 새로운 관점』, 아르케, 2001.

김영식, 『동아시아 과학의 차이: 서양 과학, 동양 과학, 그리고 한국 과학』, 사이언스북스, 2013.

라이프니츠(Leibniz, Gottfried Wilhelm) 지음, 이동희 편역, 『라이프니츠가 만난 중국』, 이학사, 2003.

문중양, 『조선후기 과학사상사』, 들녘, 2016.

배항섭·박소현·박이진 공편, 『동아시아 연구, 어떻게 할 것인가』, 성균관대학교출판부, 2016.

신규환, 「청말 해부학 혁명과 해부학적 인식의 전환」, 『의사학』 21-1, 2012.

신동원, 「동아시아 전통 과학사론의 비판적 검토」, 『문학과 사회』 36-4, 1996.

신동원, 「조선시대 지방의료의 성장: 관 주도에서 사족 주도로, 사족 주도에서 시장 주도로」, 『한국사연구』 135, 2006.

심재관, 『탈식민시대 우리의 불교학』, 책세상, 2001.
이기복·김상현·오재근·전종욱·신동원, 「중세 동아시아의 생명, 신체, 물질, 문화 탐구: 고려의 『향약구급방』을 중심으로」, 『의사학』 28-1, 2019.
임종태, 「과학사 학계는 왜 실학을 저평가해 왔는가?」, 『韓國實學硏究』 36, 2018.
임종태, 「實學에서 中國의 문제로: 전근대 한국 과학사 연구의 최근 동향」, 『역사학보』 231, 2016.
임종태, 『17,18세기 중국과 조선의 서구 지리학 이해』, 창비, 2012.
장하석, 『장하석의 과학, 철학을 만나다』, 이비에스미디어, 2014.
정요근 외, 『고려에서 조선으로』, 역사비평사, 2019.
朱謙之 지음, 전홍석 옮김, 『중국이 만든 유럽의 근대: 근대 유럽의 중국문화 열풍』, 청계, 2003.
한국한의학연구원, 『중국의 COVID-19 관련 중의학 동향』, 한국한의학연구원, 2020.
한림대학교 한국학연구소 편, 『다시, 실학이란 무엇인가』, 푸른역사, 2007.
홍성욱, 『과학은 얼마나』, 서울대학교출판부, 2004.
馬伯英·高晞·洪中立著, 鄭遇悅譯, 『中外醫學文化交流史』, 電波科學社, 1997.
廖育群, 「印度醫學的'脈'與'穴'」, 『中國科技史料』, 2001/2.
李建民, 「'羊矢'之謎與中醫肌肉的身體觀」, 『中醫藥文化』 11-3, 2016.
陳明, 『殊方異藥: 出土文書與西域醫學』, 北京大學出版社, 2005.
Arrighi, Giovanni, Takeshi Hamashita, and Mark Selden eds., *The Resurgence of East Asia: 500, 150 and 50 Year Perspectives*, London, New York: Routledge, 2003.
Barnes, Linda L., *Needles, Herbs, Gods and Ghosts: China, Healing and the West to 1848*, Cambridge: Harvard University Press, 2005.
Bohm, David, *Wholeness and the Implicate Order*, London: Ark Paperbacks, 1980.
Bray, Francesca, *Technology and Gender: Fabrics of Power in Late Imperial China*, Berkeley and Los Angeles: University of California Press, 1997.

Buell, Paul D., "How did Persian and Other Western Medical Knowledge Move East, and Chinese West? A Look at *Rashid al Din* and Others," *Asian Medicine* 3, 2007.

Cams, Mario, *Companions in Geography: East-West Collaboration in the Mapping of Qing China (c.1685–1735)*, Leiden: Brill, 2017.

Capra, Fritjof, *The Turning Point: Science, Society, and the Rising Culture*, Bantam Books, 1982.

Chang, Hasok, *Inventing Temperature: Measurement and Scientific Progress*, Oxford: Oxford University Press, 2004.

Collins, Harry and Trevor Pinch, *Dr. Golem: How to Think about Medicine*, Chicago: University of Chicago Press, 2005.

Collins, Harry and Trevor Pinch, *The Golem: What Everyone Should Know About Science*, Cambridge: Cambridge University Press, 1998.

Cunningham, Andrew and Perry Williams, "De-Centring the 'Big Picture': "The Origins of Modern Science" and the Modern Origins of Science," *The British Journal for the History of Science* 26-4, 1993.

Daston, Lorraine and Peter Galison, *Objectivity*, New York: Zone Books, 2007.

de Vries, Leslie, "The Gate of Life: Before Heaven and Curative Medicine in Zhao Xianke's *Yiguan*," PhD diss., Universiteit Gent, 2012.

Duara, Prasenjit, *Sovereignty and Authenticity: Manchukuo and the East Asian Modern*, Lanham: Rowman & Littlefield, 2003.

Edgerton, David, *The Shock of the Old: Technology and Global History Since 1900*, Oxford: Oxford University Press, 2007.

Farquhar, Judith, *Knowing Practice: The Clinical Encounter of Chinese Medicine*, Boulder: Westview Press, 1996.

Ferrari, Giovanna, "Public Anatomy Lessons and the Carnival: The Anatomy Theatre of Bologna," *Past and Present* 117, 1987.

Fung, Yu-lan, "Why China has no Science – An Interpretation of the History and Consequences of Chinese Philosophy," *International Journal of Ethics* 32-3, 1922.

Gernet, Jacques, tr. by Janet Lloyd, *China and the Christian Impact: a Conflict of Cultures*, Cambridge: Cambridge University Press, 1985.

Hacking, Ian, "'Style' for Historians and Philosophers," *Studies in History and Philosophy of Science* 23, 1992.

Hacking, Ian, *Representing and Intervening: Introductory Topics in the Philosophy of Natural Science*, Cambridge: Cambridge University Press, 1983.

Hanson, Marta, "Conceptual Blind Spots, Media Blindfolds: The Case of SARS and Traditional Chinese Medicine," Angela Ki Che Leung and Charlotte Furth eds., *Health and Hygiene in Chinese East Asia: policies and publics in the long twentieth century*, Durham; London: Duke University Press, 2010.

Harris, Lee, "The Future of Tradition," *Policy Review* 131, 2005.

Hart, Roger, "Beyond Science and Civilization: A Post-Needham Critique," *East Asian Science, Technology, and Medicine* 16, 1999.

Hinrichs, T. J., and Linda L. Barnes eds., *Chinese Medicine and Healing: An Illustrated History*, Cambridge: Belknap Press of Harvard University Press, 2013.

Hong, Yujin, "The Organization of *Chuhaesuyong* 籌解需用 and the Reason Why Hong Taeyong 洪大容 Wrote It," ICHSEA 2019, Jeonju: Aug. 19-23, 2019.

Jewson, N. D., "The Disappearance of the Sick-Man from Medical Cosmology, 1770 – 1870," *Sociology* 10, 1976.

Kaptchuk, Ted J., *Chinese Medicine: The Web that Has No Weaver*, London: Rider, 2000.

Karchmer, Eric I., "Slow Medicine: How Chinese Medicine Became Efficacious only for Chronic Conditions," Howard Chiang ed., *Historical Epistemology and the Making of Modern Chinese Medicine*, Manchester: Manchester University Press, 2015.

Kim, Jongyoung, "Hybrid Modernity: The Scientific Construction of Korean Medicine in a Global Age," PhD diss., University of Illinois, 2005.

Kim, Taewoo, "Tradition on the Move: Emerging Acupuncture Practices in Contemporary South Korea," *Asian Medicine* 11, 2016.

Kim, Yung Sik, "The 'Why not' Questions of Chinese Science: The Scientific Revolution and Traditional Chinese Science," *East Asian Science, Technology, and Medicine* 22, 2004.

Köhle, Natalie, "A Confluence of Humors: Āyurvedic Conceptions of Digestion and the History of Chinese 'Phlegm' (tan 痰)," *Journal of the American Oriental Society* 136-3, 2016.

Kuhn, Thomas S., *The Structure of Scientific Revolution*, Chicago: University of Chicago Press, 1970.

Kuriyama, Shigehisa, *The Expressiveness of the Body and the Divergence of Greek and Chinese Medicine*, New York: Zone Books, 2002.

Kwa, Chunglin, *Styles of Knowing: A New History of Science from Ancient Times to the Present*, Pittsburgh: University of Pittsburgh Press, 2011.

Latour, Bruno and Steve Woolgar, *Laboratory Life: The Construction of Scientific Facts* (2ed.), Princeton: Princeton University Press, 1986.

Latour, Bruno, *Science in Action: How to Follow Scientists and Engineers Through Society*, Cambridge: Harvard University Press, 1987.

Latour, Bruno, *The Pasteurization of France*, Cambridge: Harvard University Press, 1988.

Latour, Bruno, *We Have Never Been Modern*, Cambridge: Harvard University Press, 1993.

Lee, Taehyung, "The State-Centered Nosology: Changing Disease Names of

Traditional Medicine in Post-Colonial South Korea," *Asian Medicine* 11, 2016.

Lei, Sean Hsiang-Lin, "From *Changshan* to a New Anti-Malarial Drug: Re-Networking Chinese Drugs and Excluding Chinese Doctors," *Social Studies of Science* 29-3, 1999.

Lei, Sean Hsiang-Lin, "Qi-Transformation and the Steam Engine The Incorporation of Western Anatomy and Re-Conceptualisation of the Body in Nineteenth- Century Chinese Medicine," *Asian Medicine* 7, 2012.

Lei, Sean Hsiang-Lin, *Neither Donkey nor Horse: Medicine in the Struggle over China's Modernity*, Chicago: The University of Chicago Press, 2014.

Lloyd, Geoffrey and Nathan Sivin, *The Way and the Word: Science and Medicine in Early China and Greece*, New Haven: Yale University Press, 2002.

Merton, Robert K., *Science, Technology and Society in Seventeenth-Century England*, New York: H. Fertig, 1970[1938].

Mignolo, Walter M., *Local Histories/Global Designs: Coloniality, Subaltern Knowledges, and Border Thinking*, Princeton: Princeton University Press, 2000.

Mol, Annemarie, *The Body Multiple: Ontology in Medical Practice*, Durham: Duke University Press, 2002.

Mungello, David E., *Curious Land: Jesuit Accommodation and the Origins of Sinology*, Honolulu: University of Hawaii Press, 1989.

Na, Seonsam, "A Rebellion in the Korean Medicine Community: An Ethnography of Healthcare Politics in Contemporary South Korea," PhD diss., Oxford University, 2015.

Nakayama, Shigeru, "The Spread of Chinese Science into East Asia," Yung Sik Kim and Francesca Bray eds., *Current Perspectives of in the History of Science in East Asia*, Seoul: Seoul National Univeristy Press, 1999.

Needham, Joseph, *Science and Civilisation in China*, Vol. V: Chemistry and Chemical Technology, pt. 2: Spagyrical Discovery and Invention: Magisteries of Gold and Immortality, Cambridge: Cambridge University Press, 1974.

Nettleton, Sarah, "The Emergence of E-Scaped Medicine?," *Sociology* 38-4, 2004.

Noble, Denis, "Central Dogma or Central Debate?," *Physiology* 33, 2018.

Noble, Denis, *The Music of Life: Biology beyond the Genome*, Oxford: Oxford University Press, 2006.

O'Brian, Patrick K., "The Needham Question Updated: A Historiographical Survey and Elaboration," *History of Technology* 29, 2009.

Pickstone, John V., *Ways of Knowing: A New History of Science, Technology, and Medicine*, Chicago: University of Chicago Press, 2001.

Pomeranz, Kenneth, "Areas, Networks, and the Search for 'Early Modern' East Asia," David L. Porter, ed., *Comparative Early Modernities: 1100–1800*, London: Palgrave, 2012.

Porkert, Manfred, *The Theoretical Foundations of Chinese Medicine: Systems of Correspondence*, Cambridge, London: MIT Press, 1974.

Porter, David L., ed., *Comparative Early Modernities: 1100–1800*, London: Palgrave, 2012.

Raj, Kapil, *Relocating Modern Science: Circulation and the Construction of Knowledge in South Asia and Europe, 1650–1900*, New York: Palgrave Macmillan, 2007.

Rawski, Evelyn, *Early Modern China and Northeast Asia: Cross-Border Perspectives*, Cambridge: Cambridge University Press, 2015.

Said, Edward W., *Orientalism*, New York: Pantheon Books, 1978.

Samuel, Geoffrey and Jay Johnston eds., *Religion and the Subtle Body in Asia and the West: Between Mind and Body*, New York: Routledge, 2013.

Scheid, Volker, "Convergent Lines of Descent: Symptoms, Patterns, Constellations, and the Emergent Interface of Systems Biology and Chinese Medicine," *East Asian Science, Technology and Society* 8, 2014.

Scheid, Volker, "Holism, Chinese Medicine and Systems Ideologies: Rewriting the Past to Imagine the Future," Anne Whitehead and Angela Woods eds. *The Edinburgh Companion to the Critical Medical Humanities*, Edinburgh: Edinburgh University Press, 2016.

Scheid, Volker, "Promoting Free Flow in Networks: Reimagining the Body in Early Modern Suzhou," *History of Science* 56-2, 2018.

Scheid, Volker, "Transmitting Chinese Medicine: Changing Perceptions of Body, Pathology, and Treatment in Late Imperial China," *Asian Medicine* 8-2, 2013.

Scheid, Volker, *Chinese Medicine in Contemporary China: Plurality and Synthesis*, Durham: Duke University Press, 2002.

Scheid, Volker, *Currents of Tradition in Chinese Medicine, 1626–2006*, Seattle: Eastland Press, 2007.

Shapin, Steven and Simon Schaffer, *Leviathan and the Air-Pump: Hobbes, Boyle and the Experimental Life*, Princeton: Princeton University Press, 1985.

Shapin, Steven, *The Scientific Revolution*, Chicago: University of Chicago Press, 1996.

Siraisi, Nancy G., "Vesalius and the Reading of Galen's Teleology," *Renaissance Quarterly* 50, 1997.

Sivin, Nathan, "Why the Scientific Revolution Did Not Take Place in China–or Didn't it?," 2005. Available at http://ccat.sas.upenn.edu/~nsivin/scirev.pdf (Accessed: June 20, 2021).

※ A revised version of an essay first published in *Chinese Science* 5, 1982.

Sivin, Nathan, *Traditional Medicine in Contemporary China: a partial translation of Revised outline of Chinese medicine (1972): with an introductory study on change in present day and early medicine*, Ann Arbor: Center for Chinese Studies, University of Michigan, 1987.

Suh, Soyoung, "From Influence to Confluence: Positioning the History of Pre-Modern Korean Medicine in East Asia," *The Korean Journal of Medical History* 19-2, 2010.

Trambaiolo, Daniel, "Ancient Texts and New Medical Ideas in Eighteenth-Century Japan," Benjamin A. Elman ed. *Antiquarianism, Language, and Medical Philology from Early Modern to Modern Sino-Japanese Medical Discourses*, Leiden: Brill, 2015.

Tsukahara, Togo, "Polycentric East Asia: From the Perspectives of Traditional Historiography and 'Science and Empires'," ICHSEA 2019, Jeonju: Aug. 19-23, 2019.

Unschuld, Paul, *Medicine in China: A History of Ideas*, Berkeley: University of California Press, 1985.

Weber, Max, *The Protestant Ethic and the Spirit of Capitalism*, London: Allen & Unwin, 1976[1905].

Wu, Yi-Li, "A Trauma Doctor's Practice in Nineteenth-century China: The Medical Cases of Hu Tingguang," *Social History of Medicine* 30-2, 2017.

Wu, Yi-Li, "Bodily Knowledge and Western Learning in Late Imperial China: the Case of Wang Shixiong (1808-68)," Howard Chiang ed., *Historical Epistemology and the Making of Modern Chinese Medicine*, Manchester: Manchester University Press, 2015.

Yi, Kiebok, "Culturo-spatial Dynamics and Processes of Locality and Identity Formation in East Asian Medicine: the Case of the Discourses *Hyangyak* 鄕藥 *and Tongŭi* 東醫," ICHSEA 2019, Jeonju: Aug. 19-23, 2019.

Yi, Kiebok, "Ways of Knowing and Styles of Practice: Cold Damage, Body,

Text and Agency in Korean Medicine," ICTAM 2017, Kiel: Aug. 6-12, 2017.

Yue, Meng, "Hybrid Science versus Modernity: The Practice of the Jiangnan Arsenal, 1864 – 1897," *East Asian Science, Technology, and Medicine* 16, 1999.

Zhang, Longxi, Mighty Opposites: *From Dichotomies to Differences in the Comparative Study of China*, Stanford: Stanford University Press, 1998.

Zhen, Yan and Jingfeng Cai, *China's Tibetan Medicine*, Beijing: Foreign Languages Press, 2004.

2부

제중원 한글 해부학 교과서

일본의 해부학 서적 번역과 한말 해부학 교과서

김영수

1. 머리말

한국의 근대서양의학의 도입은 19세기 말 영미권의 의료선교사에 의해 본격적으로 시작됐다. 그리고 이것이 조선 정부의 서양의학에 대한 관심과 맞물려, 알렌, 에비슨으로 대표되는 서양의 의료선교사가 제중원을 설립하는 것으로 실현되었다.[1] 이 과정에서 의료선교사는 한국인을 치료하기 위한 의료기관을 만드는 것을 중요하게 생각했지만, 한국인 의사를 키우는 것 역시 중요하다는 것에 공감했다. 그들은 의술과 함께 한국인을 위한 의학교육을 실시하였고, 외국에서 의학교육을 위한 필수 교재로 사용되는 의학서적을 수입하여 교과서로 사용하였다. 그러나 의학지식을 교수하는 과정에서 언어의 장벽이 커서 한글 의학 교과서를 하루 빨리 도입해야 한

1 박윤재, 「양생에서 위생으로: 개화파의 의학론과 근대 국가 건설」, 『사회와 역사』 63 2003, 30-31쪽; 김영수, 「제중원의 위상과 성격」, 『한국 근대의학의 탄생과 국가』, 연세대학교 의학사연구소 엮음, 역사공간, 2016, 289쪽.

다는 필요성이 커졌다.[2]

제중원의 제4대 원장 에비슨은 한글 의학 교과서 출판에 큰 역할을 한 인물이다. 그는 더 많은 한국인 학생이 의학교육을 받을 수 있도록 의학 교과서를 번역하는 작업을 시작하였다. 에비슨은 1899년 제자인 김필순과 함께 해부학 교과서를 번역하는 작업을 시작했다. 처음 번역한 책은 소실되어 세상에 나오지 못했지만, 1906년 일본의 해부학 교수 이마다 쓰카누今田束(1850-1889)가 집필한 『실용해부학實用解剖學』(1887-1893)을 번역하여 『해부학』을 간행했다. 이것이 최초의 한글 해부학 교과서이다.

『해부학』의 저본인 『실용해부학』은 의학교의 교관 유병필(1873-1928)도 번역하여 해부학 교과서로 사용하였기 때문에, 한국에 근대 해부학이 도입되는 과정에서 큰 역할을 한 해부학 서적이라고 할 수 있다. 단, 『실용해부학』을 저본으로 세브란스병원의학교에서 번역한 『해부학』은 한글 번역에 기초하였고, 유병필의 『해부학』은 일본어 표현을 그대로 살리고 조사만 한글로 바꾸는 방식을 사용하였다는 차이점이 있다. 해부학 교육이 시작되는 단계에서 한글로 된, 혹은 서양의 해부학 용어를 한문에 대입한 신조어가 다수 사용되는데, 번역을 진행하는 과정에서 일본에서 사용되던 해부학 용어가 다수 차용되었을 것으로 사료된다. 그러나 구체적으로 어떠한 용어들이 차용되었는지에 대해서는 많은 연구가 이루어지지 않았다.

한국에서 20세기 전후에 출판된 의학 교과서에 관한 연구는 몇몇 학자들을 중심으로 이루어져 왔다. 박형우, 박준형이 제중원 『해부학』 교과서를

---

2 제중원 생도들에 대한 교육은 먼저 영어를 빨리 습득하고, 영어에 익숙해지면 기초과학인 수학·물리·화학을 배우고, 이 과정이 끝나면 영어로 해부학·생리학·의학을 배우도록 구성되어 있었다. 김영수, 「제중원의 위상과 성격」, 304쪽.

분석한 연구가 있기는 하지만, 이 연구는 이마다의 『실용해부학』을 소개하고, 번역본을 서지학적인 측면에서 분석하고 있다. 구체적인 내용을 언급하고 있지는 않으나, 저본의 한문 용어가 그대로 번역본으로 옮겨졌고, 현재는 사용하지 않는 어려운 한자가 포함되어 있는 사실은 언급하고 있다.[3]

한편, 김경호는 번역 의학서를 중심으로 근대 의학용어를 고찰하는 연구 발표에서 이마다의 『실용해부학』과 『해부학』 권1의 용어 사용 문제를 다루었다. 그는 이 연구에서, 한국에서 번역 간행된 『해부학』 권1에 나타나는 의학용어 일부는 중국에서 만들어져 일본에 영향을 준 것이고, 그 후 한국에 그대로 차용되었다고 추측하고 있다. 또한 일본에서는 서양의학에 대한 의학용어가 『해체신서』를 번역하는 과정에서 처음 만들어졌고, 이후 재정리되어 『실용해부학』에 영향을 준 것으로 고찰하고 있다.[4] 그러나 이 글은 완성된 논문 형태로 출간된 것이 아닌 연구발표문으로, 본격적인 논의로 이어지지는 못했다.

『해부학』이 첫 한글 해부학 교과서라는 점에 주목하면, 교과서를 출간하는 과정에서 일본어로 된 책을 선정하게 된 과정, 해부학 용어를 한국어로 번역하는 과정의 특징 등을 살펴보아야 할 것이다. 선행연구에서는 제중원 의학교육 중 해부학 과목에서 참고할 교과서로 일본에서 출판된 해부학 서적을 사용했기 때문에, 이때 번역된 의학용어들이 한국에 정착되었다는 점에 초점을 두고 있다.

---

3 박형우·박준형, 「한국에서 최초로 발간된 해부학 교과서와 편찬 배경」, 『대한해부학회지』 39-6, 2006, 461-469쪽.

4 김경호, 「근대 의학용어에 대한 고찰: 번역 의학서를 중심으로」, 『한국일본어문학회 학술발표대회논문집』, 2004. 4, 9-12쪽.

이 글에서는 『해부학』이 첫 한글 해부학 교과서이고, 이때 번역된 의학 용어들이 한국에 정착되었다는 점에 주목하면서, 번역어의 선정과 교과서 출간을 위해 참고한 『실용해부학』이 일본 해부학사에서 갖는 의미를 먼저 살펴보도록 하겠다. 주로 용어 형성과 번역 사정을 중심으로 살펴보도록 한다. 이를 바탕으로 『해부학』의 번역 배경과 그 의미를 알아보면서 『해부학』이 한국의 해부학 용어 성립에 미친 영향과 동아시아적인 맥락에서 의학용어의 도입을 어떻게 풀어낼 수 있을지에 대한 가능성을 짚어보도록 하겠다. 『해부학』은 총 3권으로 구성되어 권마다 다루는 내용이 조금씩 다르지만, 본 논문의 초점은 해부학 용어의 형성과 특징에 있으므로 본문에서는 『해부학』 권1을 중심으로 다루도록 하겠다.

2. 일본의 해부학 서적 번역과 그 특징

1) 일본의 해부학 용어 조성과 사용

동양의학에서 인체의 피부를 갈라 그 내부를 들여다본다는 방식은 보편적이지 않았다. 일본에서 해부가 의학의 새로운 방식으로 수용되기 시작한 것은 18세기 중반이라고 할 수 있다. 서양에서 해부학 지식이 책으로 간행되고, 이것이 동아시아의 중국뿐만 아니라 쇄국체제를 유지하면서도 네덜란드와 소통을 지속하던 일본에 전파되었다. 책 속의 지식으로만 존재하던 해부가 본격적으로 일본 의사들에게 받아들여지게 된 것은 일본인 의사가 사체 해부를 통해 인체의 내부 구조와 장기의 위치 등을 확인하면서부터이다. 야마와키 도요山脇東洋가 바로 주인공으로, 그는 『장지藏志』(1759)를 펴내 에도 사회에 큰 반향을 일으켰다. 이 책의 집필은 이탈리아 파도바

대학 교수였던 베슬링Johann Vesling(1598–1649)의 영향이었다.[5]

18세기 중반 일본에 유럽의 해부학 지식이 본격적으로 유입되면서 일본인 의사들을 중심으로 지금까지 눈으로 확인하지 못했던, 확인하려고 생각하지 않았던 인체 구조에 대한 궁금증이 확대되었고, 인체를 바라보는 새로운 시각이 증폭되었다. 그 결과 해부학 서적을 번역하여 해부학 지식을 확인하고, 일본의 것으로 만들려는 시도가 이루어졌고, 그 결과 번역된 첫 해부학 서적이 바로 『해체신서解體新書』(1774)이다.[6] 이는 스기타 겐파쿠杉田玄白, 마에노 료타쿠前野良澤, 나카가와 준안中川淳庵 등 일본인 의학자들이 독일의사 쿨무스Johann Adam Kulmus의 *Anatomische Tabellen*(1731)의 네덜란드어판인 *Ontleedkundige Tafelen*을 입수하고, 이 책과 함께 참고했던 다양한 서양 해부학 서적을 바탕으로 번역한 것이다. 인체의 각 구조에 대한 의학용어를 처음으로 일본어에 대응시키고, 기존에 없었던 개념은 그 의미를 살리는 형태로 조어를 대입시켰다는 점에서 해부학 용어의 성립에 큰 영향을 끼친 출판물이다.

그 한 예로, 『해체신서』의 번역자인 스기타와 마에노는 이 책을 번역하는 과정에서 '신경神經'이라는 용어를 처음 만들어냈다. 이 단어는 현재까지도 쓰이는 단어이다. 신경이라는 용어가 사용되기 이전에는 수근髓筋이나 세노世奴라고 명명하였던 것을 신기神氣의 신神과 경맥經脈의 경經을 따서 신경이라는 새로운 용어를 만든 것이다. 한편, 쓰야마번津山藩(현재 오카야마

5 小川鼎三, 「藏志の內容とその文化史的意義」, 『醫譚』 42, 1962, 2023–2027쪽; 여인석·황상익, 「일본의 해부학 도입과 정착 과정」, 『의사학』 3-2, 1994, 6쪽.

6 『해체신서』가 발간되기 이전 일본에서의 해부학에 대한 관심과 동향에 관해서는 Wolfgang Michel–Zaitsu, "Exploring the "Inner Landscape": the *Kaitai shinsho* (1774) and its prehistory," 『연세의사학』 21-2, 2018, 7–28쪽을 참조할 것.

현)의 번의藩醫인 우다가와 겐즈이宇田川玄随(1756-1798)는 서양의 외과학 서적을 번역하던 당시 흐름과는 달리 서양의 내과학 서적을 번역하면서 새로운 용어를 만들어 내기도 하였다. 네덜란드의 호르터르J. de Gorter의 내과학 서적을 번역한 『서설내과찬요西說內科撰要』(1793)[7]가 그의 대표적 번역물이다. 이 번역서에서 그는 분비기관에 사용하는 '선腺'과 췌장의 '췌膵' 등 의학용어를 새롭게 만들어 냈다.[8]

새로운 용어를 만들고, 한자어에서 그 의미에 부합하는 용어를 추출해 내는 것은 번역작업에서 필수적이다. 이러한 작업은 막부 말기, 즉 에도 말기에 출판문화의 발전과 함께 활발하게 이루어졌다. 막부는 양학洋學을 담당하는 전문기관을 설치하여 서양의 정치·경제·사상을 교수하고, 이를 배운 학생들을 중심으로 번역작업을 진행했다. 이것은 19세기 초반부터 이국선의 출현이 빈발하였던 데다가, 아편전쟁, 그리고 개항으로 이어지는 일련의 서양 위협에 대응하고, 정세를 알기 위한 방법으로 이루어진 작업이었다. 일련의 과정에서 주목해야 할 점은 이 작업을 통하여 일본은 스스로를 하나의 독립적인 개체로서 인식하기 시작하였다는 점이다. 이 과정에서 일본 고유의 언어와 중국을 포함한 '외국'을 구별하기 시작하면서 용어의 근대적 전환이 시도되었다.[9] 이와 같이 19세기 중반부터 각 학문 분야에 대한 막부 주도의 번역사업이 진행되어 서구의 신문물, 신사상 등

---

7 『서설내과찬요』는 1793년에 간행하기 시작하였으나, 우다가와가 사망한 후 출판원(出版元)이 오사카로 이전하였고, 그 후 수차례 옮겨지면서 1810년에야 전 18권이 완결되었다.

8 김성수·신규환, 『몸으로 세계를 보다: 동아시아 해부학의 성립과 발전』, 서울대학교출판문화원, 2018, 187-190쪽.

9 마루야마 마사오 저, 임성모 역, 『번역과 일본의 근대』, 이산, 2000, 35-37쪽.

은 일본 사회에 빠르게 흡수되었다.

의학서의 번역은 이 흐름에 편승하는 부분도 있었지만, 결을 달리하는 부분도 있다. 왜냐하면 의학서의 번역은 막부가 실시한 양서 번역의 일환으로 실시되었을 뿐만 아니라 그 이전부터 난학 지식을 갖고 있는 난학자 및 양학자, 의사들을 중심으로 시작되었기 때문이다. 그러한 번역작업은 『해체신서』 등 에도 중·후기에 의학 분야에서 전통지식에 대한 이해를 새롭게 하고 있다는 것을 반증해주는 것이기도 하다.[10] 따라서 의학용어의 번역어는 다른 분야의 그것과는 달리 에도시대 중·후기에 생성된 용어부터 번역작업이 활발히 진행되는 에도 말기에서 메이지 초기에 생겨난 조어까지 시야에 넣어야 할 필요가 있다. 막부 말기에 다양한 해부학 서적이 유입되어 번역되는 과정에서 에도시대에 만들어진 의학용어는 새롭게 만들어진 조어와 함께 후대에 차용되었다고 할 수 있다.

2) 19세기 중·후반 해부학 서적의 특징과 일본의 해부학 교과서

메이지 정부는 1874년 의제를 반포하면서 서양의학을 앞으로 추구해야 할 의학의 근간으로 삼았고, 이를 위해 독일식 의학을 채택하였다. 이에 따라 에도시대부터 이어져 내려오던 난학 전통은 점차 독일의학으로 대체되어 갔다. 국가가 의학교육을 주도하면서 다양한 의학서적이 수입되었다. 해부는 의학에서 가장 중요한 부분[11]으로 인식되었기 때문에 해부학 서적은 다수 유입되어 번역되었다.

---

10 여인석, 「동아시아 전통의학의 근대성 탐구」, 『의철학연구』 21, 2016, 43쪽.

11 東京大學醫學部創立百年紀念會·東京大學醫學部百年史編纂委員會編, 『東京大學醫學部百年史』, 東京大學出版會, 1967, 89쪽.

일본에서는 본격적으로 해부학 서적이 유입되고 번역된 시기를 크게 네 시기로 분류한다. 이와 같은 분류는 각각의 시기에 유입된 번역서의 종류와 번역어에도 차이가 있음을 의미하는 것으로 해석할 수 있다. 먼저 일본의 해부학 지식이 성립되는 과정을 네덜란드 번역서가 유입된 시기부터 시야에 넣어 시기를 분류하면, ① 독일 해부학 서적의 네덜란드 번역서가 수입된 시기(1840년 이후), ② 직접 독일 해부학 서적이 수입되어 원서와 이전에 수입된 네덜란드어 번역서를 비교하면서 독일의학을 수용했던 시기(1850-1870년경), ③ 영국 및 미국에서 여러 해부학 서적이 한꺼번에 들어온 시기(1865-1880년경), ④ 독일 해부학 서적의 우수성이 인식되어 일본 의학계에 독일의학 서적이 정착한 시기(1887년 이후)로 볼 수 있다.[12]

특히 영국 및 미국의 해부학 서적들이 한꺼번에 유입된 제3기는 현재 일본 해부학 교과서의 원점이 되는 시기로 평가된다.[13] 이는 1874년에 의제가 실시되면서 정부 주도의 체계적인 의학교육을 실시하기 위해 각지에 의학교를 신설하여 일본의 표준이 되는 의학을 서양의학으로 재편해 나아가는 시기와 맞물려 있던 점과도 연관이 있다고 할 수 있다. 이에 따라 각지에 의학교가 신설되면서 의학 원서의 수입이 적극적으로 이루어지게 되었고, 동시에 번역작업이 활발히 이루어져 번역 의서가 각 지역의 의학교로 배포되었다.

에도 말기에서 메이지 초기에 이루어진 번역작업과 그 이후의 번역작업은 표면적으로는 번역이라는 큰 틀로 묶어 설명할 수 있지만, 번역의 목

---

12 阿知波五郎, 「幕末明治初期(1840-1887)解剖學書(內·外)目錄について-とくに19世紀歐米解剖學書目錄とその蘭譯書と和譯書との關係」, 『日本醫史學雜誌』 22-3, 1976; 島田和幸, 「明治初期の系統解剖學書」, 『鹿齒紀要』 19, 1999.

13 島田和幸, 「明治初期の系統解剖學書」, 16쪽.

적과 결과물이 꽤 상이하다는 점에 주목할 필요가 있다. 에도 말기에서 메이지 초기에 이루어진 번역은 여전히 난학의 영향이 강한 상태에서의 번역이라고 할 수 있다. 그러나 메이지 정부가 수립되고 의제가 반포된 이후에 이루어진 번역은 네덜란드 서적뿐만 아니라 네덜란드 번역본의 저본인 독일어 원서, 그리고 영국과 미국에서 출판된 서적들까지 다양한 종류의 해부학 서적이 일본에 유입되어 번역되었다는 특징이 있다. 이로써 원서와 번역본의 비교가 가능해졌을 뿐만 아니라, 전권 번역본 및 필요에 따라 부분만을 번역한 간이 번역본들도 다수 양산되었다. 이 중에는 의학 전반에 대한 내용을 다루는 원서의 내용 중에 해부학 부분만을 발췌하여 번역한 것도 포함되어 있었다.[14]

1870-1880년대에는 기존에 수입된 독일의학 원서와 네덜란드어 번역서에 더하여 영미권의 권위 있는 해부학 원서가 수입되어 번역되면서 각종 해부학 서적을 총체적으로 비교하는 것이 가능해졌다. 그리고 해부학 서적의 양적인 확대와 질적 다양성이 확보되면서 해부학 지식이 축적되어 갔다. 이때 유럽 및 미국에서 출판된 해부학 서적이 유입되고, 이 책들에 대한 번역작업이 이루어지는 가운데 일본에 유입된 해부학 서적을 중심으로 해부학 지식의 계통이 가시화되기 시작했다. 특히, 해부학을 집필한 의학자 가운데에서도 지금까지 그 권위를 인정받고 있는 그레이Henry Gray(1828-1861)와 퀘인Jones Quain(1795-1850) 등이 해부학 서적의 서문에 언급되었다. 그리고 에도 말기에 수입된 해부학 서적인 *Lehrbuch d. Anatomie des Menschen*(1865)의 저자인 홀스타인Lion Hollstein(1811-1895)도 서문에서 앞의

14 대표적으로는 하트손(Henry Hartshorne)의 *A Conspectus of the Medical Science*를 발췌 번역한 『解體說略』(1873)이 있다.

두 학자를 참조하여 집필하였다고 밝히고 있다.[15]

당대 최고의 해부학자로 불리는 인물들이 발간한 서적 혹은 그 영향을 받은 해부학자가 지은 저작의 번역본이 주로 소비된 곳은 일본 각지에 세워진 의학교였다. 1870–1880년까지 약 10년 동안 일본 각지에서는 부, 현의 지방행정조직을 중심으로 의학교가 급속도로 증가했다. 1870년대 초반보다는 의제 실시 이후인 1870년대 중·후반에 집중적으로 의학교가 설치되었고, 1880년대 초 공립 의학교는 전체 의학교 중에서 가장 많은 수를 차지했다.[16] 이에 따라 정부 주도의 의학교는 사립 의학교와 더불어 일본 근대의학교육의 중심으로 자리잡아 나아갔다. 각 의학교에서는 해부학 원서와 함께 번역된 해부학 서적을 교과서로 하여 서양의 근대해부학을 교수하였기 때문에 의학교를 통한 지식의 형성과 확산은 더욱 중요해졌다. 단, 번역 의서가 근대일본의 서양의학지식 형성에 큰 역할을 한 것은 사실이나, 처음부터 하나의 구심점을 두고 발전한 것은 아니었다. 당시 메이지 정부는 위생 및 의학교육에 대한 큰 지침은 가지고 있었으나, 세부사항은 지속적으로 개정되어 다양한 종류의 번역 해부학 교과서가 사용되었기 때문이다.

의학교에서 교수하는 의학지식이 독일의학 중심으로 재편되기 시작한 시기는 1877년 도쿄대학 의학부[17]가 만들어지면서 의학사醫學士들이 배

---

15 阿知波五郎, 「幕末明治初期(1840–1887)解剖學書(內·外)目錄について–とくに19世紀歐米解剖學書目錄とその蘭譯書と和譯書との關係」, 222쪽.

16 川上武, 「わが國における醫師制度の成立過程と今日的課題」, 『建築雜誌』 88, 1973, 1108쪽; 김영수, 「근대 일본의 의사면허 변천」, 『동아시아 역사 속의 의사들』, 연세대학교 의학사연구소 엮음, 역사공간, 2015, 373쪽.

17 기존의 도쿄의학교와 도쿄대성학교가 통합되어 도쿄대학이 설립되었고, 의학교육은 도쿄대학 의학부에서 담당하였다.

출된 때부터이다. 1880년대가 되면 이들이 각 지역의 의학교에 배치되었고, 그들이 배운 도쿄대학 의학부의 수업내용 및 의학지식이 각 지역으로 전파되었다. 도쿄대학 의학부는 독일인 의사들에 의해 강의가 진행되었기 때문에 도쿄대학 의학부 출신이 각지 의학교의 교사로 배치되었다는 것은 독일의학이 한층 영향력을 발휘할 수 있는 환경이 만들어졌다는 것을 의미했다.[18] 그 과정에서 각 의학교가 해부학 수업에 사용하던 독자적인 해부학 번역서의 사용은 점차 감소했다. 즉, 메이지 정부의 독일의학 수용과 도쿄대학에서 독일의학을 교수했던 것의 영향으로 도쿄대학의 독일인 교사들이 해부학 강의를 정리한 것이나 독일에서 수입된 해부학 원서 등이 전국으로 확산되면서, 이전 시기의 영미권 해부학 교과서가 점차 그 영향력을 잃어가게 된 것이다.

막부 말기 네덜란드의학에서 영미권의학을 수용하면서 다양화되다가 최종적으로 독일의학으로 옮겨가는 해부학 지식의 계보는 의학교에서 사용한 해부학 교과서의 취사선택에서도 드러난다. 이는 해부학 교과서 종류에 따라 일반적으로 4기로 나누어지며, ① 영어 번역 해부학 교과서 시기(1868-1877), ② 독일어 강의에 기초한 해부학 교과서 시기(1877-1887), ③ 독일어 번역 해부학 교과서 시기(1887-1904), ④ 일본어 해부학 교과서 시기(1905-)로 구분한다.[19]

1874년 야마구치현山口縣에 설치된 하나우라의학교華浦醫學校의 경우, 의제 실시로 서양의학교육이 의무화되면서 번역된 해부학 교과서가 사용

18 김영수, 「근대 일본의 의사면허 변천」, 376쪽.

19 Sakai Tatsuo, "Historical Development of Modern Anatomy Education in Japan," 『日本醫史學雜誌』 56-1, 2010, 10-15쪽.

된 곳 중 하나로, 시기에 따라 교과서 사용이 달랐음이 확인되는 곳이다.[20] 하나우라의학교는 1874년에 개교하여 1883년까지 운영된 의학교로, 메이지 초기 정부가 전국에 의학교육기관을 의욕적으로 설치했지만 자금 부족과 법령의 개정으로 폐교에 이른 학교 중 하나이다. 현재 이 의학교에서 사용했던 다양한 해부학 서적이 남아 있는데, 막부 말기부터 1880년대에 번역 출판된 유명한 원서와 번역서, 축약본 대부분이 하나우라의학교에 소장되어 있었던 것을 확인할 수 있다.[21] 또한 센다이의학전문학교仙台醫學專門學校 사례에서도 시기에 따른 해부학 교과서의 변화와 영미권, 독일권 해부학 번역서의 영향 등을 확인할 수 있다.[22] 이곳에는 홉슨Benjamin Hobson(1816-1873)의 『전체신론全體新論』부터 영미권 해부학 서적과 그 번역본, 도쿄대학 의학부에서 발행한 해부학 서적 등이 남아 있다.

이처럼 난학을 비롯한 영미권, 그리고 독일의 해부학 서적이 번역, 출간되어 교재로 사용되기도 하였지만, 동시에 독일어 교재로 직접 수업을 진행하기도 했다. 번역서뿐만 아니라 의학교육에서 독일어교육이 강조되면서 번역어의 축적과 원어로 교수되는 해부학 지식을 바탕으로 일본인이 독자적으로 해부학 교과서를 집필하기에 이른다. 그 첫 작업은 당시 도쿄대학 의학부 해부학교실의 교수인 다구치 가즈요시田口和美(1839-1904)가 독일인 교사의 강의를 정리하고 해부학서를 참조하여 쓴 『해부람요解剖攬要』(1877-1881)였다. 이 책은 전 13권 14책, 1,042쪽에 이르는 방대한 분량으

20 阿知波五郎, 「幕末明治初期(1840-1887)解剖學書(內·外)目錄について-とくに19世紀歐米解剖學書目錄とその蘭譯書と和譯書との關係」, 222쪽.

21 하나우라의학교의 해부학 서적 소장 목록은 阿知波五郎의 논문을 참조할 것.

22 坂井建雄, 「魯迅が仙台で受けた解剖學史の講義について」, 『日本醫史學雜誌』 54-4, 2008.

로, 이를 집필한 다구치는 일본해부학회 초대회장이면서 도쿄대학 의학부 해부학교실의 초대교수였던 인물이다. 이러한 배경으로 유추할 수 있듯이, 이 책은 당시 해부학 서적으로 권위 있는 책이었다.[23] 이 책은 지방에 세워진 의학교에도 전파되었다. 이후 도쿄대학 의학부 해부학교실에서 다구치의 밑에서 일하던 이마다 쓰카누가 당시 독일의 권위 있는 해부학서를 선별, 정리하여 『실용해부학』을 발간하였다.

『실용해부학』이 출판되던 1880년대 말은 독일어로 된 원서로 가르치고, 직접 번역하여 해부학 교과서로 사용했던 시기에 해당된다. 이때는 각 지역의 의학교를 중심으로 독일어로 된 해부학 교본이 확대된 시기였기 때문에 독일의 해부학 지식과 설명 방법이 통용되던 시기였다. 그러나 여기에서 생각해보아야 할 점은 다양한 해부학 서적이 번역되는 가운데, 여기에 등장하는 용어들을 어디에서, 어떻게 차용했는가의 문제가 대두한다는 점이다. 이 당시 해부학 용어집은 존재하였지만 아직 해부학 용어의 번역어는 통일되어 있지 않았다. 따라서 자의적인 용어 조성이 가능한 시기이기도 했다. 바꾸어 말하면, 번역자의 지식 정도와 번역어 선택이 상당히 중요한 역할을 한 시기였다고 할 수 있다.

시기를 구분하여 해부학 교과서가 번역되어 출판될 정도로 일본어로 번역된 해부학 교과서는 다양했고, 번역자 역시도 한두 명이 아니었다. 번역서는 『해체신서』나 『해부훈몽』 등의 용어를 그대로 답습, 차용한 경우도 있었지만, 차용하는 용어의 취사선택은 번역자마다 상이했고, 적절하게 신조어를 투입하는 경우도 있다 보니 통일된 용어가 사용되지는 않았

23 島田和幸, 「明治初期の系統解剖學書」, 『鹿歯紀要』 19, 1999, 19쪽.

다.[24] 에도시대에도 몇 가지의 학술용어집이 발간되었고, 그중에는 『중정해체신서重訂解體新書』(1826)의 부록인 『번역신정명의해翻譯新定名義解』(1843)[25]를 비롯하여 어휘 수는 많지 않았지만 해부학에 관련된 용어집이 존재하였다. 또한 메이지 초기에 문부성에서 해부학 용어집인 『해체학어전解體學語箋』(1871)[26]을 발간하여 용어 번역과 사용에 기준을 제시하기도 했다.[27] 그러나 이것이 공식적으로 용어가 통일되었다는 것을 의미하는 것은 아니었다.

그렇다면 정부 주도의 의학교육을 뒷받침하기 위해 의학용어를 표준화할 수 있는 근거는 마련되어 있었을까? 1880년대 해부학 용어의 정리는 독일 지역을 비롯한 유럽 지역에서도 상당한 화두로 떠오르던 시점이었다. 당시 일본어로 번역된 해부학 용어뿐만 아니라 유럽 지역에서 통용되던 해부학 용어는 표준화 작업이 진행되지 않아 각 나라마다, 지역마다 용어의 차이가 발생하여 용어의 혼란이 지속되고 있었다. 이에 따라 해부학 용어를 정리하기 위한 작업이 해부학회(Anatomische Gesellschaft)를 중심으로 시작되었는데, 그 시점이 바로 1880년대이다. 이에 해부학회는 각국에게 협력을 구하면서 해부학 용어를 수집하고 표준화하는 작업을 주도했다. 1893년에 열린 해부학회에서 해부 용어의 통일이 과제로 거론될 정

---

24 澤井直·坂井建雄, 「昭和初期解剖學用語の改良と國語運動」, 『日本醫史學雜誌』 56-1, 2010, 40쪽.

25 杉本つとむ, 「近代學術用語集の譯編とその史的展望」, 『國文學硏究』 83, 1984, 64-66쪽.

26 표지 안쪽에 영어로 속표지가 삽입되어 있는데, 영어 제목과 설명은 다음과 같다. *A Anatomical Vocabulary or An Explanation of All Scientific Names Used in Anatomy, Giving Their Correct Translation*, Edited by Ohno Tsookoomou. Tôkei: 4th Year of Meïdgi.

27 杉本つとむ, 「近代學術用語集の譯編とその史的展望」, 69쪽.

도로 용어의 정리와 통일은 시급한 과제였다.[28] 이에 따라 학회를 중심으로 대책 마련을 촉구하였고, 그 결과 1895년에 라틴어 해부학 용어를 정리하여 국제표준해부학용어집(BNA, Basle Nomina Anatomica)이 발간되었다.

국제표준해부학용어집의 기준이 만들어지면서 일본에서도 의학용어의 번역 문제에 대응하는 움직임이 나타났다. 바로 『해부학명휘解剖學名彙』(1905)의 출간이다. 이것은 독일 유학 후 교토제국대학 초대 해부학 교수가 된 스즈키 분타로鈴木文太郎(1864-1921) 개인이 집필한 것이다. 개인이 출간한 것이기는 하나 국제표준해부학용어집에 일본어를 병기한 것이므로, 근대 일본 해부 용어의 표준을 마련한 것으로 볼 수 있다. 그 이후에 발간된 해부학 용어집은 스즈키가 개정판을 발간한 것을 제외하면, 1944년에 일본해부학회에서 집필하여 발간한 『해부학용어解剖學用語』가 전부이다. 따라서 20세기 전반부의 해부학 용어는 국제표준을 적용한 스즈키의 용어집을 활용하여 형성되었다고 할 수 있다.

3. 『해부학』 권1의 번역 배경과 그 의미

1) 『실용해부학』, '실용'을 강조하다

앞에서 살펴본 것과 같이, 19세기 후반 일본에서는 시기 구분이 가능할 정도로 다양한 해부학 번역서가 등장했다. 그러한 가운데 에비슨은 제중원 의학교 학생들의 교육을 위해 이마다 쓰카누가 집필한 『실용해부학』을 김

28 森田齊次, 『解剖學講義』, 名文館, 1906-1908; 澤井直·坂井建雄, 「昭和初期解剖學用語の改良と國語運動」, 40쪽.

필순과 함께 번역하기에 이른다. 에비슨이 어떠한 연유에서 이 책을 번역하여 교과서로 사용하고자 했는지를 알아보기 위하여 먼저 『실용해부학』 저자의 학문적 배경에 대하여 살펴보도록 하겠다.

이마다는 메이지시기 의사이며, 해부학자이고, 해부학의 개척자로 알려져 있다. 게이오의숙에 입학하여 양학을 배운 후, 의사가 되고자 1872년 제1대학구大學區 의학교에 입학하였고, 독일인 의사 되니츠Wilhelm Dönitz에게 해부학을 수학하였다. 1879년에는 도쿄대학 의학부 조교수, 이후 교수가 되어 해부학 표본류를 제작하는 등 일본 해부학사에 영향을 끼친 인물이다.

그는 도쿄대학 의학부 재직 초기에 피르호Rudolf Virchow의 멘토이며, 독일 베를린 샤리테병원Charité Hospital에서 해부를 담당하면서 학생들에게 해부 드로잉을 가르친 경험이 있는 프로리에프Robert Froriep(1804-1861)의 『신경일람도해神經一覽圖解』(1878)를 번역하였다. 이 외에도 『동맥일람도해動脈一覽圖解』(1876), 『내장일람도內臟一覽圖』(1878)를 발간하였고, 『근육시요筋肉示要: 인체해부人體解剖』(1881), 『해주만인해부서海朱滿人解剖書』(1887) 등을 교열하기도 하였다.

해부학에 조예가 깊은 그는 1887년 9월에 『실용해부학』 세 권을 간행하였다. 1권은 골학총론, 인대학총론, 근학총론, 2권은 내장학, 3권은 혈관학으로 구성되어 있다. 이마다가 저술한 세 권의 책은 헨레Friedrich Gustav Jakob Henle(1809-1885), 히르틀Josef Hyrtl(1810-1894), 게겐바우어Karl Gegenbaur(1826-1903) 등 당시 권위가 있었던 독일, 오스트리아의 해부학 서적을 주로 인용하여 출판했다. 이후 1888-1889년 재판, 1889-1890년 제3판, 1890-1891년 제4판, 그리고 1892-1893년에 제5판이 출간되었다.[29]

---

29 박형우·박준형, 「한국에서 최초로 발간된 해부학 교과서와 편찬 배경」, 464쪽.

이 책은 출간 후 제15판까지 재판하는 등 일본 해부학 서적 중에서도 베스트셀러였다.[30]

그는 해부학의 기본이 되는 내용을 일본어로 번역하면서 독일어와 라틴어를 병기하였다. 이는 앞에서 설명한 바와 같이 유럽에서도 아직 용어의 통일이 이루어지지 않았던 점을 반영하는 것이라고 볼 수 있다. 또한 그의 저작은 일본 해부학 교과서의 시기 구분과도 관련이 있다. 『실용해부학』이 등장하는 시기는 독일인 교수들의 강의 내용을 정리하여 교과서로 사용하는 형식에서 독일 원서를 번역하여 교과서로 사용하는 시기로 넘어가는 초기에 해당한다. 이 책이 발간되는 시점을 전후하여 각 의학교에서 독일 해부학 서적을 직접 번역한 교과서를 사용하게 되었음을 확인할 수 있다.[31]

메이지 정부가 독일의학을 국가의학으로 채택한 이후에도 영미권의 해부학 서적이 수입, 번역되기도 하다가 1880년대가 되면 일본 내에서 도쿄대학 의학부의 영향력이 확대되면서 독일의학을 표준으로 하는 의학이 자리를 잡아가게 되었다. 이에 따라 관련 의학서가 등장하기 시작했고, 앞서 살펴본 다구치의 저작도 여기에 포함되어 있었다. 일본 내에서 이마다보다 권위가 높았던 다구치의 『해부람요』는 독일인 교수에게 직접 배운 내용과 당시 유럽의 해부학 서적을 참고하여 작성한 것이므로, 실제 도쿄대학에서 강의한 내용이 반영되어 의학교 학생들에게는 꽤 유용한 책이었다고 할 수 있다. 이후 일본인 해부학자가 독자적으로 해부학 책[32]을 집필하기

---

30 박형우·박준형, 「한국에서 최초로 발간된 해부학 교과서와 편찬 배경」, 465쪽.

31 사카이(2010)의 해부학 교과서 사용 시기에 따른 교과서 종류의 차이를 참고할 것. Sakai Tatsuo, "Historical Development of Modern Anatomy Education in Japan," pp.10-15.

32 1905년부터 독자적인 일본어 해부학 교과서가 등장하는데, 대표적으로는 大澤岳太郎,

도 했다. 다만 이 책들은 1900년대 중·후반에 출판되므로 에비슨이 참고할 수는 없었다.

그렇다면, 에비슨이 참고할 수 있는 해부학 서적은 대략 다구치와 이마다의 책으로 좁혀지는데, 왜 에비슨은 다구치의 『해부람요』가 아닌 이마다의 『실용해부학』을 선택한 것일까? 두 교수의 저작은 구성면에서도 큰 차이가 없고, 독일어와 라틴어 등을 병기한다는 점에서도 동일하다.[33] 두 책의 차이점이라고 한다면 이마다의 책에는 간결한 해부도가 많이 포함되어 있어 설명하는 내용을 이해하기 쉽게 구성하고 있다는 점을 꼽을 수 있다. 이에 반해 다구치의 해부학 서적은 해부도가 거의 들어있지 않다. 한 예로, 총 14권 중 제1권에는 1개의 해부도가 들어있는데, 그것도 근대적인 해부도라고 보기 어렵다. 그런 의미에서 『실용해부학』은 독자적인 일본어 해부학 서적이 등장하기 이전에 해부학 이론과 해부학 도감이 절묘하게 어우러져 활용도가 높았던 책이었기 때문에 파급력이 컸다고 볼 수 있다.

또한 이 책이 독일어로 된 유명한 해부학 서적을 참고로 한 것이지만, 서문에 그레이, 퀘인 등 영국의 유명한 해부학자의 책을 참고했다고 기술하고 있다는 점에서, 동시대에 중요하게 여긴 해부학 지식은 담아내고 있는 편집번역서라고 볼 수 있다. 용어면에서는 『해체신서』 이후 일본에서 독자적인 의학용어의 번역어가 만들어진 것을 시발로 하여 이후 『중정해체신서』 등을 거쳐 메이지 초기 다양한 의학서적의 수입과 의학용어의 번

『新撰解剖學』(1905-1911, 전 4권), 森田齋次, 『解剖學講義』(1906-1909, 전 3권), 二村領次郎, 『近世解剖學』(1907, 전 2권) 등이 있다. 坂井建雄, 「魯迅が仙台で受けた解剖学史の講義について」, 369쪽.

33 板垣英治, 「石川縣甲種醫學校の醫學教育-醫學教科書と參考書から醫學教育を見る」, 『日本海域研究』 40, 2009, 92-93쪽.

역어가 발달한 과정이 담겨져 있는 책으로 볼 수 있다. 한편으로는 아직 용어의 통일이 이루어지지 않은 시기에 그림을 다수 삽입하면서 용어의 혼란을 완화시켜 주는 역할을 한 책으로도 볼 수 있다. 즉, 총합적인 서양해부학 지식, 실용적인 그림 등 '실용'이라는 측면에서 큰 인기를 누릴 수 있는 요소를 담아내고 있었던 점이 에비슨이 번역서로 선택한 이유라고 하겠다.

2) 『해부학』 권1의 번역과 해부학 용어

에비슨과 제중원의학교로 입학하여 세브란스병원의학교에서 제1회로 졸업한 김필순은 일본에서 간행된 『실용해부학』의 용어와 이를 저본으로 하여 『해부학』(1906)을 번역하였다. 『해부학』은 권1, 권2, 권3 총 3권으로 구성되어 있고, 권1은 뼈·인대·근육을, 권2는 호흡기·비뇨기 등 내장기관을, 권3은 혈관학과 신경학을 다루고 있다. 권1은 1909년에 재판으로도 발행되었다. 순한글로 번역되었으나, 각 부위를 지칭하는 대소 분류 및 전문용어 등은 한문을 병기하였다.

『해부학』 권1은 공식적으로는 최초의 한글 해부학 번역서였지만, 에비슨은 이 책을 번역하기 전에 영국의 해부학 서적을 번역하였다. 에비슨은 한국인의 의학교육을 위해 해부학 교과서를 마련하기로 하고, 1899년에 한국인 조수의 도움을 받아 그레이의 『해부학』을 번역하였지만, 번역본은 원고를 맡겼던 사람이 사망하면서 찾을 수 없게 되었다. 에비슨은 다시 한번 김필순의 도움으로 1900년부터 1904년 9월경까지 그레이의 『해부학』을 다시 번역했으나 화재로 인해 원고가 불타버리면서 긴 시간의 노력이 수포로 돌아갔다.[34] 1899년부터 시작된 해부학 서적을 번역하여 교과서를

34 김성수·신규환, 『몸으로 세계를 보다: 동아시아 해부학의 성립과 발전』, 283-284쪽.

제작하는 작업은 순조롭게 진행되지 않았다. 수차례 번역을 진행하는 가운데 그나마 성과가 있었다고 한다면 서양의 의학용어를 한글에 대응시키는 노하우를 쌓을 수 있었다는 점이라고 하겠다. 김필순이 해부학 책을 번역하는 과정에서 밝힌 것과 같이, 서양 및 일본의 해부학 책에 등장하는 의학용어, 병명 등을 지칭하는 단어가 한국에 없는 경우가 많았기 때문에 일본에서 번역한 용어를 다수 참고하면서 한글 번역을 담당했다.[35]

그가 일본에서 번역된 용어를 참고하였다고는 하나 이는 일본에서 만들어진 일본 고유의 용어만을 일컫는 것은 아니다. 막부 말기부터 메이지 초기에 관찬으로 학술용어의 번역작업이 다수 이루어지면서 영어권 용어의 번역이 활발히 이루어졌고, 그 과정에서 일본인 학자들이 영화英華·화영사전華英辭典류를 많이 참고하였다고 알려져 있다.[36] 이것은 해당 시기에 생성된 많은 전문용어가 이전에 중국에서 형성된 용어를 차용하거나 응용하였다는 것을 의미하기도 하다. 김필순 역시도 일본과 중국에서 공유되던 기존의 의학용어 및 새롭게 만들어진 의학용어, 사전류를 이미 접하고 있었을 가능성이 상당히 높다.

그렇다면 번역된 『해부학』 권1의 용어 및 내용상의 특징은 무엇일까? 저본 『실용해부학』과 번역본 『해부학』 권1의 용어를 비교해 보면, 가장 크게 눈에 띄는 부분은 표기 언어이다. 에비슨과 김필순은 독일어가 아닌 영어에 기초하여 의학을 습득한 인물들이었고, 제중원 의학교육의 중심인물 역시 영미권 출신의 의사들이었기 때문에 『해부학』 권1에는 『실용해부

35 김필순은 『약물학 샹권(무긔질)』의 서문에 이와 같은 내용을 밝히고 있다. 에비슨, 『약물학 샹권(무긔질)』, 제중원, 1905.

36 杉本つとむ, 「近代學術用語集の譯編とその史的展望」, 『國文學硏究』 83, 1984, 70쪽.

학』에 나타나는 독일어, 라틴어 의학용어를 영어로 바꾸어 표기하고 있다. 한자어로 번역된 의학용어는 일본에서도 아직 그 의미가 확실히 정착되지 않은 것들이 다수 포함되어 있었기 때문에 본래의 의미를 영어나 독일어, 혹은 라틴어 등으로 부연설명을 할 필요가 있었다. 따라서 에비슨과 김필순은 의학용어의 개념을 설명하기 위하여 번역서의 한자어로 된 의학용어에 영어 설명을 부연하였다.

이 과정에서 한자어로 표기된 해부, 신체기관과 관련된 많은 의학용어가 그대로 차용되었다. 그 용어들은 『의학원시醫學原始』(1692)에 등장하는 늑골肋骨·내장內臟·사지四肢·자궁子宮·장골掌骨·척추脊椎·혈액血液·흉골胸骨 등 중국에서 사용하기 시작한 용어에, 분비分泌·쇄골鎖骨·안구眼球·운동運動 등 『중정해체신서』에 등장하는 용어 등을 포함하는 것이었다.[37]

그러나 『실용해부학』이 발간된 1880년대 후반은 서양에서조차 용어의 통일로 고민하고 있었던 시기였고, 일본에서도 신체 및 장기 각 부위의 명칭을 통일된 용어로 번역하는 것이 불가능한 상태였다. 예를 들어, 임파액을 지칭하는 용어는 1872년과 1881년에 각각 열인파列印巴와 임발우두장淋潑又痘漿으로 표기하기도 하였다.[38]

따라서 에비슨 역시도 해부학 용어를 대응하는 과정에서 큰 어려움이 따랐을 것이다. 에비슨은 서양의학서를 번역하면서 중국이나 일본의 서적을 참고하여 한국어에 적당하지 않은 한자어는 한국어에 알맞은 표현으로 바꾸기 위해 새로운 용어를 만들어냈다고 기술하고 있으나, 근대서양의학

---

37 김경호, 「근대 의학용어에 대한 고찰: 번역 의학서를 중심으로」, 10-11쪽.

38 松本秀士, 「「情」の概念をめぐる西醫東漸における中國解剖學用語の變遷」, 『或問 WAKUMON』 16, 2009, 46쪽.

과 관련된 용어 번역의 역사가 길지 않은 상태에서 실제로 새로운 용어를 만들어내기는 쉽지 않았다.[39] 따라서 기존에 한국에서 지칭하던 용어가 있었던 경우 이를 대응시키거나 혹은 중국에서 사용되는 용어와 일본의 용어를 적절히 대입시켰을 가능성이 크다.

그러나 결과적으로는 일본에서 사용되는 용어를 다수 차용하였다. 번역작업을 진행하는 과정에서 에비슨이 조선과 일본 사이가 더 밀접하고, 일본이 현대식 교육에 있어서 중국보다 훨씬 진보되었고, 관계에 있어서도 조선과 일본 사이가 더 밀접한 현실을 인식하고 일본의 교육방침에 따라가기로 결정한 것도 일본에서 사용되는 용어를 다수 차용하게 된 큰 이유이기도 했다.[40] 그러나 용어는 수용하되, 그 내용은 일부 편집을 가했다. 예를 들어 이마다의 책에는 없는 내용을 추가하거나, 용어 설명이 틀린 부분을 바로잡거나, 그림을 다른 그림으로 교체하는 등이 그것이다.[41]

이처럼 『해부학』 권1에서 사용된 의학용어는 일본에서 새롭게 만들어낸 조어만으로 구성된 것은 아니고, 이전 시기 중국에서 서양의학을 번역하는 가운데 등장한 번역어, 『해체신서』를 번역한 시기의 번역어 등이 번역의 양적·질적 확대와 함께 재생산된 결과물이었다. 이러한 한문 번역어들을 다시 한글로 그대로 번역할 수 있었다는 점은 동아시아 내부에서 공유되던 지식에 근거하는 것이라고 할 수 있다. 또한 『해부학』 권1은 전통

39 김경호, 「근대 의학용어에 대한 고찰: 번역 의학서를 중심으로」, 10쪽.

40 강지혜, 「근대계몽기 제도번역을 통한 서양의학 지식 생산과 확산: 제중원의 의학교재 번역을 중심으로」, 『번역학연구』 18-3, 2017, 23쪽.

41 고은숙, 「국립한글박물관 소장 『해부학』에 대하여」, 『동아시아 세계의 해부학 전통과 한글 해부학 교과서』, 의학사연구소·국립한글박물관 공동주최 심포지엄 자료집, 2018, 129-134쪽.

사회에서부터 사용되어온 의학용어에 순한글을 덧붙이는 형식으로 되어 있는데, 이는 손쉽게 번역어만을 도입하여 그것에 의미를 부여하는 것이 아닌, 한문에 기초한 근대의학용어를 우리화하는 과정이 포함된 것이라고 볼 수 있다. 그리고 한글을 병기하였다는 사실은 제중원의 의학교육 대상이 전통적인 식자층 중심이 아니라 피지배층까지도 시야에 넣고 있고, 의학교육의 저변을 넓히기 위한 작업의 일환이었다는 점을 보여주는 것이기도 하다.

4. 맺음말

이 글에서는 한말에 발행된 첫 한글 해부학 교과서를 살펴보기 위하여 이 교과서 편찬에 영향을 준 일본의 『실용해부학』과 그 책이 출간될 당시 일본 해부학 서적의 번역 사정에 대하여 살펴보았다. 그리고 이를 바탕으로 『해부학』 권1의 번역 배경과 그 의미를 찾아보고자 했다.

18세기 중반 『해체신서』의 번역을 계기로, 일본에서는 오랫동안 의학용어 번역에 대한 고찰이 이루어졌다. 19세기 중반 일본에서는 서양의학 용어에 대응하는 일본의 전통적인 용어를 찾거나 신조어를 만들어냈다. 이러한 과정을 거쳐 번역된 의학용어들은 기존의 용어를 그대로 답습하는 형태로 이루어진 것이 아니라, 다양한 용어들이 존재하는 가운데 용어의 통일, 표준화라는 작업을 거쳤다. 난학, 영미권의학, 독일의학 등 전근대시기에 수용하고 있던 학문에 더하여, 근대화, 서양화를 외친 정부의 정책으로 당대 다양한 최신 의학지식이 일본에 수용되면서 번역어의 혼란은 야기되었고, 이를 통일하는 데에는 오랜 시간이 걸렸다. 그 원인으로는 서양에서 아직 의학용어의 통일이 이루어지지 않았던 점도 작용했다. 이후 도쿄대학 의학부를 중심으로 하는 독일의학 주도의 의학교육이 본격화되고 그들이 사용하는 해부학 원서 및 번역서가 확대 사용되면서 번역어의 혼란은 어느 정도 잠재울 수 있었다. 그즈음에 출판된 이마다의 『실용해부학』은 독일의학을 중심으로 하되 그때까지 일본에 수입된 영미권의 해부학 지식도 일부 담아내고 있었고, 그림을 다수 삽입하여 의학교육에 적합한 책으로 인기를 끌었다. 즉, 이 책에서 사용되는 용어들은 해부학 교육현장에서 활용되는 용어였다고 할 수 있다.

이것이 『해부학』 권1의 저본이 되었던 데에는 당시 동아시아를 둘러싼 정치·사회적인 맥락을 고려하여 결정하는 과정에서 도쿄대학 의학부가 중심적으로 움직이면서 의학교육을 주도해 나아가고 있는 일본의 현실에 대한 에비슨의 이해가 깔려 있다고 볼 수 있다. 물론, 학생교육의 적합성, 그리고 용어 선택과 활용에 있어서의 편리성 등도 주요한 고려사항이었다.

이 글에서는 짧게 언급하였지만, 에비슨뿐만 아니라 의학교 교관 유병필도 같은 책을 번역하였다. 결과적으로 『실용해부학』에 나타난 해부학 지식체계와 의학용어는 한말 해부학 교육에 적용되었다. 그러나 에비슨과 김필순은 원래 내용에 가필을 하거나 용어를 다듬거나 하는 방식으로 우리화하는 과정을 거쳤고, 한글로 의학용어를 표현하고자 했다는 점에서 저본 및 유병필의 그것과 차이를 갖는다. 이러한 한글 해부학 교과서의 출판은 한문을 아는 일부 상위 계층에만 한정되지 않고 다양한 계층에게 의학교육의 장을 마련해 주었다는 점에서 상징성을 갖는다. 또한 아직 통일된 형태로 존재한 것은 아니었지만 근대서양의학과 관련된 의학용어를 자국어로 본격적으로 접하게 되면서 한국의 의학도들이 동아시아에 들어온 해부학 지식을 총합적으로 받아들일 수 있는 계기를 마련해 주었다는 점에서 큰 의의를 갖는다.

참고문헌

자료

에비슨, 『약물학 샹권(무긔질)』, 1905.

이마다 쓰카누 지음, 에비슨·김필순 편역, 『해부학』 권1, 1906.

今田束, 『實用解剖學』, 1887.

田口和美, 『解剖攬要』, 1877–1881.

연구논저

강지혜, 「근대계몽기 제도번역을 통한 서양의학 지식 생산과 확산: 제중원의 의학교재 번역을 중심으로」, 『번역학연구』 18-3, 2017.

고은숙, 「국립한글박물관 소장 『해부학』에 대하여」, 『동아시아 세계의 해부학 전통과 한글 해부학 교과서』, 의학사연구소·국립한글박물관 공동주최 심포지엄 자료집, 2018.

김경호, 「근대 의학용어에 대한 고찰: 번역 의학서를 중심으로」, 『한국일본어문학회 학술발표대회논문집』, 2004. 4.

김성수·신규환, 『몸으로 세계를 보다: 동아시아 해부학의 성립과 발전』, 서울대학교출판문화원, 2017.

김영수, 「제중원의 위상과 성격」, 『한국 근대의학의 탄생과 국가』, 연세대학교 의학사연구소 엮음, 역사공간, 2016.

마루야마 마사오·가토 슈이치 지음, 임성모 옮김, 『번역과 일본의 근대』, 이산, 2000.

박윤재, 「양생에서 위생으로: 개화파의 의학론과 근대 국가 건설」, 『사회와 역사』 63, 2003.

박준형·박형우, 「제중원에서 『약물학 상권(무기질)』」의 번역과 그 의미, 『의사학』 20-2,

2011.

박준형·박형우,「한국에서 최초로 발간된 해부학 교과서와 편찬 배경」,『대한해부학회지』 39-6, 2006.

박준형·박형우,「홍석후의『신편생리교과서』(1906) 번역과 그 의미」,『의사학』 21-3, 2012.

송영빈,「한·영·일 의학 전문용어의 특징」,『일본학보』 72, 2008.

여인석,「동아시아 전통의학의 근대성 탐구」,『의철학연구』 21, 2016.

여인석,「일본의 해부학 도입과 정착 과정」,『의사학』 3-2, 1994.

정인혁·고기석,「해부학용어가 걸어온 길」,『대한체질인류학회지』 30-4, 2017.

島田和幸,「明治初期の系統解剖學書」,『鹿歯紀要』 19, 1999.

東京大學醫學部創立百年紀念會·東京大學醫學部百年史編纂委員會編,『東京大學醫學部百年史』, 東京大學出版會, 1967.

杉本つとむ,「近代學術用語集の譯編とその史的展望」,『國文學研究』 83, 1984.

徐克偉,「「解剖」「解剖學」について－近代中日解剖學術語の譯出と確立」,『東アジア文化交涉研究』 10, 2017.

小川鼎三,「藏志の內容とその文化史的意義」,『醫譚』 42, 1962.

松本秀士,「「情」の概念をめぐる西醫東漸における中國解剖學用語の變遷」,『或問 WAKUMON』 16, 2009.

阿知波五郎,「幕末明治初期(1840－1887)解剖學書(內·外)目錄について－とくに19世紀歐米解剖學書目錄とその蘭譯書と和譯書との關係」,『日本醫史學雜誌』 22-3, 1976.

酒井シヅ,『日本の醫療史』, 東京書籍, 1982.

川上武,「わが國における醫師制度の成立過程と今日的課題」,『建築雜誌』 88, 1973.

澤井直·坂井建雄,「昭和初期解剖學用語の改良と國語運動」,『日本醫史學雜誌』 56－1, 2010.

樋口輝雄,「"Ludlow's Manual of Medical Examinations, 1867"と和譯本『醫學七科問答』」,『日本醫史學雜誌』 61-1, 2015.

板垣英治, 「石川縣甲種醫學校の醫學教育 – 醫學教科書と參考書から醫學教育を見る」, 『日本海域研究』 40, 2009.

坂井建雄, 「魯迅が仙台で受けた解剖學史の講義について」, 『日本醫史學雜誌』 54-4, 2008.

Michel-Zaitsu, Wolfgang, "Exploring the "Inner Landscape": the Kaitai shinsho(1774) and its prehistory," 『연세의사학』 21-2, 2018.

Sakai Tatsuo, "Historical Development of Modern Anatomy Education in Japan," 『日本醫史學雜誌』 56-1, 2010.

최초의 한글 해부학 교과서 『해부학』(1906)의 서지와 번역 특성 고찰[1]

고은숙

1. 머리말

1906년에 발간된 최초의 한글 해부학 교과서 『해부학』은 일본 해부학자 이마다 쓰카누今田束(1850-1889)의 『실용해부학實用解剖學』 권1~3(1887-1888)을 김필순金弼淳(1878-1919)이 한글로 번역하고 에비슨Oliver R. Avison, 魚丕信(1860-1956)이 교열하여 대한황성제중원[2]에서 3권 3책으로 펴낸 책이다. 한글로 된 설명과 함께 몸의 각 부분을 나타내는 용어와 그림이 수록되어 있다. 우리나

1 이 글은 고은숙, 「최초의 한글 해부학 교과서 『해부학』(1906)의 서지와 번역 특성 고찰」, 『延世醫史學』 21-2, 2016을 바탕으로 내용을 깁고 더한 것임을 밝혀 둔다.

2 1885년에 세워진 최초의 서양식 병원 제중원(濟衆院)은 미국 북장로회와 조선 정부의 합작으로 운영되었는데, 1893년 11월 제중원 책임자로 임명된 에비슨이 1894년 조선 정부에 전권 운영을 요구하여 9월 미국 북장로회로 운영권이 넘어갔다. 이후 1904년 세브란스(Louis H. Severance, 1838-1913)의 기부금으로 남대문 밖 복숭아골에 새 병원을 지었고, 1905년에는 그동안 사용하던 제중원 부지와 건물을 조선 정부에 반환하였다. 이후에도 여러 해 동안 세브란스병원과 제중원이라는 명칭이 함께 사용되었고 다수의 한글 의학 교과서를 펴냈다.

라 최초의 서양식 병원이었던 제중원에서는 서양의학의 쉽고 빠른 정착을 위해 한글로 된 의학 교과서를 다수 간행하였는데, 『해부학』(1906)은 바로 그러한 초기 의학 교과서 중 하나이다.

해부학은 서양의학에서 가장 중요한 기초 분야인 동시에 우리나라 전통의학과 차별되는 특징적인 분야이다. 해부학을 기초로 하는 서양의학이 우리나라에 들어오면서 병이나 상처에 대한 치료방식뿐 아니라 생활 전반이 크게 변화되었다. 서양의학의 새로운 개념을 나타내는 말들이 생겨나면서 몸에 대한 전통적 세계관과 어휘체계가 달라졌고, 이는 사전의 뜻풀이를 비롯하여 문학작품이나 신체활동과 관련한 체육 분야 등에도 영향을 미쳤다. 해부학적 지식은 법의학이나 고고학 분야에서 죽은 사람의 몸을 통해 사인을 밝히거나 과거 인류의 역사를 규명하는 데도 중요한 단서를 제공해 준다.

해부학은 서양의학의 여러 분야 중 하나이기만 한 것이 아니라 서양의학을 대표하는 상징적인 의미를 지닌다. 에비슨이 서양의학교육을 위해 가장 먼저 번역하려고 시도했던 책도 바로 해부학이다. 그런 점에서 최초의 한글 해부학 교과서 『해부학』(1906)이 지니는 의미는 결코 작지 않다. 또한 『해부학』(1906)은 에비슨과 김필순이 이마다의 『실용해부학』을 그대로 번역하지 않고, 낯선 개념을 한글로 쉽게 풀어 설명하고 원서에 없는 설명을 더함으로써 서양의학의 토착화에 크게 기여했다는 평가를 받는다.

기존 연구에서는 이와 같은 제중원 『해부학』(1906)의 서지, 편찬 배경과 번역 과정 등의 다양한 특성을 이마다의 『실용해부학』 등과 비교하며 상당 부분 밝혀냈다. 관련 연구로는 서홍관(1994), 박형우(1998), 여인석(2005), 박형우·박준형(2006), 김경호(2007), 박형우(2008), 박준형·박형우(2011, 2012), 박형우(2008), 김성은, 가나즈 히데미(2014), 김성은(2017), 강지혜,

권미연(2017) 등이 있다.

서홍관(1994), 박형우(1998), 여인석(2009) 등은 제중원의학교의 설립과 의학교육, 최초의 해부학 교과서 『해부학』(1906)이 편찬되기까지의 과정과 번역상의 어려움 등을 자세히 살폈다. 에비슨 박사의 소전이 실린 1932년 『기독신보』 기사와 에비슨과 김필순이 공동 번역한 한글 교과서 『약물학 상권(무기질)』(1905)의 서문 등을 통해 『해부학』(1906)의 번역 과정을 비롯해 에비슨과 김필순이 겪었던 의학용어 번역의 어려움 등을 소개하고 있다.

김성은·가나즈 히데미(2014), 김성은(2017)은 제중원 『해부학』(1906)의 특성을 원서인 이마다의 『실용해부학』과 관련지어 살폈으며, 이마다의 약력을 소개하고 독일 해부학서에 기초한 『실용해부학』의 특성을 꼼꼼히 분석하고 있다. 김경호(2007)는 제중원 『해부학』 권1(1906)의 의학용어를 『실용해부학』과 비교 분석하여 한자어 용어의 일본어 차용 실태를 밝혔다.

선행연구 가운데 특히 박형우·박준형(2006)은 제중원 『해부학』(1906)의 특성을 다양한 관점에서 두루 살핀 연구이다. 『해부학』(1906)의 서지적 특성을 꼼꼼히 살피고 원서인 『실용해부학』과 대조하는 한편, 『실용해부학』의 또 다른 번역서인 의학교 『해부학』(1907)과의 차이점도 지적하였다. 에비슨과 김필순이 이마다의 『실용해부학』을 그대로 번역하지 않고 자신들의 번역 경험을 살려 원서에 없는 내용을 추가하였다는 점도 밝히고 있다.

그러나 박형우·박준형(2006)은 이마다의 『실용해부학』에 없는 어떤 설명들이 『해부학』(1906)에 새롭게 추가되었는지 그림을 통해서만 소략하게 살피고 있으며, 의학교 『해부학』과의 차이 또한 다루지 못한 부분이 있다. 또한 김경호(2007), 김성은(2017)은 『해부학』 권1의 일부 내용만을 살핌으로써 실제 특성과 약간 다른 기술을 하는 등 『해부학』 권1~3의 전체적인 특성을 파악하지 못하는 한계가 있다.

이 글에서는 이전 연구에서 언급하지 않았던 제중원 『해부학』(1906)의 새로운 특성을 밝히기 위해 『해부학』 권1~3을 이마다의 『실용해부학』, 의학교의 『해부학』과 면밀히 비교하여 살피고자 한다. 『실용해부학』에 없는 어떤 내용이 『해부학』(1906)에 추가되었는지 구체적인 예를 통해 확인하고, 『해부학』 권1~3의 전반적인 특성을 파악하고자 한다. 또한 최근에 『해부학』(1906) 권1~3 전질을 온전히 갖춘 국립한글박물관 소장본이 새로 공개되었는데,[3] 다른 기관 소장본과 일부 차이를 보일 뿐 아니라 이후에 누군가가 원서와 대조하여 가필한 듯한 흔적이 있어 서지학과 번역 측면에서 검토하고자 한다.

2. 제중원 『해부학』(1906) 소개

1) 『해부학』(1906)의 소장 현황

제중원에서 간행된 『해부학』은 현재 1906년에 간행된 초판과 1909년에 간행된 재판 2종이 소장처를 달리하여 전하고 있다. 이를 간단히 정리하면 표 1과 같다.[4]

---

3 국립한글박물관에서는 2016년에 『해부학』(1906) 전질을 소장하게 되면서 권1을 『소장자료총서 3』 주석편과 자료편으로 나누어 출판하였고, 2018년 7월 19일부터 10월 14일까지 소장품 기획특별전 '나는 몸이로소이다: 개화기 한글 해부학 이야기'로 소개하였다. 또 같은 해에 『해부학』 권1~3(1906)을 대상으로 『소장자료총서』 3권을 발간하였다.

4 제중원에서 간행된 『해부학』(1906)의 기존 소장 현황은 박형우·박준형, 「한국에서 최초로 발간된 해부학 교과서와 편찬 배경」, 『대한해부학회지』 39-6, 2006을 참조하였으며, 『해부학』 권1의 재판이 독립기념관에도 소장되어 있음은 이번에 조사하면서 알게 되었다.

표 1 제중원 『해부학』(1906)의 소장 현황

구분	1906년 초판	1909년 재판
권1	서울대병원본, 국립한글박물관본	연세대 동은의학박물관본, 독립기념관본
권2	장서각본(안춘근 장서), 국립한글박물관본	
권3	장서각본(안춘근 장서), 한독의약박물관본(홍문화 장서), 국립한글박물관본	

권1은 1906년 초판과 1909년 재판이 존재하며 소장처는 각각 다르다. 1906년 초판 가운데 서울대병원 소장본은 기창덕 교수가 가지고 있던 것을 서울대에 기증한 것이고, 국립한글박물관 소장본은 2016년 초에 공개구입을 통해 수집한 것이다. 권1의 1909년 재판은 각각 연세대학교 동은의학박물관과 독립기념관에 소장되어 있다.[5]

권2, 3은 권1과 달리 1906년 초판만 존재하는데, 권2는 한국학중앙연구원 장서각과 국립한글박물관에, 권3은 한국학중앙연구원 장서각과 한독의약박물관, 국립한글박물관에 각각 소장되어 있다. 장서각본은 장서각 아카이브 홈페이지를 통해 흑백 영인 이미지를 확인할 수 있으며, 국립한글박물관본은 국립한글박물관 홈페이지의 '조사·연구〉발간자료' 항목에서 파일을 내려받기 할 수 있다(『소장자료총서』, 2018).

이 중 국립한글박물관 소장본은 1906년에 간행된 초판으로, 권 1~3이 모두 갖추어진 완질이다. 다른 기관 소장본과는 달리 이후에 누군가가 원서와 대조하여 수정한 듯한 흔적이 남아 있어 연구자료로서 가치가 높다.

5 『해부학』 권1의 1906년 초판 서울대병원 소장본과 1909년 재판 연세대학교 동은의학박물관 소장본은 연세대학교 의과대학 의사학과에서 『제중원의학교과서 3』, 한국의사학총서 3, 아세아문화사, 2000으로 영인하였다.

2) 국립한글박물관과 타 기관 소장본의 서지학적 특성 비교

제중원 『해부학』(1906)의 서지사항은 박형우·박준형(2006)이 주요한 특성을 대부분 밝혔지만 언급하지 않은 부분도 있다. 또한 최근에 국립한글박물관에서 『해부학』 권1~3 완질을 소장하면서 타 기관의 것과 비교하여 살펴야 할 부분이 생겼다.

기존에 논의되었던 내용을 포함하여 국립한글박물관 소장본을 중심으로 제중원 『해부학』(1906) 초판의 서지사항을 살펴보면 다음과 같다. 이 책은 3권 3책의 유인본油印本이며, 권1과 권3은 각각 142장, 권2는 102장으로 되어 있고, 책의 크기는 세로 22.6cm, 가로 16cm이다. 권1의 경우, 본문에 글자만 있고 한 행에 글자가 꽉 채워진 부분을 기준으로 했을 때 앞의 48장까지는 반 장당 15행, 매 행당 20~21자이고, 49장부터는 반 장당 15행, 매 행당 30~32자이다. 또한 중간에 서체가 약간 달라진다.[6]

그런데 제중원 『해부학』 권1의 1909년 재판은 한 면에 내용을 좀 더 빽빽하게 적어 초판에 비해 줄어든 134장이 되었다. 본문에 글자만 있고 한 행에 글자가 꽉 채워진 부분을 기준으로 했을 때 반 장당 16행에 30~31자로 되어 있다. 그림 1은 『해부학』 권1의 1906년 초판과 1909년 재판의 그러한 차이를 보여 준다.

권2, 3의 경우, 본문에 글자만 있고 한 행에 글자가 꽉 채워진 부분을 기준으로 했을 때 대개 반 장당 15~16행, 매 행당 29~30자이다. 권1에 비해 전체적으로 글자가 매우 빽빽하게 채워져 있으며 처음부터 끝까지

---

6 중간에 서체가 달라지는 것으로 보아 제중원 『해부학』을 출판할 때 등사원지에 글씨를 쓴 사람은 둘 이상이었을 것으로 추정된다. 제중원의 다른 의학 교과서에서도 이와 비슷한 글씨가 보이는데, 제중원 의학 교과서의 출판 관련 특성을 온전히 밝히기 위해서는 글씨를 쓴 이가 어떤 사람인지에 대한 연구도 필요하다.

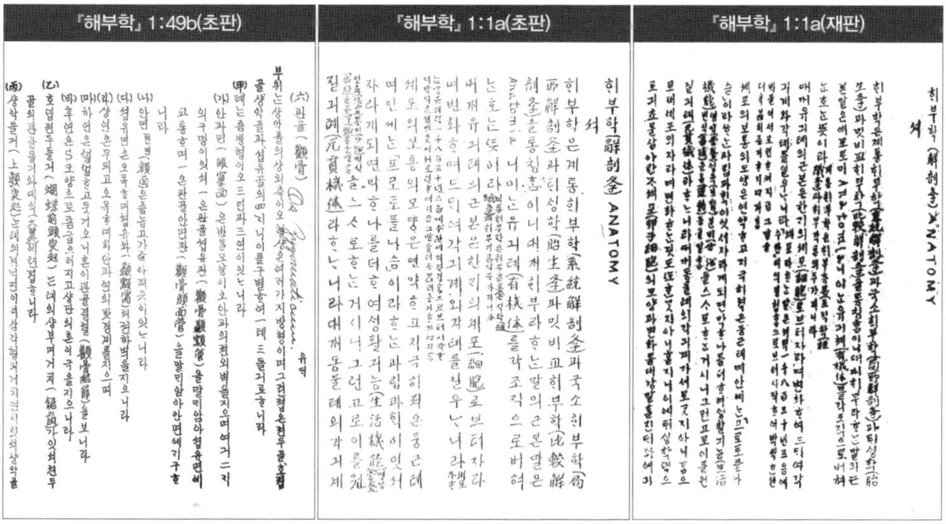

그림 1 『해부학』 권1의 초판(국립한글박물관본)과 재판(동은의학박물관본) 형식 비교

서체가 거의 동일하게 유지되고 있다.[7] 글자의 크기와 서체가 중간에 현저히 달라진 권1과 대조적이다. 그림 2는 제중원 『해부학』 1906년 초판의 권1과 2의 차이를 보인 것이다.

국립한글박물관 소장본의 표지 서명은 한자로 '解剖學'이라 되어 있고 그 아래에 한자로 권차卷次를 적어 넣었다(解剖學 一, 解剖學 二, 解剖學 三). 권1의 1906년 초판인 서울대병원본의 표지 서명은 한자가 아닌 한글로 적혀 있으며 '히부학 一'이라고 되어 있다. 이러한 차이는 후대에 책의 장정裝幀을 새로 하는 일이 많았기 때문이다. 국립한글박물관본의 표지가 이후

7 권2에서 글자의 크기가 다소 크고 서체도 다르게 보이는 경우가 있기는 하나 거의 드물다. 권2에서 3ab의 경우 반 장당 15행, 매 행당 19자로, 다른 면에 비해 한 행당 글자 수가 적고 글자 크기가 크다.

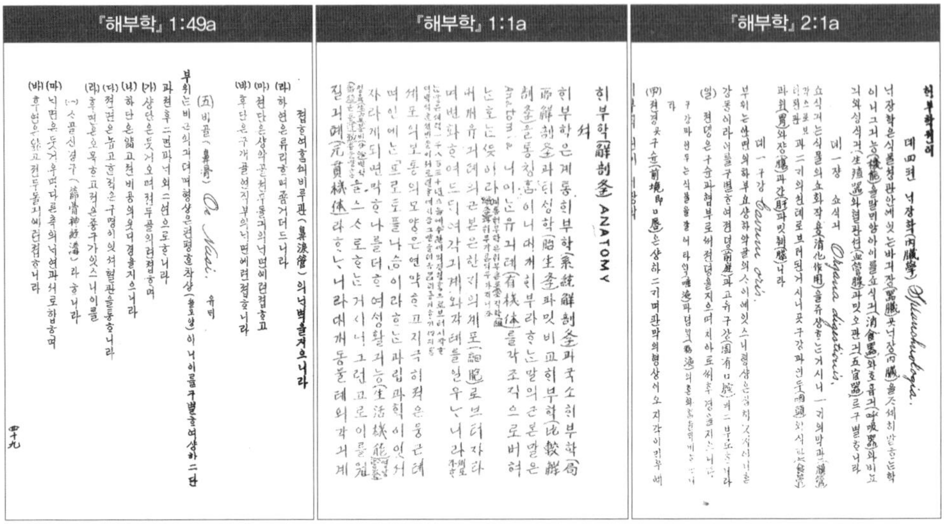

그림 2 『해부학』 권1과 권2의 초판 비교

에 바뀐 것으로 보인다.

책의 내지 중앙에는 '히부학 권一'이라고 되어 있고, 그 양옆에는 번역자와 교열자, 출판연도, 출판처 등의 정보가 제시되어 있다. 제목 양옆의 정보들은 제목에 비해 작은 글자로 되어 있는데, 오른쪽에는 '대한국ᄉᆞ인 김필슌 번역', '대영국의ᄉᆞ어비신 교열', 왼쪽에는 '일천구빅륙년대한황셩 제즁원 츌판'이라고 적혀 있다. 그 뒷장에는 '이칙은 일본 의과대학 조교슈 금뎐속金田束씨가 져술ᄒᆞᆫ 칙을 번역ᄒᆞᆫ 거시니라'라고 적고 있어,이 책이 어떤 책을 저본으로 했는지 분명히 알 수 있다. 이러한 내용은 제중원『해부학』 권1~3에 모두 동일하게 나타난다.

이 책은 사침안정법四針眼訂法의 선장본線裝本이고 종이의 재질은 얇은 한지이다. 판심版心에는 서명書名과 권차 그리고 편명篇名 또는 장절章節의 제목을 보이고 하단에 장차張次를 제시하였다. 책 표지는 전통적인 방식

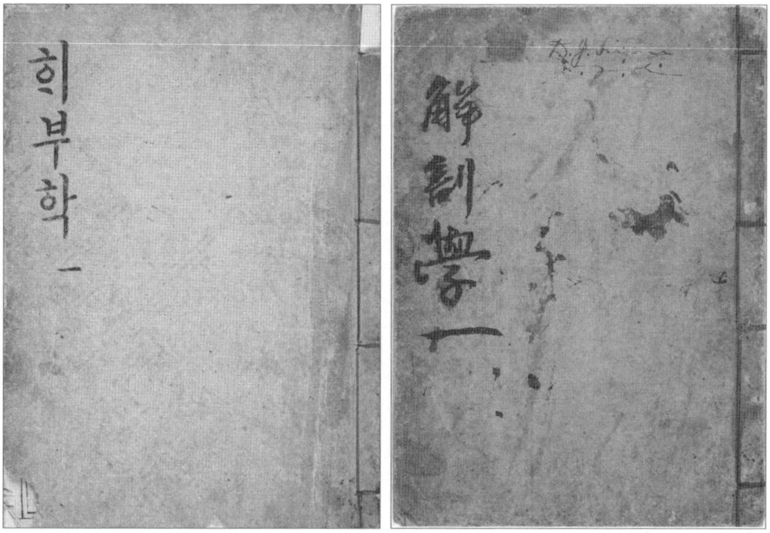

그림 3 『해부학』 권1 초판의 표지 비교. 서울대병원본(좌), 국립한글박물관본(우)

으로 황염黃染을 하고 능화판을 이용해 무늬를 넣었다. 책을 철하는 실은 권1의 경우 홍사紅絲를, 권2, 3의 경우 표지 색과 거의 비슷한 황사黃絲를 이용하였다.[8]

그런데 국립한글박물관본 『해부학』(1906) 권1~3에는 다른 기관 소장본과는 달리 이 책이 간행된 이후에 누군가 오류를 수정한 흔적이 남아 있다. 제중원 『해부학』(1906)의 저본이 된 이마다의 『실용해부학』을 번역하는 과정에서 일부 빠뜨린 내용을 보충하거나 잘못 적은 것을 바로잡은 것이다.[9] 가령 권1에서는 저본에 없는 설명을 추가하면서 잘못된 정보를 제

8 제중원 『해부학』(1906)의 일반적인 서지사항에 관해서는 박형우·박준형(2006) 참조.

9 국립한글박물관 소장 『해부학』 권2의 가필 흔적과 외래어 표기 관련 특성 등은 국립한글박물관 소장자료총서 작업을 함께 진행한 최진 선생님(서울대학교 국어국문학과 박사과정 수료)의 도움을 받았음을 밝혀 둔다.

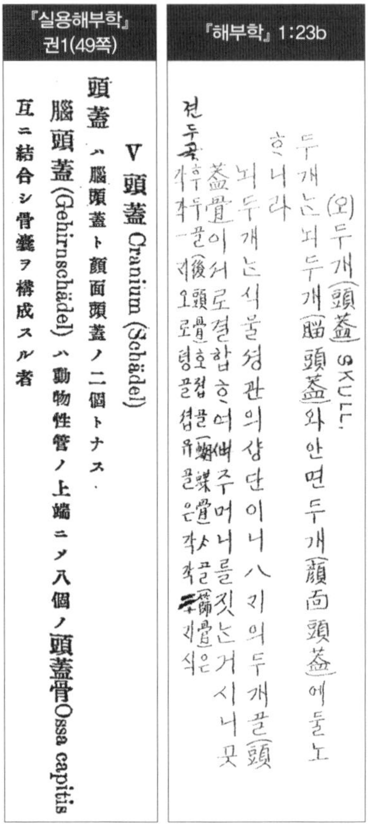

그림 4 국립한글박물관본 『해부학』 권1의 오류 수정 흔적

시했는데 이후에 바로잡은 흔적이 있다. '후두골(後頭骨) 호졉골(蝴蝶骨) ᄉᆞ골(篩骨)은 각각 一ㄱ이오 로뎡골 셥유골은 각각 三ㄱ식'〈1:23b〉으로 되어 있는 문장에서 제일 앞에 '젼두골'을 추가하고, 숫자 '三'을 '二'로 바꾸어 '젼두골 후두골(後頭骨) 호졉골(蝴蝶骨) ᄉᆞ골(篩骨)은 각각 一ㄱ이오 로뎡골 셥유골은 각각 二ㄱ식'이 되도록 하였다.[10]

권2도 권1에서와 마찬가지로 가필한 흔적이 발견된다. 가장 빈번하게 보이는 유형은 이마다 원서와 내용이나 표현이 일치하도록 적은 것이다. 이마다 원서의 내용 중 제중원 『해부학』(1906)의 편찬자가 빠뜨린 내용을 적어 넣거나 잘못 번역한 것을 수정한 경우도 있고, 고유어로 번역한 표현 옆에 이마다 원서의 한자어를 적어 넣은 것도 있다.

그림 5는 이마다 원서를 번역하는 과정에서 빠뜨린 내용을 누군가가 적어 넣은 예이다. 이마다 원서의 'Ⅰ外層ハ强厚ニメ白膜及角膜ノ二部

10 이 글에서 참고한 이마다 『실용해부학』은 국립중앙도서관 소장본(구 조선총독부 도서관 소장)으로, 권1은 1928년(28판), 권2와 권3은 1909년(16판)에 발행된 것이다.

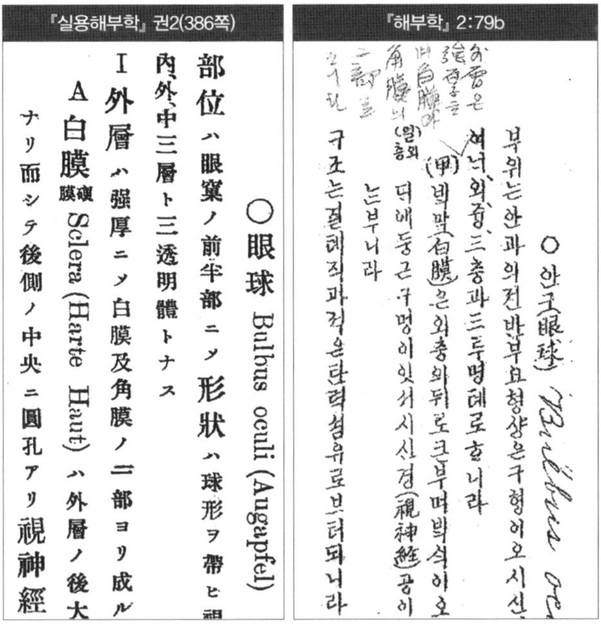

그림 5　국립한글박물관본 『해부학』 권2의 가필 흔적

ヨリ成ル'가 『해부학』 권2에는 빠져 있어 누군가가 삽입 표시를 하고 해당 내용을 번역하여 '外層은 强厚ᄒᆞ며 白膜과 角膜의 二部로 ᄒᆞ니라'라고 적어 놓았다.

이러한 예는 『해부학』 권3에서도 다수 발견된다. '뎨一 ᄐᆡ싱의 처음의 심장은 ᄒᆞᆫ ᄀᆡ의 막관이오 방과 실의 구별이 본ᄅᆡ 업고 샹단의 二ᄀᆡ의 동ᄆᆡᆨ궁이 잇고 二ᄀᆡ의 졔장졍ᄆᆡᆨ이 잇ᄂᆞ니라'〈3:13a〉라고 설명한 부분에서 '샹단의 二ᄀᆡ의 동ᄆᆡᆨ궁이 잇고' 뒤에 삽입 표시를 하고 '하단'이라고 적어 놓았다. 뒤에 이어지는 내용이 '샹단'이 아닌 '하단'에 해당하는 것임을 보이려고 한 것이다.

이마다 원서를 잘못 번역한 것을 옳게 고치기도 하였다. 이마다 원서의 '膓間膜根'을 『해부학』 권3에서 '쟝간막근膓間膜筋'〈2:69b〉으로 번역하였는데, 이후에 병기된 한자인 '筋'에 가위표를 하고 '根'을 가필한 흔적이 보인다. 이러한 예는 권3에 특히 많다. '뎨一 완골빅측동믹망腕骨背側動脉網'〈3:42a〉으로 번역한 것을 '완골장측동믹망腕骨掌側動脉網'으로 읽을 수 있도록 '빅'와 '背'에 빗금이나 가위표를 하고 그 옆에 '장'과 '掌'을 적어 놓았다.

원서의 내용과 다르게 번역한 부분을 원서와 평행하도록 수정하기도 하였다. 이마다 원서에서 '鉛直'은 '곳으며'〈2:73b〉로 번역되었지만 '곳으'를 지우고 '鉛直'이라고 적었다. 내용의 이해를 돕기 위해 가필한 예도 있다. '복막은 흔 기의 쟝익막낭이니'〈2:67a〉의 중간에 삽입 표시를 하고 복막의 특성인 '폐쇄흔'을 추가하여 '복막은 흔 기의 폐쇄흔 쟝익막낭이니'로 읽도록 수정하였다. '「커플나」'〈2:97b〉 아래에는 '穹隆'이라 적어 놓았는데, 이는 '커플나'의 원어 'Cupula'가 가진 뜻이다. 외래어 용어를 학습하는 과정에서 그것이 가진 뜻을 적어 둔 것이다.

이러한 가필 흔적은 국립한글박물관 소장 『해부학』 권1~3 전체에서 발견된다. 김필순과 에비슨이 『해부학』(1906)을 펴낼 때 자신들의 경험을 살려 이마다 원서에 없는 내용을 더하는 등 좋은 책을 만들기 위해 노력한 것은 높게 평가할 만하지만, 원서의 내용을 빠뜨리거나 한자음을 잘못 옮기는 등 적지 않은 오류가 생긴 것 또한 분명한 사실이다. 이러한 내용은 국립한글박물관 소장본의 가필 흔적을 통해 보다 분명히 확인할 수 있다.

그러나 제중원 『해부학』(1906)에 번역상의 오류가 발견된다고 하더라도 이 책 자체가 지니는 자료적 가치와 의미는 변함이 없다.

3. 제중원 『해부학』(1906)과 원서 등과의 비교

1) 이마다 쓰카누 『실용해부학』과의 비교

제중원에서 간행된 『해부학』 권1~3(1906)은 원래 에비슨이 한국인 조수의 도움을 받아 영국의 그레이Henry Gray가 쓴 『해부학(*Anatomy of the Human Body*)』을 번역하여 펴내려고 두 차례나 시도하였으나 완성된 번역 원고가 없어지거나 불타버리는 등 우여곡절을 겪은 후, 이마다의 『실용해부학』을 번역하여 펴내게 된 것이다.

그러나 이 책은 단순히 일본의 해부학 책을 한글로 그대로 옮기기만 한 것은 아니다. 에비슨과 김필순은 서양의학서를 통해 얻은 지식을 바탕으로 『실용해부학』에는 없는 내용을 추가하는 등 수정·보완을 거쳐 우리말 해부학 교과서 3권을 완성하였다. 또한 대부분 한글로 풀어 기술하고 있으며, 낯선 용어는 괄호 안에 한자어를 넣어 이해를 돕고자 하였다.

이러한 특성은 박형우·박준형(2006), 김경호(2007), 박형우(2008), 김성은·가나즈 히데미(2014), 김성은(2017), 강지혜, 권미연(2017) 등의 연구에서 밝혀진 것들이다. 특히 박형우·박준형(2006)은 『실용해부학』의 그림과 대조하여 『해부학』(1906)에서 삭제된 것과 추가된 것을 기술하였으나 본문 내용까지는 살피지 못하였다. 그런데 본문에서 실제로 어떤 내용이 추가되었는지 살펴보면 꽤 흥미로운 것들이 많다.

가령 『해부학』 권1의 총론에서는 뼈의 주성분을 언급하면서 유기성분과 무기성분에 대해 상세히 설명하고 있는데, 뼛조각을 불에 넣거나 산화액에 넣었을 때 유기질과 무기질이 달리 반응한다는 내용을 덧붙여 그 차이를 분명히 기술하였다. 다음 인용한 설명에서 밑줄 친 부분은 『해부학』 권1에서 이마다의 『실용해부학』에 없는 내용을 추가한 것이다.

【어린 ᄋᆞ히ᄂᆞᆫ 유긔질이 만흔 고로 휘고 굽으러지기가 쉽고 로인의게ᄂᆞᆫ 무긔질이 만흔 고로 부러지고 부스러질 염려가 잇스며 ᄯᅩ 어리지도 아니ᄒᆞ고 늙지도 아니ᄒᆞ여 뎍즁ᄒᆞᆫ 사ᄅᆞᆷ의 ᄲᅧᄂᆞᆫ 무긔질이 ᄇᆡᆨ분 즁에 ᄉᆞ십 분으로 륙십 분ᄭᆞ지 되ᄂᆞ니라 만일 ᄲᅧ의 무긔질과 유긔질노 된 거슬 알고져 ᄒᆞᆯ ᄯᅢᄂᆞᆫ 아모 ᄲᅧ던지 ᄒᆞᆫ 조각을 취ᄒᆞ여 불에 너흐면 유긔질은 가연셩인 고로 다 ᄐᆞ셔 업서지고 무긔질만 숫츠로 ᄂᆞᆷ어 잇슬 거시오 ᄯᅩ 다른 ᄲᅧ ᄒᆞᆫ 조각을 취ᄒᆞ여 희박ᄒᆞᆫ 산ᄋᆡᆨ에 잠가 얼마 동안을 두면 무긔질은 녹아 ᄲᅧ로브터 ᄲᅡ지고 유긔질만 ᄂᆞᆷ어 노ᄭᅳᆫ과 ᄀᆞᆺ치 부드러워져셔 굽흐려도 부러지지 아니ᄒᆞᄂᆞ니라】〈1:7a〉

『해부학』 권2에서는 새롭게 추가된 것도 있지만 삭제된 것도 많다. 이마다의 『실용해부학』 가운데 주로 남녀 생식기와 관련된 내용을 제외하였다. 유방에 대한 설명 중 남자 유방과 회음(샅)에 관한 세부 설명이 번역되지 않았으며, 청기(귀)에서도 내이(속귀) 등에 관한 세부 내용이 번역되지 않았다. 『해부학』 권2에는 제95도에서 제183도까지 총 89개의 그림이 수록되어 있는데,[11] 제143도의 외음부는 이마다 원서의 것보다 더 상세하게 그렸다. 제97도의 유치乳齒와 제98도의 구성치久性齒는 원서에 없는 것을 삽입하고 설명까지 덧붙이고 있다.[12]

다음 인용한 내용은 소식기消食器 중에서 구강의 치아 부분에 대한 설명

11 박형우·박준형, 「한국에서 최초로 발간된 해부학 교과서와 편찬 배경」에서는 『해부학』 권2의 그림이 86개라고 하였으나 89개가 맞다. 이마다 원서 가운데 본문 내용 일부를 번역하지 않음으로써 관련 그림이 제외된 것도 있다. 원서에 있던 회음 관련 그림 8개와 청기 관련 그림 6개가 제외되었다.

12 안상호(安商浩, 1872-1927)의 『신편생리교과서』(1909), 43쪽에도 구성치에 대한 그림(제23도)이 수록되어 있다. 제중원 『해부학』 권2나 안상호의 『신편생리교과서』(1909)에서 어떤 자료를 참조하여 해당 내용을 추가하였는지는 앞으로 연구가 필요하다.

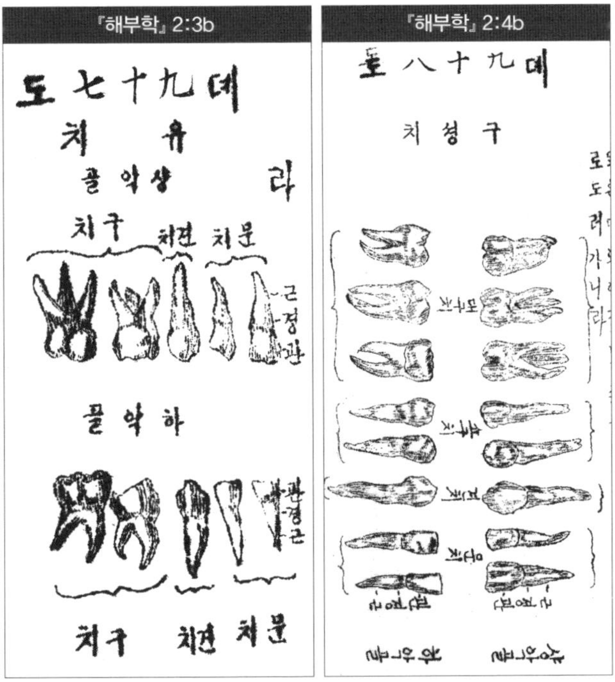

그림 6 『해부학』 권2의 유치와 구성치

으로, 밑줄 친 부분은 이마다 원서에 없는 내용이다. 먼저 지치智齒라는 이름의 유래와 관련된 설명을 추가하였다. 성인의 치아 개수는 사람에 따라 차이를 보이는데 적게는 28개에서 많게는 32개까지 난다. 보통 10대 후반에서 20대 초반에 나오는 입안 제일 안쪽의 큰어금니는 안 나는 경우도 있지만 최대 4개까지 나기도 한다. 서양에서는 이것을 보통 철이 들어 지혜가 생길 무렵에 난다고 하여 지치wisdom teeth라고 한다. 오늘날 우리나라에서 보통 '사랑니'라는 이름으로 불리는 이다. 그 뒤에 이어지는 내용은 제97도 유치乳齒에 관한 것으로, 유아의 왼쪽 위아래 치아 절반을 문치(앞니)부터 구치(어금니)까지 순서대로 보도록 안내하고 있다.

(四) 대구치(大臼齒)는 샹하가 각 六기식이니 관은 투ᄌ(骰子) 모양이오 근은 二기나 혹 三기로 갈나지니라 오직 뎨三대구치ᄂᆞᆫ 늣게 자ᄅᆞᄂᆞᆫ 고로 이를 지치(智齒)라 ᄒᆞᄂᆞ니 그 뜻은 사ᄅᆞᆷ의 지혜가 ᄉᆡᆼ길 ᄯᅢ를 당ᄒᆞ여 이 니가 남이니라 지치의 근은 둥근 송곳 모양이오 갈나짐이 드므니라

웃니와 아래니를 보이ᄂᆞᆫ 그림인데 ᄒᆞᆫ 편만 잇ᄂᆞᆫ 거시니 문치ᄂᆞᆫ 즁부에서 시작ᄒᆞ여 웬편으로 드러가ᄂᆞ니라 〈2:3b〉

제중원 『해부학』(1906)에는 김필순과 에비슨이 이마다의 『실용해부학』 외에 다른 해부학 책을 참조한 사실이 드러나는 부분도 있다. 이마다 원서에서 '미상결절'이라 하여 결절의 일종으로 본 부위에 대해서 다른 해부학에서는 '미상엽'이라 하여 엽의 일종으로 보기도 한다는 내용을 주석으로 덧붙이고 있다.

(四) 후엽(後葉) 혹 「쓰피겔니」씨엽 L. posk Spigelii은 ᄀᆞ쟝 적으며 횡구에 향ᄒᆞ여 좌우 二기의 결절을 ᄉᆡᆼᄒᆞ니 甲을 유취결절(乳嘴結節)이라 ᄒᆞ며 乙을 미상결절(尾狀結節)이라 ᄒᆞ니라【엇던 ᄒᆡ부학에는 미상결절도 ᄯᅩᄒᆞᆫ ᄒᆞᆫ 기의 엽으로 말ᄒᆞ여 이를 미상엽(尾狀葉)이라 ᄒᆞᆷ도 잇ᄂᆞ니라】〈2:18a〉

이마다의 『실용해부학』과 제중원 『해부학』(1906)에서는 본문에 기술되는 주요 용어에 대해 원어 정보를 수록하였는데, 『실용해부학』에서는 주로 라틴어 용어를 제시하였고 독일어 용어를 제시하기도 하였다.[13] 라틴어나 독일어 용어 중 하나만 제시한 것도 있고 둘 다 제시한 것도 있다. 그에

---

13 독일어 용어의 경우 괄호 안에 수록하였다.

반해 『해부학』(1906)에서는 일부 용어에 한해 원어 정보를 수록하고 영어나 라틴어 용어를 제시하였다.

선행연구 가운데 김경호(2004)와 김성은(2017)은 제중원 『해부학』(1906)에서 영어 용어만을 제시한 것으로 잘못 기술하였는데, 이는 『해부학』 권1의 일부만을 관찰했기 때문에 생긴 오류이다. 권1에서는 영어와 라틴어 용어를 둘 다 수록하거나 영어 혹은 라틴어 용어만 수록한 예가 발견된다. '셜골'이나 '후두골' 등은 'Os Hyoides. Hyoid Bone'〈1:22b〉, 'Occipital. Bone. Os. Occipitis'〈1:23b〉와 같이 영어와 라틴어 용어를 병기하고 있으며, '로명골' 등은 'OS Parietale'〈1:40a〉와 같이 라틴어 용어를 제시하고 있다.

『해부학』 권2와 권3에서는 권1과는 달리 라틴어 용어를 수록하고 있다. '니장학內臟學'의 경우 'Splanchnologia'〈2:1a〉, '혈관학血管學'은 'Angiologie'〈3:1a〉, '동믹'은 'Arteriae'〈3:14b〉를 제시하고 있다. '연슈延髓 Medulla oblongata'〈3:85b〉와 같이 라틴어에서 차용된 영어 용어가 제시된 것도 있지만 라틴어와 달라진, 영어 용어만을 제시한 것은 보이지 않는다. 『해부학』 권2와 권3에 수록된 용어의 원어 정보는 『실용해부학』의 것과 대부분 유사하다.[14]

제중원 『해부학』(1906)을 펴낼 때 이마다 원서에 없는 영어 용어를 제시한 것은 김경호(2004)와 김성은(2017)이 지적한 것처럼 에비슨의 학문적 기

---

14 '「님프」관'에 대해 제중원 『해부학』(1906)은 'Vasa lymphatica'〈3:74a〉, 이마다의 『실용해부학』은 'Vasa lymphatica(Lymphgefässe)'〈3:570〉로 되어 있거나, '니쟝골동믹'에 대해 『해부학』에서 'A. iliaca s. hypogastrica'〈3:48b〉, 『실용해부학』에서 'A. iliaca interna s. hypogastrica'〈3:526〉로 되어 있는 정도의 차이를 보인다.

반이 영미권이었기 때문일 것이다.[15] 그럼에도 에비슨과 김필순은 『해부학』 권1을 펴내면서 영어 용어나 라틴어 용어 중 하나를 제시하거나 둘 다 제시하는 유연함을 보였다. 그런데 『해부학』 권2와 권3에서는 라틴어 용어만 제시하고 있다. 『해부학』 권1과 권2, 권3을 번역할 때 에비슨의 관여도에 차이가 있었던 것은 아닐까 싶지만 그 이유를 명확히 설명하려면 다른 추가 자료가 확보되어야 할 것이다.

한편 이마다의 『실용해부학』에서는 원어 정보와 관련한 오류가 발견되는데, 『해부학』(1906)에서 그러한 잘못을 바로잡은 것이 있다. 가령 이마다 『실용해부학』에서는 '이샹근耳上筋'에 대해 기술하면서 대응되는 원어로 'M. auricularis posterior'를 제시하였는데, 이는 바로 뒤에 기술되는 '이후근耳後筋'에 대응되는 원어를 잘못 적은 것이다. 『해부학』(1906)에서는 '이샹근耳上筋'에 대해 기술하면서 대응되는 원어로 'M. auricularis superior' 〈2:119a〉를 맞게 제시하였다.

『해부학』(1906)에 기술된 의학용어에는 중국이나 일본에서 비롯된 한자어가 많다. 그렇지만 용어에 대한 설명은 쉬운 한글로 표현하고자 하였고, 또 어려운 한자어 옆에는 익숙한 한자어나 고유어를 함께 적어 이해를 돕기도 하였다. 원서의 '脊柱'를 한글로 '척쥬'〈1:11b〉라고 옮기고 그 옆에 '등쌔'를 함께 적거나 원서의 '耳後'를 한글로 '이후'〈3:126a〉라고 적고 옆에 고유어 '귀뒤'를 병기하기도 하였다.

'무지拇指엄지손가락'〈1:65a〉, '투ᄌᆞ骰子쥬ᄉᆞ위'〈1:65a〉와 같이 한자어

15 김성은, 「근대 조선의 선교의료와 번역: 일본어 『実用解剖学』에서 한국어 『해부학』으로」, 『일본어교육』 79, 2017에서는 에비슨이 라틴어와 독일어 용어 대신 영어 용어를 제시한 이유가 자신의 학문적 기반인 영미의학에 기초하여 의학교육을 하고자 했기 때문이라고 보았다.

를 한글로 적되, 괄호 안에 한자를 넣고 작은 글씨로 쉬운 한글 표현을 함께 적은 예도 보인다. '「니라」(녯적 풍악긔계)' 〈3:101a〉와 같이 원어 'Lyra'를 음차하여 한글로 옮기고 한글 표현으로 풀이한 것도 있다. 이처럼 제중원 『해부학』(1906)은 낯설고 어려운 개념을 한글로 풀어 설명함으로써 새로운 학문인 서양의학이 자연스럽게 뿌리내릴 수 있도록 하였다.

2) 의학교 『해부학』(1907)과의 비교

이마다의 『실용해부학』을 한글로 번역한 것으로는 제중원 『해부학』(1906) 외에 의학교 『해부학』(1907)이 있다.[16] 1899년에 문을 연 근대식 국립교육기관인 의학교에서는 이마다 『실용해부학』 권1~3을 번역하여 1907년에 1책으로 간행하였다. 탁지부 인쇄국에서 찍은 양장본으로, 교사 고다케小竹가 추린 『실용해부학』의 내용을 유병필이 번역한 것이다. 이 책은 민영소의 축하글과 당시 의학교 교장이었던 지석영의 서문, 그리고 목차, 본문으로 구성되어 있다.

제중원 『해부학』과 의학교 『해부학』은 여러 가지로 차이를 보인다. 우선 제중원 『해부학』에는 목차는 없지만 그림이 수록되어 있고, 의학교 『해부학』에는 목차가 있는 반면 그림이 없다. 또한 제중원 『해부학』에는 용어에 대한 원어 정보가 일부 수록되어 있지만, 의학교 『해부학』에는 제시되어 있지 않다. 제중원 『해부학』과 의학교 『해부학』의 이러한 특성은 박형우·박준형(2006), 박형우(2008) 등이 소개한 바 있다.

그런데 해부학을 이해하기 위해서는 신체에 대한 설명뿐 아니라 관련

---

16 의학교 『해부학』(1907)은 현재 세종대 도서관, 서울대병원 의학역사문화원, 국립한글박물관 세 곳에 소장되어 있다.

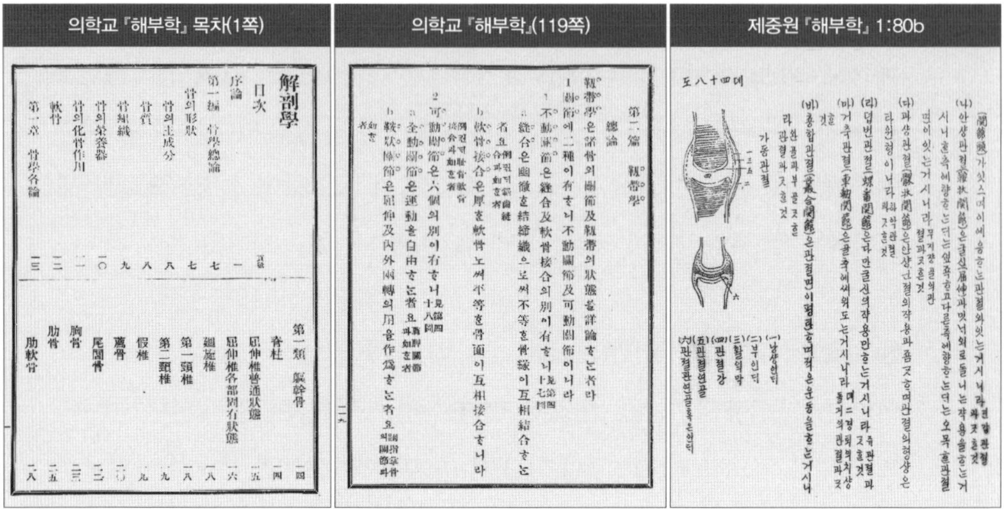

그림 7 의학교 『해부학』과 제중원 『해부학』 비교

그림이 꼭 필요하다. 의학교 『해부학』에서 신체 부위와 관련된 기술 아래에 특정 그림을 보도록 '可動關節은六個의別이有ᄒᆞ니【見第四十八圖】〈119쪽〉와 같이 부가 정보를 제시하고 있다. 그런데 그림 번호가 이마다 원서의 것과 일치한다. 이를 보면 의학교에서는 해부학을 공부할 때 이마다 『실용해부학』을 함께 보았을 가능성도 있다.[17]

제중원 『해부학』은 이마다 『실용해부학』을 직역하기보다는 쉬운 우리말로 풀어 설명하거나 내용을 수정, 보완하기도 하였는데, 의학교 『해부학』은 상대적으로 원서에 충실한 번역을 하였다. 특히 표기의 측면에서 국

17 박형우, 「제중원에서 출간된 『해부학』의 의학사적 의미」, 『해부학 1 주석편』, 소장자료 총서 3(국립한글박물관, 2016)에서 언급한 것처럼 별도의 부도가 있었을 가능성도 있으나 두 가지 가능성 모두 현재로서는 확실치 않다.

한문을 혼용하는 방식을 택하였는데, 이는 일본어 문장을 한글 문장으로 직역하기에 용이한 문체였기 때문이다.

분할작용을 말ᄆᆡ암아ᄂᆞᆫ 비포도 ᄯᅩᄒᆞᆫ ᄀᆞᆺ치 ᄂᆞᆫ호이리니 후에 ᄂᆡ층의 셰쇼구ᄂᆞᆫ 류동ᄋᆡᆨ流動液이 되나 외층은 이에 좀 ᄂᆞᆷ아셔 비피胚皮가 되며 〈해부학 1:2a〉(제중원)

第三 分割作用을 由ᄒᆞ야ᄂᆞᆫ 胚胞도 亦共히 分割ᄒᆞ리니 而後에 內層의 細小球ᄂᆞᆫ 流動液을 成ᄒᆞᄂᆞ니라 第四 流動液이 되야도 外層은 仍然遺留ᄒᆞ야 胚皮를 成ᄒᆞ니이라 〈해부학 2쪽〉(의학교)

이 예를 보면 의학교 『해부학』에서는 조사나 어미를 제외하고는 거의 한자어를 사용하였고 국한문 혼용을 한 데 반해, 제중원 『해부학』에서는 '말ᄆᆡ암-', 'ᄂᆞᆫ호이-' 등과 같이 가급적 쉬운 한글로 바꾸려고 노력하였고 한자어를 사용했더라도 한글로 적었음을 알 수 있다. 또한 어려운 한자어의 경우 이해를 돕기 위해 괄호 안에 한자어를 넣었다.

이러한 차이는 박형우·박준형(2006) 등의 연구를 통해 잘 알려져 있는데, 이러한 점 외에도 제중원 『해부학』과 의학교 『해부학』은 외래어 표기에서 차이를 보인다. 이마다의 『실용해부학』에는 인명에서 비롯된 의학 용어가 다수 등장하는데, 동일한 용어가 제중원 『해부학』과 의학교 『해부학』에서 각각 달리 표기되었다. 둘 다 한국어의 말소리 특성을 반영하되, 에비슨이 교열한 제중원 『해부학』에서는 영어식 발음에 가깝게 표기되었고, 원서에 충실한 번역을 한 의학교 『해부학』에서는 일본어식 발음에 가깝게 표기되었다. 관련 사례는 표 2와 같다.

'Protoplasm'에 대해 제중원 『해부학』에서는 '프로토플나슴'〈1:1a〉, 의

표 2 제중원 『해부학』 권1과 의학교 『해부학』의 외래어 표기 비교

제중원 『해부학』 권1	의학교 『해부학』	『실용해부학』 권1	비고[18]
프로토플나슴〈1a〉	부로도쌰라수마〈1쪽〉	プロトプラスマ〈서1쪽〉	Protoplasm [próutəplæzm]
하버쓰씨관〈8a〉	하우엘스氏管〈9쪽〉	ハウェルス氏〈8쪽〉	영국인 하버스(Havers)
「쎄듸안」씨관〈30b〉	쌰이지안氏管〈41쪽〉	ヴイジアン氏〈39쪽〉	이탈리아인 비디우스(Vidus)
「쓸나쎠」씨파렬〈38a〉	쑤라셜氏破裂〈51쪽〉	グラセル氏破裂〈50쪽〉	스위스인 글레이저(Glaser)
「팔노피」씨관렬공〈38a〉	후아로피이氏管裂孔〈51쪽〉	フアロピー氏管裂孔〈50쪽〉	팔로피오(Falloppio)
「포팟」씨인듸〈110a〉	포팔도氏韌帶〈159쪽〉	ポーパルト氏韌帶〈164쪽〉	프랑스인 푸파르(Poupart)
「찜쌔낫」씨인듸〈110a〉	낀쏄나아도氏韌帶〈160쪽〉 낀쏄나－도氏韌帶〈159쪽〉	ギンベルナート氏韌帶〈164쪽〉	스페인인 힘베르나트(Gimbernat)
「써글나쓰」씨반월샹션〈110b〉	또쑤라스氏半月狀線〈159쪽〉	ドーグラス氏半月狀線〈165쪽〉	스코틀랜드인 더글라스(Douglas)

학교 『해부학』에서는 '부로도쌰라수마'〈1쪽〉로 적고 있는데, 여기에는 한 음절의 최대 구조가 C+V+C(자음+모음+자음)인 한국어와 C+V(자음+모음)가 최대인 일본어의 특성이 반영되어 있다. 이탈리아인 'Vidus'를 포함한 용어

18 동일 인명에 대한 표기가 한 문헌 내에서 조금씩 달리 나타나기도 한다. 가령 제중원 『해부학』에서 '쎄듸안'의 경우 '쎅듸아', '비듸아'로도 나타난다(「쎄듸안」씨관〈1:30b〉, 「쎄듸아」씨관〈1:56a〉, 「비듸아」씨관〈1:58b〉, 「쎄듸아」씨신경〈1:55a〉).

의 경우, 제중원 『해부학』에서는 '「쎄듸안」씨관'〈1:30b〉, 의학교 『해부학』에서는 '쌔이지안氏管'〈41쪽〉으로 적어 국어에 없는 외국어의 유성 자음 'v'를 된소리에 가깝게 이해한 당시 국어의 표기 경향을 반영하고 있다.[19]

그런데 제중원 『해부학』 권2에서는 권1과는 달리, 인명 등에서 의학교 『해부학』과 마찬가지로 이마다 원서의 일본어식 발음에 가깝게 적은 한글 표기가 발견된다.

표 3은 제중원 『해부학』 권2와 이마다 『실용해부학』 권2의 외래어 표기를 비교한 것이다. 이 가운데 '「포파루도」씨인딕'〈2:51a〉는 제중원 『해부학』 권1에서는 '「포팟」씨인딕'〈1:110a〉로 나타났었는데, 권2에서는 이마다 원서의 일본어식 발음에 가깝게 표기되었다. 이 용어는 프랑스 의사 'Poupart'의 이름을 딴 명칭으로, 이를 원지음 기준인 현대 외래어 표기법에 따라 적으면 '푸파르'가 된다. '「후에루쿠손」씨즈궁경'〈2:89b〉은 스코틀랜드 의사 'Fergusson'의 이름을 딴 명칭으로, 현대의 외래어 표기법에 따라 적으면 '퍼거슨'이 된다.

표 3에서 볼 수 있는 제중원 『해부학』 권2의 외래어 표기 예들은 이마다 원서에서 원어가 병기되지 않았다는 공통점이 있다. 대응되는 원어를 바로 확인하기 어려웠기 때문에 제중원 『해부학』의 편찬자들은 이마다 원서의 외래어를 일본어식 발음대로 옮기는 방법을 택했을 것이다. 권1에서 영어식 발음에 가까운 '「포팟」씨인딕'로 표기되었던 용어가, 권2에서 일본어식 발음에 가까운 '「포파루도」씨인딕'로 표기되었던 것은, 전자는 이마다 원서에 관련 원어 정보가 로마자로 제시되어 있었고 후자는 그렇지 않

19 외국 인명 등을 국제 음성 기호로 적거나 현재의 외래어 표기법에 따라 한글로 적은 것이다. 현행 외래어 표기법은 원지음을 기준으로 하고 있다.

표 3 제중원 『해부학』 권2와 이마다 『실용해부학』의 외래어 표기

제중원 『해부학』 권2	『실용해부학』 권2*	의학교 『해부학』	비고
「지쓰구」씨〈33a〉	チック氏〈283쪽〉[지쓰쿠]		
「도레파나지온」〈34b〉	トレパナチオン〈284쪽〉 [도레파나치온]		Trepanation [trɪ|pæn]
「리우진께루」씨〈35a〉	リウジンゲル〈285쪽〉 [리우진게루]		
「포파루도」씨인딕 〈51a〉	ポーパルト氏靭帶 〈317쪽〉[포파루토]	포팔도氏靭帶 〈159쪽〉	프랑스인 푸파르(Poupart)
「후에루쿠손」씨ᄌ궁경 〈57a〉	フエルグソン氏子宮鏡 〈329쪽〉[후에루구손]		스코틀랜드인 퍼거슨(Fergusson)
「호루레루」씨근〈89b〉	ホルネル氏筋〈405쪽〉 [호루네루]		

* 표기 특성을 쉽게 확인할 수 있도록 『실용해부학』의 가타카나를 현행 외래어 표기법에 따라 한글로 적어 [ ] 안에 함께 제시하였다.

표 4 제중원 『해부학』 권2와 의학교 『해부학』의 외래어 표기

제중원 『해부학』 권2	『실용해부학』 권2	의학교 『해부학』	비고
「니쎄킨」씨션〈17b〉	リーベルキュン氏腺 (Lieberkühn'sche Drüsen) 〈252쪽〉 [리베르퀸]	「리-쎌균」氏腺 〈230쪽〉	독일인 리베르퀸 (Lieberkühn)
「리트리」씨션〈41a〉	リッテル氏腺 Gl. Litrii 〈297쪽〉 [릿테루]	「릿겔」氏腺 〈259쪽〉	프랑스인 리트레(Littré)
「울프」씨톄〈60a〉	ウォルフ氏體 (Wolff'sche Gänge) 〈334쪽〉 [워루후]		독일인 볼프(Wolff)
「페팃」씨관〈84b〉	ペチット氏管 Canalis Petiti 〈396쪽〉 [페칫토]	「페짓도」氏管 〈84b〉	프랑스인 프티(Petit)
「니스너」씨막〈98b〉	ライスネル氏膜 Membrana Reisneris. 〈425쪽〉 [라이스네루]	「라이스넬」氏膜 〈335쪽〉	독일인 라이스너 (Reissner)

았기 때문으로 볼 수 있다.

이마다 원서에서 원어가 병기된 예는 표 4에서 보듯이 영어식 발음에 가깝게 표기되어 있다. 표 4는 이마다의 『실용해부학』 권2에서 원어가 병기된 예를 중심으로 이마다 원서와 제중원 『해부학』 권2의 외래어 표기를 비교한 것이다. 표 4에 제시된 용어는 영미권이 아닌 독일이나 프랑스의 인명 관련 용어이다. 제중원 『해부학』 권2의 외래어 표기를 이마다의 『실용해부학』 권2, 비고의 오늘날 외래어 표기와 비교해 보면 제중원 『해부학』의 인명 관련 용어 표기가 원지음이 아니라 영어식 발음으로 적은 것임을 알 수 있다.[20] 이는 제중원 『해부학』의 편찬자 에비슨의 학문적 기반이 영미권이기 때문에 나타난 자연스러운 현상이라 할 수 있다.

4. 맺음말

1906년에 대한황성제중원에서 간행한 최초의 한글 해부학 교과서 『해부학』은 서양의학을 한글로 수용하여 서양의학의 토착화에 기여했다는 점에서 큰 의의를 지닌다. 기존 연구에서는 『해부학』(1906)의 서지적 특성과 번역 배경, 이마다 원서와의 차이점 등이 밝혀졌으며, 책의 편찬자인 김필순과 에비슨이 책의 저본인 이마다 쓰카누의 『실용해부학』을 그대로 번역하지 않고, 낯선 개념을 한글로 쉽게 풀어 설명하고 자신들의 경험을 더하여

20 이 외에도 제중원 『해부학』의 경우, 'R'이나 'L'로 시작하는 단어를 'ㄹ' 또는 'ㄴ'으로 적고 있는 반면, 의학교 『해부학』에서는 『실용해부학』 가타카나의 영향을 받아 거의 'ㄹ'로 적고 있음을 확인할 수 있다(「리-뻴균」氏腺〈230쪽〉, 「라이스넬」氏膜〈335쪽〉).

원서에 없는 설명을 보충하기도 하였다는 점 등이 강조되어 왔다.

그러나 『해부학』(1906)에서 이마다의 『실용해부학』에 없는 어떤 설명이 추가되고 보완되었는지에 대한 관찰은 수록된 그림 대조를 통해서만 소략하게 제시되었다. 이 글에서는 『해부학』(1906)과 『실용해부학』을 면밀히 대조하고 구체적인 예를 들어 보임으로써 『해부학』의 특성을 밝히고자 하였다. 그 결과 기존에 논의되었던 사항 외에 『실용해부학』의 원어 정보 오류를 『해부학』(1906)에서 바로잡기도 하였으며, 어려운 한자어 용어를 잘 알려진 쉬운 표현을 부가하여 설명하기도 했음을 확인할 수 있었다. 기존 연구에서 소개된 것과 달리, 『해부학』(1906)에 제시된 의학용어 관련 원어가 영어 외에 라틴어 용어도 제시되어 있음을 확인하였고, 『해부학』 권 2, 3에서는 라틴어 용어가 제시되었음을 확인하였다.

또한 최근에 새롭게 알려진 국립한글박물관 소장 『해부학』(1906)의 서지적 특성을 함께 소개하면서 다른 기관 소장본과의 차이를 비교하기도 하였다. 국립한글박물관 소장본은 다른 기관 소장본과는 달리 이후에 누군가 가필한 흔적이 남아 있는데, 『실용해부학』과의 대조를 통해 『해부학』(1906)의 원문에 수정 표시를 한 것으로 보이는 내용이어서 번역 측면에서 특히 주목할 만한 점이 있었다. 제중원 『해부학』(1906)이 이마다의 『실용해부학』을 번역하면서 원서에 없는 설명을 보충하기도 하였지만 원서의 내용을 빠뜨리고 번역하거나 한자어를 잘못 옮기는 등의 실수를 하여 문맥에 맞지 않게 된 예가 많은 것도 확인할 수 있었다.

이마다의 『실용해부학』을 번역한 또 다른 해부학 교과서인 의학교 『해부학』과의 차이도 살펴보았다. 제중원 『해부학』이 이마다 『실용해부학』을 국문으로 쉽게 풀어 번역하였고, 의학교 『해부학』이 국한문 혼용으로 표기하여 원서를 직역에 가깝게 번역했다는 점 외에 외래어 표기에서도 큰 차이를 보임을 새롭게 밝혔다. 인명을 포함한 의학용어의 경우, 둘 다 국어의 말소리 특성을 반영하였으나 의학교 『해부학』에서는 일본어식 발음에 가깝게 적은 반면, 에비슨이 관여한 제중원 『해부학』(1906)에서는 영어식 발음에 가깝게 적었음을 알 수 있었다. 또한 이마다 원서에서 원어가 제시되지 않은 용어의 경우, 제중원 『해부학』(1906)에서도 일본어식 발음에 가깝게 적었음을 확인하였다.

이 글에서는 제중원 『해부학』(1906)의 국립한글박물관 소장본을 추가하여 타 기관 소장본과 비교하고, 『해부학』 권1~3을 이마다 『실용해부학』, 의학교 『해부학』과 대조함으로써 최초의 한글 해부학 교과서 『해부학』(1906)의 특성과 가치를 밝히는 데 한걸음 더 나아가고자 하였다. 그리하여 『해부학』(1906)에서 이마다 원서에 없는 어떤 내용을 새롭게 추가하였는지 구체적으로 확인할 수 있었으나 그것이 당시의 어떤 책을 참조한 것인지는 아직 밝히지 못하였다. 이는 한국의학사의 계보와 관련해서도 앞으로 반드시 연구해야 할 중요한 부분이다.

이 글에서는 제중원 『해부학』(1906)과 의학교 『해부학』의 외래어 표기를 이마다의 원서와 비교하면서 편찬자가 누구냐에 따라 동일 용어에 대한 표기가 달라질 수 있음을 확인하였는데, 이러한 비교는 『해부학』(1906)의 특성을 밝힘과 동시에 20세기 초 국어의 특성을 드러내는 일이기도 하다. 『해부학』(1906)은 외래어 표기법이 마련되어 있지 않았던 20세기 초에 국어에 없는 외국어 발음을 적기 위해 한글 자모를 어떤 방식으로 활용했는지를 살필 수 있는 좋은 자료이다. 비슷한 시기 다른 문헌과 비교한다면 당시의 외래어 표기 특성을 확인하는 데 도움이 될 것이다.

이 글에서는 미처 살피지 못했지만, 최초의 한글 해부학 교과서인 『해부학』(1906)을 통해 새롭게 수용된 의학용어가 몸을 나타내는 우리말 어휘체계를 어떻게 변화시켰는지를 살피는 연구도 꼭 필요하다. 『해부학』(1906)에서 서양의학의 낯선 개념을 수용하면서 몸을 가리키는 기존의 한글을 얼마나 수용하고 새롭게 변화시켰는지 살피고, 이를 비슷한 시기의 다른 해부학 교과서나 생리학·진단학 교과서 등의 어휘와 비교하는 것은 『해부학』(1906)의 또 다른 가치를 찾는 일이 될 것이다.

참고문헌

자료

김필순 번역, 에비슨 교열, 『해부학』 1~3, 대한황성제중원, 1906.

안상호, 『신편생리교과서』, 의진사, 1909.

연세대학교 의과대학 의사학과 엮음, 『제중원의학교과서 3』, 한국의사학총서 3, 아세아문화사, 2000.

今田束, 『實用解剖學』 1~3, 東京印刷, 1887－1888.

今田束著, 劉秉珌譯, 『解剖學』, 度支部 印刷局, 1907.

연구논저

강지혜·권미연, 「근대 서양의학 지식의 번역자 연구: 제중원 의학 교재 공동 번역자들의 가시성을 중심으로」, 『통번역학연구』 21-2, 2017.

고은숙, 「국립한글박물관 소장 『해부학』에 대하여: 권1을 중심으로」, 『해부학 1 주석편』, 소장자료총서 3, 국립한글박물관, 2016.

국립한글박물관, 『나는 몸이로소이다: 개화기 한글 해부학 이야기』, 2018년 기획특별전 도록, 국립한글박물관, 2018.

김경호, 「일본어에서 차용된 의학용어 조사 연구」, 『일본어문학』 33, 2007.

김성은, 「근대 조선의 선교의료와 번역: 일본어 『実用解剖学』에서 한국어 『해부학』으로」, 『일본어교육』 79, 2017.

김성은·가나즈 히데미, 「근대 의학 교육과 번역: 이마다 쓰카누의 『実用解剖学』 번역을 중심으로」, 『日本語文學』 64, 2014.

박준형·박형우, 「제중원에서 『약물학 상권, 무기질』의 번역과 그 의미」, 『의사학』 20-2, 2011.

박준형 · 박형우, 「홍석후의 『신편생리교과서』(1906) 번역과 그 의미」, 『의사학』 21-3, 2012.

박형우, 「우리나라 근대의학 도입 초기의 의학 서적」, 『의사학』 7-2, 1998.

박형우, 「제중원에서 출간된 『해부학』의 의학사적 의미」, 『해부학 1 주석편』, 소장자료 총서 3, 국립한글박물관, 2016.

박형우, 『한국 근대 서양의학 교육사』, 청년의사, 2008.

박형우 · 박준형, 「한국에서 최초로 발간된 해부학 교과서와 편찬 배경」, 『대한해부학회지』 39-6, 2006.

서홍관, 「우리나라 근대의학 초창기의 교과서들」, 『의사학』 3-1, 1994.

여인석, 「제중원과 세브란스 의전의 기초의학 교육과 연구」, 『연세의사학』 12-1, 2009.

여인석, 「한말 의학교과서 출판과 그 의미」, 『연세의사학』 9-1, 2005.

은희철 · 송영빈 · 정인혁, 『아름다운 우리말 의학 전문용어 만들기』, 커뮤니케이션북스, 2013.

제중원 의학 교과서의 의학사적 의미

여인석

1. 머리말

서양문명의 수용은 동아시아 각 나라의 근대화 과정에서 핵심적인 부분을 이룬다. 근대화는 곧 서양문명의 수용이라는 등식이 과도하다고 생각할 수도 있을 것이다. 그러나 서양문명의 수용과정을 빼고 동아시아의 근대화를 말하는 것이 불가능함 또한 엄연한 사실이다. 물론 동아시아에도 내재적 근대화의 단초가 있었다는 이야기는 할 수 있을 것이나, 그러한 단초가 전면적인 근대화로 역사 속에서 실현되지 않았다는 점에서, 그리고 현실적으로 실현된 근대화는 서양문명의 수용과정에서 이루어졌다는 점은 부인할 수 없는 사실이다.

여기서 동아시아가 수용한 서양문명의 내용이 무엇인가를 살펴볼 필요가 있다. 흔히 동아시아의 서양문명 수용 양상을 '동도서기東道西器'라는 말로 표현한다. 즉 동양의 정신적 가치의 바탕 위에서 서양의 물질문명을 수용한다는 의미이다. 여기서의 물질문명이란 서양의 과학기술문명을 말한다. 과학기술문명의 성과물은 무기, 기선, 각종 기계 등 가시적인 사물일 수 있다. 그래서 그것을 '서기西器'라고 표현했을 것이다. 그러나 '서기'는 저절로 생겨난 것이 아니다. 그것은 서양의 합리적인 과학정신, 다시 말해 '서도西道'의 바탕 위에서 생겨난 것이다. 따라서 동아시아가 수용한 것은 '서도'와 '서기' 모두라고 할 수 있다. '서도'를 모르고 '서기'를 온전히 이해할 수 없기 때문이다.

한편, 서도와 서기가 어떤 방식으로 수용되었는가를 구체적으로 살펴보는 일도 필요하다. 일반적으로 외래문물의 수용과정은 다양한 방식으로 나타날 수 있지만 편의상 수동적 수용 단계와 능동적 혹은 적극적 수용 단계로 나누어볼 수 있을 것이다. 수동적 수용 단계가 호기심의 차원에서 외래문물을 접하고 감상하는 단계라면, 능동적 수용 단계란 외래문물을 자신의 일부로 만들어 이용하기 위해 보다 적극적으로 받아들이는 단계라고 하겠다. 달리 표현한다면 수동적 수용 단계는 겉으로 나타난 서양의 문물, 즉 '서기'만을 받아들이는 단계로 볼 수 있을 것이다. 이 단계의 '서기'는 호기심의 대상에 머물며, 이런 방식의 서기 수용은 그 사회에 의미 있는 변화를 가져오기 어렵다. 이에 대해 적극적 수용 단계는 '서기'를 산출한 정신적 토대에 대한 이해를 바탕으로, 스스로 '서기'를 재생산하거나 그에 상응하는 생산물을 산출할 수 있는 수준에 도달한 단계이다.

서양문명이란 상당히 포괄적인 개념이다. 따라서 서양문명을 수용한다고 했을 때, 그것은 서양의 물리적인 제작물뿐 아니라 다양한 사회제도와 학문 등 눈에 보이지 않는 정신적 생산물의 수용까지도 포함한다. 그리고 수용의 폭과 깊이는 분야에 따라 상이하게 나타날 수밖에 없다.

이 짧은 글에서 서양문명 전체의 수용을 다루는 것은 불가능하고, 다만 서양의학에 한정하여 그것이 수용된 과정과 그 의미를 살펴보고자 한다. 그렇다면 무엇을 서양학문 수용의 기준으로 볼 수 있으며, 또한 어떤 기준에서 앞에서 말한 수동적 수용과 능동적 수용을 구별할 수 있는가 하는 문제가 제기된다. 이 역시 학문의 성격에 따라 조금씩 다른 기준의 적용이 가능할 수 있을 것이다. 그렇지만 학문의 일반적 속성상 그 사회에 존재하지 않았던 새로운 학문이나, 혹은 목적은 같더라도 전혀 다른 원리와 방법으로 접근하는 학문의 수용과정에서 어느 정도 공통적으로 추출 가능한 기준은 제시할 수 있다고 여겨진다.

학문은 언어를 매개로 이루어진다. 그리고 학문은 거의 예외 없이 그 내용을 책이라는 형태 안에 체계적 형태로 담는다. 어떤 외래학문의 본격적인 수용은 그 학문의 내용이 자국어로 소개될 뿐만 아니라, 자국어로 된 학술서적이 출판될 때 비로소 시작된다고 할 수 있다. 그런 의미에서 최초 서양의학의 도입 이후 한국어로 된 서양의학서적의 출현은 서양의학의 토착화를 단적으로 표현하는 상징적 사건이라 할 것이다. 이 글에서는 제중원의학교와 그 졸업생들을 통해 이루어진 서양의학의 주체적 수용과정을 의학 교과서의 번역과 출판을 중심으로 살펴보고자 한다.

2. 서양의학의 소개

서양의학이 동아시아에 처음 소개된 시점을 정확히 말하기는 어렵다. 이미 고대와 중세를 통해 약재무역과 같은 형태로 동서양의 의학이 서로 영향을 주고받았기 때문이다. 그러나 의학문헌을 통한 소개나 교류로 한정한다면 그 시기는 아래로 내려오게 된다. 서양의학을 포함한 서양학문이 동아시아에 본격적으로 소개된 것은 16세기 예수회가 중국에 대한 포교활동을 시작하며, 전교사들을 중국에 파견한 데서 비롯되었다. 이들 예수회 선교사들은 서양의 학문을 소개하고 이를 중국화하는 데 크게 공헌하였다. 이들은 특히 서양의 학술을 한문으로 된 서적으로 번역하여 서양학문이 동아시아의 지식인 사회에 퍼질 수 있는 결정적 계기를 마련했다.

명·청대에 서양의 학문을 중국에 전하는 데 큰 역할을 했던 이들로는 마테오 리치Matteo Ricci, 利瑪竇(1552-1610)를 위시하여 아담 샬J. A. Schall von Bell, 湯若望(1591-1666), 알레니Giulio Aleni(1582-1649) 등이 있었다. 이들은 중국 학자들의 도움을 받아 많은 학술서를 저술 내지 번역하였다. 그 내용은 물론 종교적인 것도 있었지만 서양과학에 대한 것도 적지 않았으며, 그중 상당수가 조선에도 들어와 지식인들에게 적지 않은 영향을 미쳤다. 서양과학에 관한 책들은 주로 소위 과학혁명 이후 서양에서 발전한 천문학이나 역법의 내용을 소개한 것이 주류를 이루었다. 역법은 중국 전통사회에서 중요한 의미를 가졌기에 서양 역법에 대한 관심은 컸다. 반면에 서학서들 가운데 생물학이나 의학에 관련된 내용은 드물었다. 그렇게 된 이유로는 몇 가지를 생각할 수 있을 것이다.

먼저 당시 서양의 과학 내에서도 학문들 간에 상당한 발전 차이가 있었음을 들 수 있을 것이다. 근대 이후 서양과학을 주도한 것은 수학적 방법론에 기초한 물리학이나 천문학이었고, 이들은 자연현상을 설명하는 데 탁월한 능력을 보였다. 그에 비해 생물학이나 의학은 중세적인 구각을 벗어나지 못하고 있었다. 생물학의 경우는 아직 학문으로 정립이 되지도 않은 상황이었고, 생물학 이전 단계라고 할 수 있는 자연사natural history나 박물학이 겨우 모습을 갖추어 가고 있는 상황이었다. 그에 비하면 중국의 생물학과 의학은 당시 서양의 수준을 뛰어넘는 발전을 이루고 있었다. 이시진李時珍(1518-1593)의 『본초강목本草綱目』(1596)을 접한 예수회 선교사들은 경탄을 금치 못하였고, 이를 번역하여 서양에 알렸다. 의학의 경우도 당시 중국은 자신들의 의학에 그다지 부족함을 느끼지 못하고 있었으므로 서양의 의학에 대한 요구나 관심이 크지 않았다. 다만 서양의 해부학은 중국의학에 없는 부분이므로 서양의학의 소개는 해부학을 중심으로 조금 이루어졌다. 그 대표적인 것이 테렌츠Johann Terrenz Schreck, 鄧玉函(1576-1630)가 펴낸 『태서인신설개泰西人身說概』와 『인신도설人身圖說』이었다. 그러나 이 책들은 다음에 말할 『주제군징主制群徵』(1629)과 같이 널리 읽히지는 못했다. 『주제군징』은 독일인 예수회 선교사 아담 샬이 저술한 책으로, 자연현상을 잘 관찰하면 신의 존재를 인정하지 않을 수 없다는 자연신학적 주장을 담고 있는 호교서이다. 이 책의 저자는 다양한 자연현상을 근거로 신의 존재를 주장하였다. 이 책에서 언급하고 있는 자연현상 가운데에는 인체에 대한 논의도 있었는데, 이는 고대 의학자 갈레노스Claudios Galenos(130-200?)에 기초를 둔 중세의 해부생리학 이론을 소개한 것이었다.

이 책은 중국뿐 아니라 조선에서도 지식인들 사이에 적지 않은 영향력을 미쳤다. 성호星湖 이익李翼(1682-1763)은 『성호사설星湖僿說』(1760년경) 서국의西國醫에서 서양의학이 중국의학에 비해 더욱 자세하다고 말하면서 『주제군징』의 내용을 간단히 정리하여 소개하였다. 또 오주五洲 이규경李圭景(1788-?)은 자신의 문집인 『오주연문장전산고五洲衍文長箋散稿』 권19(19세기 중엽)에서 '인체내외총상변증설人體內外總象辨證說'이라는 제목으로 『주제군징』에 실린 해부생리학적 내용을 소개하였다.

서양의학에 대해 보다 깊이 있는 관심을 가진 학자는 정약용과 최한기였다. 이들은 단지 서양의학을 소개하는 데에 그치지 않고 내용에 대한 깊이 있는 이해를 통해 서양의학의 합리성과 체계성을 높이 평가하였다. 다산茶山 정약용丁若鏞(1762-1836)은 『의령醫零』(1798)에서 음양오행론陰陽五行論의 타당성에 의문을 제기하며, 이에 기초를 두고 있는 한의학을 전면적으로 비판하였다. 그는 근시론近視論에서 원시遠視와 근시近視의 원인을 음양陰陽의 부족에서 찾는 기존의 한의학적 설명을 비판하고 근대 물리학의 광학 이론을 통해 설명하였다.[1] 또한 정약용은 스탠튼T. Stanton이 중국어로 번역한 『신증종두기법상실新證種痘奇法詳悉』을 『마과회통痲科會通(1798)』에 부록으로 소개함으로써 조선에 우두법牛痘法을 처음으로 소개하였다.

한편 혜강惠崗 최한기崔漢綺(1803-1879)는 중국에서 활동하던 영국인 선교의사 홉슨B. Hobson, 合信(1816-1873)이 한문으로 저술한 『전체신론全體新論』(1851), 『서의약론西醫略論』(1857), 『내과신설內科新說』(1858), 『부영신설婦嬰新說』(1858) 및 『박물신편博物新編』(1855) 등의 서양의학서적들을 전재하는 방식으로 『신기천험身機踐驗』(1866)을 저술했다. 그는 한의학이 음양오행陰陽五行이나 오운육기五運六氣와 같은 추상적이고 독단적인 이론으로 인간의 몸에서 일어나는 생리적·병리적 현상을 설명하는 것을 비판하고, 서양의학이 정확한 해부학 지식을 토대로 성립되어 있음을 높게 평가하였다.[2] 이처럼 조선 후기에 이르러 서양의학에 대한 관심을 가지는 일부 학자들이 생겨나고 있었지만, 이는 어디까지나 책을 통한 개인적 관심 차원을 벗어나지 않는 것이었다.

---

1 김대원, 「정약용의 의령」, 『한국보건사학회지』 2, 1992, 61-74쪽.

2 여인석, 「최한기의 의학사상」, 『의사학』 2-1, 1993, 66-79쪽.

3. 서양의학의 본격적 수용

1876년 개항과 함께 서양문물이 본격적으로 도입되기 시작했다. 1884년 9월 최초의 내한 선교사인 알렌이 입국하여 미국 공사관을 중심으로 의료 활동을 펼치다가 갑신정변에서 큰 상처를 입은 민영익을 성공적으로 치료해주었다. 이를 계기로 조정의 신임을 얻게 된 알렌은 병원설립제안서를 조선 정부에 제출했고, 이것이 받아들여져 1885년 4월 10일 최초의 서양식 병원 광혜원(제중원)이 세워졌다. 병원 설립 당시부터 의학생 양성을 목표로 했던 알렌은 이듬해인 1886년 3월 29일 제중원 내에 의학교를 설치하고 16명의 학생을 뽑아 본격적인 의학교육을 시작했다.

기록에 따르면 알렌은 먼저 학생들에게 영어를 가르친 다음 학생들이 영어에 익숙해지자 의학의 토대가 되는 수학·물리·화학 등 자연과학의 기초를 가르쳤다. 그리고 기초적인 자연과학 지식의 교수가 끝나자 본격적인 의학교육에 들어가 해부학·생리학·임상의학 등을 가르쳤다.[3] 이 기록에서는 해부학 교육을 위해 해부도와 골격표본을 사용했다는 언급은 있지만, 학생들이 어떤 교재로 공부했는지에 대한 언급은 없다. 따라서 정확한 내용은 알 수 없으나 학생들에게 먼저 영어를 가르친 후 교육을 시작한 것으로 보아 영어로 된 의학교재들을 사용한 것으로 추측된다. 현실적으로 한국어로 저술된 의학교재를 만들 수 있는 상황이 아니었던 만큼 외국어, 특히 영어로 된 교재를 이용해 교육이 이루어진 것으로 여겨진다.

이처럼 힘들게 시작된 의학교육은 아쉽게도 결실을 맺지 못했다. 다시

---

3 Quarto centenial papers read before the Korea Mission of the Presbyterian Church in the U. S. A. at the annual meeting in Pyeng Yang, August, 1909.

말해 처음 의학생으로 입학한 16명 가운데 공부를 마치고 의사로서 활동한 사람이 없었다. 최초의 의학교육이 결실을 맺지 못한 이유로는 여러 가지를 꼽을 수 있을 것이다. 우선 당시 외국어를 할 수 있는 인력이 많지 않았는데 의학공부를 위해 영어를 배운 이들 의학생들은 그들이 배운 영어 실력만으로도 좋은 일자리를 얻을 수 있었을 것이다. 따라서 구태여 오랜 기간 동안, 그것도 전통적인 조선 사회에서 그리 높이 평가하지 않던 의학 공부에 매달릴 이유가 없었을 것이다. 학생들 중 적지 않은 이들이 관리로 나아갔던 점을 생각해보면 이러한 상황을 쉽게 이해할 수 있다. 이러한 이유 이외에도 학생들이 낯선 외국어를 먼저 배우고 이를 바탕으로 다시 서양의학을 공부해야 했던 점도 의학교육이 지속되는 것을 방해한 요인의 하나였을 것이다.

4. 해부학 교과서의 번역과 출판

1886년 3월 29일에 시작된 의학교육은 이상에 언급한 이유로 오래 지속되지 못한 것으로 여겨진다. 이후 제중원의학교는 영어학교로 변질되는 등 우여곡절을 거쳤으며, 특히 빈튼Charles C. Vinton(1856-1936)이 맡는 동안 정부와의 갈등으로 제중원은 제대로 운영되지 못했다. 그러다가 1893년 에비슨이 제중원에 부임하고, 운영권이 선교부로 이관되면서 제중원의 운영은 정상을 되찾았다. 병원의 운영이 어느 정도 정상을 회복하자 에비슨은 학생 조수들을 뽑아 의학교육을 시작했다. 선교사로 내한하기 이전에 이미 토론토의과대학에서 교수로 활동했던 경험이 있는 에비슨은 의학교육에 남다른 열의를 갖고 있었다. 그는 먼저 자신의 일을 도울 조수를 뽑아 가르치기 시작했다. 그런데 조수의 수가 늘어나자 의학교육을 좀더 체계적인 방식으로 시킬 필요성이 커졌다. 이를 위해 무엇보다 시급한 일이 의학 교과서를 준비하는 일이었다.

캐나다에서 의과대학 교수로서 교육의 경험이 풍부했던 에비슨은 의학교육이 보다 효율적으로 이루어지기 위해서는 국문 의학교재의 편찬이 중요하다고 판단했다. 그는 먼저 서양의학의 기초가 되는 해부학 교과서 편찬에 착수했다. 직접 교재를 쓰기보다는 기존의 해부학 교과서를 번역하는 방안을 택했다. 번역작업을 위해 에비슨은 영어를 아는 젊은이를 찾아 그와 함께 당시 대표적인 해부학 교과서인 그레이Henry Gray(1828-1861) 『해부학』의 번역에 착수했다. 번역을 시작한 시기는 정확히 알 수 없으나 1897년경에는 이미 번역이 어느 정도 이루어졌던 것으로 보인다. 참고할 전례가 없는 상태에서 이루어진 최초의 해부학 교과서 번역은 당연히 쉬운 일이 아니었다. 그는 번역과정의 어려움을 아래와 같이 회고하였다.

> 우리가 그레이씨 저의 해부학을 번역하기 시작할 때 나는 조선말로 그 여러 가지 과학상 술어를 번역할 수 없음을 알고 어찌할 바를 몰랐다. 그래서 우리는 이 교과서를 번역만 할 뿐 아니라 새말을 만들지 않으면 아니 되었다. 따라서 우리는 과학상 여러 가지 술어를 번역과 함께 새로 만들어 내기 시작하였다. 나는 부족한 조선말을 가지고 번역하는 사람에게 그 원어의 뜻을 일러주면 번역하는 사람은 나의 설명을 들은 후에 한문글자로 그 뜻에 맞도록 문자를 만들어 내었다. 이 모양으로 번역하여 만든 교재를 가지고 학생에게 첫 공과를 가르쳤다. 이것도 맨 처음에는 한문으로 술어를 적당히 만들지 못하고 영어 음에 맞춰서 술어를 쓰되 한문자를 사용하여 다소간 그 본 의미를 나타내도록 한 것이다. 첫 공과의 준비를 가까스로 마치고 둘째 공과의 번역을 시작하였다. 첫 공과와

둘째 공과를 다 준비하여 가지고 가르칠 때에 김군의 도움을 받아서 끙끙대며 하던 양을 여러분이 잘 상상하여 아실 것이다.[4]

위 회고문을 보면 결코 쉽지 않았을 최초의 해부학 교과서 번역의 지난한 과정을 짐작해볼 수 있다. 에비슨이 토로하고 있듯이 가장 어려운 문제는 해부학 용어의 번역이었다. 서양의학에서 사용하는 많은 전문용어 가운데 인체의 각 부분을 지칭하는 해부학 용어의 비중은 절대적이다. 고대 그리스어나 라틴어와 같은 서양 고전어의 어휘를 근간으로 하는 각각의 해부학 용어에 대한 적절한 번역어를 찾거나 만들어내는 작업은 결코 쉬운 일이 아니었을 것이다. 에비슨은 영어와 한학에 조예가 있는 사람을 찾아 도움을 받았다. 에비슨이 그에게 영어로 용어의 의미를 설명하면 이를 그에 적합한 의미를 가지는 한자어로 조어를 하는 과정을 거쳐 용어가 만들어졌다. 후에는 일본과 중국에서 나온 해부학 서적을 참고하여 용어의 번역 문제를 비교적 용이하게 해결했지만, 이때에는 모든 용어를 새롭게 만드는 어려운 과정을 거쳤다.

사실 에비슨이 해부학 교과서 번역에 착수했을 무렵 중국과 일본에서는 이미 해부학 서적이 여러 종 나와 있었다. 일본은 특히 동아시아에서 해부학에 대해서는 가장 선구적이었다.[5] 야마와키 도요山脇東洋(1705-1762)는 1754년 일본에서 처음으로 남자 사형수의 시체를 해부하였고, 이후에도 몇 차례 더 인체 해부에 대한 경험을 쌓은 그는 이러한 경험에서 얻은 지식을 바탕으로 일종의 해부도인 『장지藏志』를 발간하였다. 야마와키 외에도 일본

4 「에비슨 박사 소전」, 『기독신보』 제867호, 1932년 7월 13일.

5 김성수, 「에도시대 해부학의 발전」, 『의사학』 21-1, 2012, 101-140쪽.

에서는 비슷한 시기에 여러 사람들이 주로 사형수의 시체를 대상으로 인체 해부를 실시하였다. 그들 중에 스기타 겐파쿠杉田玄白(1733-1817)가 있었다. 그는 독일인 쿨무스Johan Adam Kulmus가 쓴 해부학서의 네덜란드어 번역본을 보고 경탄을 한 나머지, 이 책의 번역을 결심하였다. 그가 참고할 아무런 자료가 없는 상태에서 고군분투하며 번역한 책이 1774년에 출판된 『해체신서解體新書』였다. 이 책의 출간은 동아시아에 서양의학이 수용되는 과정에서 일어난 기념비적인 사건이다.

왜냐하면 해부학이라는, 동아시아에는 존재하지 않는, 인체의 구조에 관한 새로운 학문이 처음으로 동아시아의 언어인 한문으로 옮겨졌기 때문이다. 스기타는 『난학사시蘭學事始』에서 번역과정의 고충을 토로했는데, 그 내용은 에비슨이 아무런 참고자료도 없이 그레이의 『해부학』을 번역하며 겪은 어려움과 거의 같은 것이었다. 해부학 서적의 번역에서 가장 어려운 문제는 인체의 각 부분을 지칭하는 수많은 해부학 용어들에 대한 번역어를 만드는 것이다. 물론 머리·손·발과 같이 인체의 각 부위를 나타내는 기본적인 어휘나 간·위·허파 등과 같이 육안으로 쉽게 구별할 수 있는 내부 장기에 대한 어휘는 어느 나라 말에나 존재한다. 그러나 서양의 근대해부학은 인체의 각 부분만이 아니라 유래 없이 혈관 하나하나, 근육 하나하나, 뼈 하나하나에 모두 이름을 붙였기 때문에 기존의 어휘로 이를 대신하는 것은 불가능했다. 따라서 많은 용어들을 새로 만들어내어야 했다. 스기타 겐파쿠는 자신이 해부학 용어의 번역어를 어떻게 만들었는가를 다음과 같이 기술하고 있다. 이를 앞에서 인용한 에비슨의 경험과 비교하는 것도 흥미롭다.

가능한 중국인이 사용해온 과거의 술어를 사용하여 번역하고 싶다고 생각했으나, 한문 용어가 말하고 있는 것과 네덜란드어 명칭이 지칭하는 것이 일치하지 않는 경우가 많고, 어느 쪽으로 해도 곤란한 경우가 있었다. 그러나 이리저리 궁리한 결과 뭐라고 해도 우리들이 새로운 학문의 창시자가 되는 것이므로 결국 우선 사람들이 알기 쉽도록 하는 것에 주안점을 두는 이외에 다른 방법이 없다고 방침을 정했다. 그렇게 하여 어떤 경우에는 네덜란드어와 동의어인 일본어에 대응시켜 번역(飜譯, 여기서는 對譯의 의미)하고, 어떤 경우에는 네덜란드어의 의미를 기초로 한 신조어로 의역(義譯, 여기서는 意譯의 의미)하고, 또 어떤 경우에는 네덜란드어의 음에 한자를 대응시켜 직역(直譯, 여기서는 音譯의 의미)하는 등 다양한 방법으로 궁리하여 …[6]

『해체신서』의 출간 이후에는 실제 해부가 더욱 빈번하게 행해졌으며, 해부학 책들도 더욱 많이 출판되었다. 사실 에비슨이 제중원에서 그레이 『해부학』의 번역작업에 몰두하여 고심하던 무렵 일본에서는 이미 다수의 서양의학 교육기관에서 의학교육이 본격적으로 이루어지고 있었다. 그래서 일본어로 된 해부학 교과서가 이미 여러 종류 출판되어 사용되고 있는 상황이었다.

한편 중국의 해부학 서적 출판은 일본보다 늦었다. 물론 16-17세기에 서양의 예수회 선교사들에 의해 앞에서 언급한 『태서인신설개』나 『주제군징』과 같이 일부 의학과 관련된 책들이 저술된 바가 있었다.[7] 그러나 이 책들은 근대의학의 내용이 아니라 주로 갈레노스에 기초한 서양고대의학의

6 杉田玄白 著, 芳賀徹·緒方富雄·楡林忠男 譯, 『『蘭學事始』ほか』, 中央公論社, 2004, 52쪽.

7 신규환, 「청말 해부학 혁명과 해부학적 인식의 전환」, 『의사학』 21-1, 2012, 67-100쪽.

중세적 변용을 소개한 것이었다.[8] 중국에서 출간된 서양의 근대해부학 서적은 영국인 선교의사 홉슨이 저술한 『전체신론』이었다. 이 책은 중국뿐 아니라 조선과 일본을 포함한 동아시아에 널리 전해져 서양의 근대해부학 지식을 소개하는 데 중요한 자료로 사용되었다. 특히 일본에서는 이 책이 별도의 판본으로 다량 찍어낼 정도로 아주 인기가 있는 해부학 서적이었다.

이처럼 일본과 중국에서 이미 상당한 해부학 서적이 번역 혹은 저술되어 있는 상황에서 에비슨이 해부학 용어의 번역어를 처음부터 만드는 어려운 길을 택한 이유는 분명치 않다. 중국과 일본에서 나온 해부학 책에 대한 정보가 없었기 때문일 수도 있고, 아니면 새롭게 번역하고자 했기 때문일 수도 있다.

어쨌든 이는 쉽지 않은 과정이었고 원어에 적합한 번역어를 찾아내지 못할 경우에는 불가피하게 소리대로 표기하는 음역으로 용어를 만들기도 했다. 그렇다면 이들은 전혀 낯선 서양의 해부학 용어를 어떻게 한국어로 옮겼을까? 그리고 그 용어들은 앞서 일본과 중국에서 번역한 용어들과 어떻게 달랐을까? 아쉽게도 처음 번역된 원고가 남아있지 않아 그 실상은 알 수 없다. 1899년 에비슨은 안식년으로 조선을 잠시 떠나며 그동안 작업한 해부학 번역 원고를 조수에게 맡겼다. 그런데 에비슨이 안식년으로 조선을 떠난 동안 원고를 보관하던 조수가 병으로 죽었다. 관습에 따라 죽은 이의 유품은 불태워졌는데, 그 가운데에는 그가 보관하고 있던 번역 원고도 있었다. 만약 이 원고가 남아있다면 시기는 늦었지만 일본의 『해체신서』에 비견될 새로운 해부학 용어 번역의 전범을 가질 수 있었을 것이고,

8 여인석, 「'주제군징'에 나타난 서양의학이론과 중국과 조선에서의 수용 양상」, 『의사학』 21-2, 2012, 251-278쪽.

또 조어방식의 차이에 대한 귀중한 연구자료가 될 수 있었을 것이다.

1900년 안식년을 마치고 돌아온 에비슨은 그간 힘들여 번역했던 원고가 사라졌다는 사실을 알게 되었다. 맥이 빠지는 일이었겠지만 그는 번역 작업을 재개했다. 그런데 이번에는 해부학 교과서 번역뿐 아니라 의학공부에 필요한 다른 과목 교과서의 번역도 함께 시도했다. 그리고 첫 번역 때와는 달리 중국어와 일본어로 된 의학 교과서를 구해 용어 번역에 참고 했다. 중국어와 일본어 의학 교과서는 모두 의학용어를 한자어로 만들었지만 한자어 조어 방식의 차이에 따라 동일한 용어를 달리 번역한 경우도 적지 않았다. 두 번째 번역과정에 대해 에비슨은 다음과 같이 회고하고 있다.

> 이와 동시에 우리는 중국에서 중국어로 된 의학서적을 많이 구입했다. 중국에는 서양으로부터 의료선교사들이 조선보다 훨씬 일찍 들어와서 의학서적을 중국말로 준비한 것이 많았다. 이 책들을 참고하는 가운데 도움을 받은 것이 많으나 어떤 것은 조선에 적당치 않게 된 것도 상당히 많았었다. 교과서 전부를 다 준비하기 이전에 일본 것을 구입하여 참고한 것도 많았는데 대개는 문부성에서 의학교 교과서로 준비한 것들이었다. 일어로 된 교과서 중에도 중국어로 된 교과서와 같은 술어를 쓴 것이 많았으나 어근은 같은 것이로되 서로 다르게 쓴 것도 많았으므로 두 가지를 참고하여 조선에 적당하도록 새로 만든 것도 상당히 많게 되었다.[9]

중국어와 일본어 의학 교과서를 참고하여 번역했기 때문에 이전과 같이 참고할 대상이 하나도 없는 막막한 상태에서 번역하는 어려움은 많이

---

9 「에비슨 박사 소전」, 『기독신보』 제867호, 1932년 7월 13일.

덜었겠지만 중국과 일본과는 또 다른 한국어의 한자어 조어법에 따라 취사선택했고 또 어느 쪽도 적합하지 않을 경우는 새로운 용어를 만들기도 했음을 알 수 있다.

그런데 불행히도 일본과 중국 의학서적을 참고하여 번역한 두 번째 그레이 『해부학』 번역 원고 역시 빛을 보지 못하고 말았다. 그렇다고 해부학을 가르치지 않고 의학교육을 할 수는 없었기에 에비슨은 세 번째로 해부학 교과서의 번역작업에 착수했다. 다만 이번에는 그간 번역의 대본으로 했던 그레이 『해부학』을 포기하고 일본어 해부학 교과서를 대본으로 하여 번역한 해부학 교과서를 1906년 제중원에서 출판하였다.

5. 약물학 교과서의 번역과 출판

제중원 의학 교과서는 1905년의 약물학 교과서를 시작으로 1910년까지 출판되었는데, 이때 출판된 의학 교과서들 중 해부학·생리학·산과학·화학 등 상당수의 교과서가 일본 의학책의 번역이었다. 그렇지만 서양의학서를 번역한 경우도 있었는데 1905년 제중원 의학 교과서로는 처음 출판된 『약물학』이 그러하다. 이 책의 원본은 영국인 부르스John M. Bruce (1846-1929)가 저술한 약물학 교과서인 『약물학과 치료학(*Materia Medica and Therapeutics*)』이다.[10] 이 책은 그레이의 『해부학』과 함께 해당 분야의 대표적인 교과서로 에비슨이 캐나다에서 공부하고 가르칠 때 모두 이들

10 박준형·박형우, 「제중원에서 『약물학상권(무기질)』의 번역과 그 의미」, 『의사학』 20-2, 2011, 327-354쪽.

책을 교재로 사용한 경험이 있었다. 그랬기 때문에 조선에서 교재를 만들 필요성이 제기되자 자신에게 익숙하면서도 영어권의 대표적인 이들 의학서를 번역할 생각을 한 것으로 보인다.

한 가지 주목할 점은 『약물학』 이후에 출판된 제중원의 의학 교과서에는 번역자의 서문이 없는데, 『약물학』에만 유일하게 서문이 있어 번역의 과정과 출판의 경위 등을 알려주고 있다는 사실이다. 이 서문은 다른 의학 교과서 번역에도 중요한 역할을 한 김필순의 서문이 실려 있다. 김필순은 서문에서 본서가 몇 종류의 약물학 책을 바탕으로 에비슨이 편집한 내용을 번역한 것이라고 밝히고 있다. 그리고 약의 이름과 병의 이름은 아직 우리말 용어가 없는 것이 많아 일본에서 만든 번역어를 차용하거나 자신이 직접 만든 번역어를 만들기도 했다고 전하고 있다.[11]

김필순은 서문에서 우리나라의 전통적 의약이 서양의 의약과 다른 점을 두 가지로 파악한다. 하나는 우리나라의 전통의약은 서양과는 달리 해부를 하지 않으므로 그 증상을 정확히 파악하지 못한다는 점이고, 다른 하나는 전통의약이 화학을 알지 못하므로 약재를 정밀히 조제하지 못하고, 또 약재의 성질을 정확하게 파악하지 못하여 의료사고와 같은 위험한 일도 적지 않게 일어난다는 것이다.[12] 즉 김필순은 전통의학의 치료가 해부학 지식과 화학 지식의 결여로 인해 부족한 점이 많을 뿐 아니라 그로 인해 환자를 위험에 처하게 만들 수 있다고 경고하고 있는 것이다. 이전의 동서양 의학 비교에서 주로 언급되는 차이점은 해부학에 집중되어 있었다. 즉 서양의학은 인체의 구조에 대한 정밀한 지식을 해부학을 통해 축적해온

11 어비신·김필순 역, 「셔」, 『약물학상권(무기질)』, 제중원, 1905.

12 어비신·김필순 역, 『약물학상권(무기질)』.

점이 동양의학과는 크게 다른 점으로 부각되어 온 것이다.

그런데 여기서 김필순은 해부학과 함께 약물학 지식의 차이를 거론하고 있으며 그 주된 차이는 약물학이 화학이라는 기초과학을 토대로 하고 있느냐 아니냐에 달려 있다고 주장하고 있는 것이다. 이러한 언급은 우리나라의 서양의학 수용이 새로운 국면에 접어들었음을 말해준다. 즉 그때까지 서양의학에 대한 인식은 서양의학이 한의학과는 달리 인체구조에 대한 정확한 지식, 즉 해부학을 발달시킴으로써 외과술에 효과가 있다는 정도였다. 사실 인체구조에 대한 탐구는 발상의 전환이 문제이지 일단 발상이 전환된 다음에는 이러한 방향을 추구해나가는 데 큰 장애물은 없다. 그에 반해 약물학은 화학이라는 새로운 자연과학 지식을 전제로 하고 있다는 점에서 해부학의 경우와는 다르다. 그리고 이러한 태도는 실용적인 관점에서 동서의 약물을 상호 간에 쓰지 못할 이유가 어디에 있겠느냐고 반문했던[13] 최한기의 견해와도 상당한 거리를 가지게 된다.

이제 번역된 책에 대해 살펴보자. 먼저 이 책의 원본은 전체 약 600쪽에 이르는 방대한 분량이다. 이 방대한 분량의 책을 완역하기는 어려워서, 전체 3부로 구성된 원본에서 에비슨과 김필순은 처음 1부만 번역하였다. 그렇지만 1부만 하더라도 200쪽에 가까운 분량이어서 1부도 전체를 완역한 것은 아니고 필요한 부분만 선택해 초역抄譯하였다. 내용은 이미 내한 이전에 캐나다에서 교육경험이 많았던 에비슨이 당시의 실정에 맞게 선택했을 것이다.[14]

이 책은 여러 가지 특징이 있지만, 그중에서 가장 주목할 만한 특징은

13 최한기, 「凡例」, 『身機踐驗 명남루전집』, 여강출판사, 1990, 32쪽.

14 책의 내용에 대한 부분은 박준형·박형우의 논문(2011)을 참조했다.

책 말미에 모두 66쪽에 달하는 약물학 무기질 자전을 첨부한 것이다. 이 자전은 먼저 영문명을 표제어로 내세운 자전(37쪽)과 한국어명(한글 표기)을 표제어로 내세운 자전(29쪽)의 두 종류로 구성되어 있다. 자전에 전체 책 분량의 4분의 1을 할당한 것을 보면 여기에 상당한 중요성을 부여했음을 알 수 있다. 영문 자전은 '영문명/한글 표기명/한자어/쪽수' 형식으로 이루어져 있고, 한국어 자전은 '한글 표기명/한자어/영문명 혹은 라틴어명/쪽수'로 이루어져 있다. 영문명을 표제로 내세운 자전은 원래 이 책의 원본이 영문으로 저술된 것이므로 당연한 것으로 볼 수 있을 것이다. 그러나 한국어명을 표제로 내세운 자전의 편찬은 물론 한국인이 쉽게 이용할 수 있도록 하기 위한 것이지만, 나아가 서양 학술용어의 정착이라는 의미를 부여할 수도 있을 것이다. 다시 말해 약물학은 외국 학문이지만 이제 외국어가 아니라 한국어로 옮긴 학술용어로 학문활동이 가능하게 되었음을 보여준다는 점에서 의미가 크다. 이는 서양의학이 토착화 혹은 적극적 수용 단계로 접어들었음을 말해주는 중요한 증거이다.

6. 제중원 의학 교과서의 특징

1905년의 약리학 교과서 출판 이후 1910년까지 제중원에서 출판되거나 번역이 완료 혹은 번역 중이었던 의학교재는 총 30여 종에 이른다.[15] 그런데 한두 가지 예외는 있겠지만, 이 시기 의학 교과서의 번역은 대부분 일본책의 번역이었다. 이는 서양어로 된 교과서의 직접 번역의 경우 생소한 의학용어

15 박형우, 「우리나라 근대의학 도입 초기의 의학 서적」, 『의사학』 7-2, 1998, 234쪽.

를 새로 만들어야 하는 부담이 따르지만 일본어 교과서를 번역하는 경우 그들이 이미 한자로 만든 번역 용어를 용이하게 차용할 수 있는 장점이 있었기 때문이다. 또한 1905년 통감부의 지배가 시작되며 일제의 조선 지배가 기정사실화되어 가고 있는 상황에서 의학도 결국 일본의 영향을 강하게 받을 수밖에 없었던 정치적인 상황도 상당 부분 작용하였을 것이다. 사실 한국어 의학 교과서가 사용된 것은 통감부 지배 시절이었던 1905년에서 1910년까지의 짧은 기간이었다. 1910년 한일합방 이후 1911년 사립학교령이 공포되자 사립학교에서 사용하는 모든 교재는 당국의 검열을 받아야하고 일본어 교재만 채택할 수 있게 되면서 한국어 교재는 더이상 사용할 수 없었다.

한편, 1910년 이전 의학 교과서의 편찬은 앞에서 본 바와 같이 제중원 의학교에서 가장 활발히 이루어졌다. 1899년 정부에서 세운 의학교에서도 교과서를 출판하였으나 현재 전하는 것이 많지 않아 실제로 얼마나 많은 책이 출판되었는지는 알 수 없다. 현재 전하는 의학 교과서로는 1902년에 출판된 『병리통론』과 1907년에 출판된 『해부학』이 있다. 『병리통론』은 학부 편집국에서 간행한 것으로 유창세가 번역한 것이다. 원래 무슨 책을 번역한 것인지는 알 수 없으나, 서문에 따르면 서양 교과서를 일본어로 번역한 것을 다시 중역한 것이다.[16]

다음으로는 의학교가 대한의원에 통폐합되기 직전인 1907년에 발간된 『해부학』이 있다. 이것은 의학교 1회 졸업생인 유병필의 번역으로 출판되었는데, 앞서 제중원에서 번역하고 출판한 것과 동일한 이마다 쓰카누今田束의 일본 해부학 교과서를 번역한 것이다. 시기적으로는 제중원 번역본보다 1년 후에 출판되었는데, 아마 제중원 번역본의 존재를 모르고 번역작업

---

16 「病理通論序」, 『病理通論』, 學部編輯局, 1902.

이 이루어졌던 듯하다. 이는 제중원 번역본과 의학교 번역본의 번역 문투가 사뭇 다른 것을 통해서도 알 수 있다.

제중원 번역본의 가장 큰 특징은 한글 전용의 원칙을 지킨다는 점이었다. 『해부학』뿐만 아니라 제중원에서 출간된 모든 교과서는 한글 전용의 원칙을 고수했다. 당시 여러 종류의 국문 교과서들이 발간되고 있었지만 제중원 교과서와 같이 한글 전용을 고수한 경우는 찾아보기 어렵다. 이러한 특징은 다른 분야의 교과서는 논외로 하고 당시 발간된 의학 및 관련 분야의 교과서와 비교해보아도 두드러진다. 당시에는 '생리학'이란 제목의 교과서가 여러 종류 발간되었다. 그런데 여기서 말하는 '생리학'은 해부학, 생리학이라고 말할 때 인체의 기능을 탐구하는 의학의 한 분야로서의 생리학이 아니고, 인체의 구조와 기능뿐 아니라 일반적인 생물학 지식과 위생학적 지식까지 포함한 보다 포괄적 분야를 담고 있는 책이다. 따라서 이런 '생리학'은 대학 단계가 아닌 초·중등학교의 교과서로 여러 종류가 나왔다. 그런데 이들은 예외 없이 국한문 혼용으로 되어 있으며, 대부분 일본 책을 번역한 것이다.

그럼 번역자들은 어떤 사람들이었을까? 번역자들이 알려진 경우도 있고, 그렇지 않은 경우도 있지만, 번역자가 해당 분야의 전공자인 경우는 찾아보기 어렵다. 이들 교과서는 당시 존재하던 일종의 번역팀에 의해 옮겨진 것으로 보인다. 이들은 분야에 관계없이 일본 책을 번역했다. 당시 일본에서는 서양의 과학용어에 대한 번역어가 이미 어느 정도 확립되어 사용되고 있었으므로, 이들 번역자들은 중요한 개념어의 번역은 고민할 필요 없이 일본에서 번역한 한자어는 그대로 두고 조사만 한국어로 번역하는 방법을 썼다. 따라서 학술서적의 번역이라고 하지만 새로운 학술어를 만들기 위해 고민하며 번역한 것이 아니라 거의 기계적으로 번역을 했다. 어찌 보면 비전공자가 상업적 목적으로 번역한 당연한 귀결이라고 볼 수도 있다.

그런데 이러한 기계적 번역은 비단 비전공자가 번역한 경우에만 나타나는 것이 아니라 전공자에 해당하는 사람에 의한 번역에도 나타난다. 앞서 언급한 유병필의 『해부학』 번역본은 이러한 문제를 그대로 드러내고 있다. 유병필은 의학교 1회 졸업생으로 의학 교과서의 번역뿐 아니라 당시의 잡지에 의학과 보건 관련된 계몽적 글을 많이 발표한 의사였다. 그리고 이러한 문제는 동일한 해부학 책의 제중원 번역본과 의학교 번역본을 비교해보면 더욱 확연히 나타난다. 먼저 제중원 번역본은 한글 전용의 원칙을 지켰고 가능한 한자어를 우리말로 바꾸어 번역하고, 한자어가 필요한 경우에는 괄호 속에 넣었다. 반면 의학교 번역본은 국한문 혼용으로 일본 서적에 나온 한자어를 그대로 옮기고 토씨 정도만 우리말로 단 것이다. 이 책 서론 처음의 몇 문장이 어떻게 번역되었는가를 비교해보면 어떤 태도로 번역에 임했는가가 확연히 나타난다. 먼저 제중원 번역본의 해당 문장은 다음과 같이 시작된다.

> 해부학은 계통해부학(系統解剖學)과 국소해부학(局所解剖學)과 태생학(胎生學)과 및 비교해부학(比較解剖學)을 통칭함이니 대개 해부라 하는 말의 근본말은 Anatomia니 이는 유기체(有機體)를 각 조직으로 버혀난 하는 뜻이라. 대개 유기체의 근본은 한 개의 세포로부터 자라며 변화하여 드디어 각 기계와 각체를 이루느니라.[17]

동일한 부분의 의학교 번역본은 다음과 같다.

---

17 今田束 저, 김필순 역, 『해부학(권1)』, 제중원, 1906, 1쪽.

> 解剖學은 系統解剖學, 局所解剖學, 胎生解剖學及比較解剖學을 總稱함이니 盖 解剖란 語는 有機體를 各個로 截解하는 義라. 大抵 有機體의 原基는 一個細胞로부터 生育變化를 由하야 各器各體를 組織하나니라.[18]

여기서 의학교 번역본은 기존의 일본어 책에 토씨만 단 정도의 책으로, 사실 엄밀한 의미에서 번역본이라고 말하기 어려운 수준이다. 반면에 제중원 번역본은 일단 한글 전용이고 주요한 한자어 용어는 한글 표기 뒤에 괄호 안에 넣었다. 그리고 의학용어 이외의 다른 단어들도 가능한 이해하기 쉬운 말로 옮기기 위해 노력하였다. 예를 들어 '자른다'는 의미의 '절해截解'를 '버히다'는 우리말로 옮기고, '原基'는 '근본'으로, 또 '生育變化'는 '자라며 변화하여'로, '組織'은 '이룬다'로 옮기고 있다. 이처럼 제중원 번역본은 한글 전용이라는 원칙을 세우고 그것을 실현하는 과정에서 많은 고심을 했음을 엿볼 수 있게 한다. 한글 전용은『해부학』교과서만이 아니라 이후 제중원에서 출간된 모든 교과서에 적용된 원칙이었다.

한글 전용은 단순히 문체상의 문제만은 아니다. 해부학 교과서 번역의 사례에서 볼 수 있는 바와 같이 한글전용은 '자기화'의 노력과 고민이 필연적으로 수반된다. 국한문 혼용체에서는 이러한 고민이 생략되거나 불필요하게 된다. 특히 주요 어휘들이 한자어로 번역되어 있는 일본어 서적의 번역은 더욱 그러하다. 따라서 제중원 교과서가 한글 전용으로 집필되었다는 사실은 서양의학의 토착화 혹은 적극적 수용을 위한 노력이 이루어졌고, 그러한 노력이 결실을 맺었음을 말해주고 있다.

---

18 今田束 저, 유병필 역,『解剖學』, 度支部 印刷局, 1907, 1쪽.

7. 맺음말

1905년에서 1910년까지 제중원에서 한글 전용을 원칙으로 하는 의학 교과서들이 출판되었다. 비록 5년이라는 짧은 기간 동안이었지만 의학의 중요한 분과 교과서들이 다수 출판되었고, 출판을 준비 중에 있는 책들도 여럿 있었다. 당시 기록을 보면 에비슨은 의학의 전 영역에 걸친 국문 의학 교과서 발간을 목표로 했다. 에비슨이 계획하고, 또 실제로 출판했던 책에는 의학 교과서만이 아니라 물리학, 화학 등 자연과학에 대한 책들도 있었다. 이는 요즘의 예과 과정에서 배우는 자연과학의 교과서에 해당하는 책들이었다.

그런 종류의 자연과학책은 당시 제중원에서 발간된 것이 유일하지는 않았다. 그렇지만 당시 발간된 자연과학 교과서들은 대부분 중등용 교재였고, 대학 수준의 전문교재는 아니었다. 반면 제중원에서는 무기화학 교과서(1906)와 유기화학 교과서(1909)를 각각 출판하였다. 이처럼 화학을 유기화학과 무기화학으로 나누어 공부하는 것은 중등학교 수준의 초보적 내용은 아니다. 따라서 제중원에서 출판된 각종 교과서는 우리나라의 의학뿐 아니라 자연과학의 토착화와 적극적 수용의 역사에서도 지극히 커다란 중요성을 가진다고 할 것이다. 다만 이러한 의미 있는 노력과 시도가 1910년 일제의 강점으로 좌절되어, 국문 의학 교과서는 자취를 감추고 이후 일본어 교과서로 공부해야 하는 상황이 광복까지 지속된 점은 안타깝다. 이런 의미에서도 제중원의 국문 의학 교과서 편찬 노력과 성과는 단지 의학의 영역만이 아니라 우리나라의 서양학문 도입사에서 그 의의를 더욱 적극적으로 평가할 필요가 있을 것이다.

참고문헌

자료

「에비슨 박사 소전」, 『기독신보』 제867호, 1932년 7월 13일.

Quarto Centenial. Papers read before The Korea Mission of the Presbyterian Church in the U. S. A. at the Annual Meeting in Pyeng Yang. August, 1909.

연구논저

今田束 저, 김필순 역, 『해부학(권1)』, 제중원, 1906.

今田束 저, 유병필 역, 『解剖學』, 度支部 印刷局, 1907.

김대원, 「정약용의 의령」, 『한국보건사학회지』 2, 1992.

김성수, 「에도시대 해부학의 발전」, 『의사학』 21-1, 2012.

박준형 · 박형우, 「제중원에서 『약물학상권(무기질)』의 번역과 그 의미」, 『의사학』 20-2, 2011.

박형우, 「우리나라 근대의학 도입 초기의 의학 서적」, 『의사학』 7-2, 1998.

「病理通論序」, 『病理通論』, 學部編輯局, 1902.

신규환, 「청말 해부학 혁명과 해부학적 인식의 전환」, 『의사학』 21-1, 2012.

어비신 · 김필순 역, 「셔」, 『약물학상권(무기질)』, 제중원, 1905.

여인석, 「'주제군징'에 나타난 서양의학이론과 중국과 조선에서의 수용 양상」, 『의사학』 21-2, 2012.

여인석, 「최한기의 의학사상」, 『의사학』 2-1, 1993.

최한기, 「凡例」, 『身機踐驗 명남루전집』, 여강출판사, 1990.

杉田玄白著, 芳賀徹 · 緒方富雄 · 楡林忠男譯, 『『蘭學事始』ほか』, 中央公論社, 2004.

ㄱ

가금(柯琴) 167, 168
가쓰라가와 호슈(桂川甫周) 55
가와구치 신닌(河口信任) 51, 70, 88
가와이 나오히사(河合尙久) 43
가지와라 쇼젠(梶原性全) 19
가코 료겐(加古良玄) 167
갈레노스(Claudios Galenos) 83, 252
갈바니(Luigi Galvani) 96
감정의 몸 165, 166, 170
『갑을경』 21
『격체전록(格體全錄)』 31
게빌롱(Jean Francois Gerbillon) 31
경성의전 규분사건(京城醫專糾紛事件) 103
경성의전 해부학교실 102, 112
경성의학전문학교(京城醫學專門學校) 101
고방파(古方派) 81, 150
고시 호요쿠(高志鳳翼) 48, 167
고조 바이케이(古城梅溪) 101
『골계료치중보기(骨繼療治重寶記)』 48, 167
공간지형학의 몸 165, 166, 170
공거중(龔居中) 21
공정현(龔廷賢) 128
『광혜제급방(廣惠濟急方)』 167
구마가이 요시카쓰(熊谷儀克) 58, 60
구보 다케시(久保武) 101, 105, 113
구보 망언 사건 101, 103
구상(九相) 45, 46
구상도(九相圖) 53, 54, 166
구희범오장도(歐希範五臟圖) 19, 77
국립한글박물관본 『해부학』 권1 219～221
국제표준해부학용어집(BNA, Basle Nomina Anatomica) 198
그레이(Henry Gray) 192, 201, 223, 249
그레이 『해부학』 202, 255
기요노 겐지(淸野謙次) 117
김성(金聲) 86
김필순(金弼淳) 185, 203, 226, 228, 256, 257

ㄴ

나카가와 준안(中川淳庵) 55, 188
『난경·사십이난』 22
난학(蘭學) 66, 195
『난학계제(蘭學階梯)』 66

『난학사시(蘭學事始)』 56, 66, 251
내선일체(內鮮一體) 114
네고로 도수쿠(根來東叔) 45
네덜란드의학 194
뇌 23, 24, 52, 85, 88
뇌기근(腦氣筋) 96
니담(J. Needham) 134
니담테제 134

ㄷ

다구치 가즈요시(田口和美) 195, 196, 200, 201
다양성(diversity) 141, 145
다원성(plurality) 141, 142, 145
다중심성(polycentricity) 141, 145
다키 모토노리(多紀元德) 167
대분열 담론(The Great Divide) 130
대한황성제중원 211
데지마(出島) 38
『도장(道藏)』 16
도쿄대학 의학부 193, 194
독일의학 194, 200
『돈의초(頓醫鈔)』 19
『동의보감(東醫寶鑑)』 128
동인도회사 38
두베르니(Joseph-Guichard Du Verney) 31
둔게른(Emil von Dungern) 118
디오니스(Pierre Dionis) 31
딕텐(Gerardus Dicten) 58, 73

ㄹ

란트슈타이너(Karl Landsteiner) 118
레멜린(Johann Remmelin) 41

ㅁ

마랑(Pierre Marin) 56
마에노 료타쿠(前野良澤) 55, 73, 188
마테오 리치(Matteo Ricci, 利瑪竇) 30, 68, 85, 244
『만병회춘(萬病回春)』 22, 128
『만병회춘』 측신인도(側身人圖) 21
『만수단서(萬壽丹書)』 장부편(臟腑篇) 21
『만안방(萬安方)』 19
만주-한국인형(The Manchu-Korean type) 107
말레이-몽골형(The Malayan-Mongol type) 108
메이지 정부 190, 192, 194
모더니즘 129, 162
모르가니(Giovanni Morgagni) 65
모토키 료이(本木良意) 41
『무원록(無寃錄)』 42

ㅂ

박제의국(朴濟醫局) 32
박제의학교(朴濟醫學校) 32
방이지(方以智) 79, 80
『번역신정명의해(翻譯新定名義解)』 197

베살리우스(Andreas Vesalius) 40, 65
베슬링(Johann Vesling) 50, 188
벨츠(Erwin von Bälz) 107, 108, 120
변증논치(辨證論治) 131
『본초강목(本草綱目)』 92, 244
『본초비요(本草備要)』 86, 92
부베(Joachim Bouvet) 31
블란카르트(武蘭加兒) 89

ㅅ
『사기(史記)』 편작창공열전(扁鵲倉公列傳) 14
『사기정의』 21
사토 다케오(佐藤武雄) 119
『상과휘찬(傷科彙纂)』 167, 168
상관의(商館醫) 38
『상한래소집(傷寒來蘇集)』 167, 169
『상한론(傷寒論)』 65, 135, 169
생기신기(生機神氣) 95
생체계측학(Biometrics) 102
샴베르거(Caspar Schamberger) 39
『서국기법(西國記法)』 30, 85
『서설내과찬요(西說內科撰要)』 189
섭계(葉桂) 167
『성호사설(星湖僿說)』 245
세브란스병원의학교 185
『세원집록(洗寃集錄)』 42
센다이의학전문학교(仙台醫學專門學校) 195
『소우주감(小宇宙鑑, Catoptrum microcosmicum)』 41
『수진십서』 18
스기타 겐파쿠(杉田玄白) 55, 66, 73, 75, 88, 163, 188, 251
스와라야 이치베(須原屋市兵衛) 58
스즈키 분타로(鈴木文太郎) 198
스피겔(Adriaan van de Spiegel) 40
시가 기요시(志賀潔) 105
신(神) 91
신경(神經) 88, 188
신경액 91, 93
신기(神氣) 94
『실용해부학(實用解剖學)』 185, 196, 198, 200~203, 211, 233
실행 스타일 159~161
심장신(心藏神) 87
12장기 15
쓰자키 다카미치(津崎孝道) 102, 111

ㅇ
아담 샬(John Adam Schall von Bell) 85, 244, 245
아오키 곤요(青木昆陽) 56
아이누형(The Ainu type) 108
알레니(Giulio Aleni) 244
알렌(Horace Newton Allen) 184, 247
야마와키 도요(山脇東洋) 19, 46, 49, 69, 162,

187, 250
『약물학』 255, 256
『약물학과 치료학(Materia Medica and Therapeutics)』 255
양개(楊介) 19
『양의탐원론(瘍醫探源論)』 167
양학(洋學) 66
『영추(靈樞)』 14, 21
『영추』 경수편(經水篇) 77
에비슨(Oliver R. Avison) 184, 185, 199, 201, 202, 204, 226, 228, 235, 248~255, 257
연결성 141, 145
연라도(烟蘿圖) 18
연진인(燕眞人) 18
영미권의학 194
오기노 겐가이(荻野元凱) 51
오다노 나오타케(小田野直武) 60
오리엔탈리즘 130
오쓰키 겐타쿠(大槻玄澤) 66, 76, 82, 93
오장도(五臟圖) 73
오장육부 23, 24
왕굉한(王宏翰) 79, 80
왕사웅(王士雄) 167, 169
왕앙(汪昻) 86, 92
왕청임(王淸任) 31, 162
'왜-아니(why-not)'류의 질문 134, 135
요시오 고규(吉雄耕牛) 51
우다가와 겐즈이(宇田川玄隨) 189
우에다 쓰네키치(上田常吉) 102, 111
우주론적 몸 165, 166, 170
『유경도익(類經圖翼)』 경맥도(經脈圖) 22, 72
『유경도익』 골도(骨度) 72
『유경부익(類經附翼)』 166
유럽중심주의 129, 162
유병필 185, 229, 259, 261
유부(兪跗) 14
유인본(油印本) 216
유지(劉智) 86
음양오행론(陰陽五行論) 65, 80
『의림개착(醫林改錯)』 31, 162, 163
『의방유취(醫方類聚)』 오장도(五臟圖) 17
의성(醫聖) 84
『의종금감(醫宗金鑑)』 167
『의종필독』 22
의학교 『해부학』 230, 231, 234
의학교 번역본 261
의학교육 184
『의학원시(醫學原始)』 87, 204
『의학입문(醫學入門)』 22, 23, 27, 28, 128
『의학입문』 장부도(臟腑圖) 20
이노우에 마사시게(井上政重) 39
이마다 쓰카누(今田束) 185, 198, 211, 226, 259
이마무라 유타카(今村豊) 102, 111, 112
이분법 130

이시진(李時珍) 92, 244
이익(李翼) 245
이천(李梴) 27, 128
『인신도설(人身圖說)』 30, 245
인종계수 118, 119
일본인 단일민족설 117
일본인 혼합기원설 114
일선동조론(日鮮同祖論) 114
『임증지남의안(臨證指南醫案)』 167

ㅈ
자식정기(滋息精氣) 95
장개빈(張介賓) 166
장상론(臟像論) 65
『장지(藏志)』 69, 162, 169, 187, 250
『전체신론(全體新論)』 96, 195
『절굉요결(折肱要訣)』 167
『정리론(正理論)』 92
정약용(丁若鏞) 245, 246
정체관념(整體觀念) 131
제중원 184, 248
제중원『해부학』 216, 226, 227, 230, 231
제중원『해부학』국립한글박물관본 215
제중원『해부학』독립기념관본 215
제중원『해부학』서울대병원본 215
제중원『해부학』연세대 동은의학박물관본 215
제중원『해부학』장서각본 215
제중원『해부학』한독의약박물관본 215
제중원 번역본 261
제중원 의학 교과서 258
「조선인 및 근린종족 체질인류학적 연구(朝鮮人及近隣種族體質人類學的研究)」 113
「조선인의 체질인류학에 대한 연구(Beitrage zur physischen Anthropologie der Koreaner)」 106
존사사상(存思思想) 16
존진도(存眞圖) 19, 77
존진환중도(存眞環中圖) 166
주돈이 29
주비원(朱費元) 167
『주제군징(主制群徵)』 85, 245, 252
중심-주변확산모형 133, 148
『중정해체신서(重訂解體新書)』 61, 66, 76, 197, 204
중화주의 162
지볼트(Philipp Franz von Siebold) 62

ㅊ
체질인류학(Physical Anthropology) 101, 102, 107, 110, 111
최한기(崔漢綺) 246, 257
『치종지남(治腫指南)』 166, 168
친견개정장부도(親見改正臟腑圖) 31
『침구취영』 22

ㅋ

카스파르(加私巴縷) 89
쿤(T. Kuhn) 142
쿨무스(Johan Adam Kulmus) 37, 60, 73, 89, 188, 251
퀘인(Jones Quain) 192, 201

ㅌ

태극 29
『태극도설』 26
『태서인신설개(泰西人身說槪)』 30, 245, 252
테렌츠(Johann Terrenz Schreck, 鄧玉函) 30, 245

ㅍ

파레(Ambroise Paré) 40
파레닝(Dominique Parennin) 31
폼페(Johannes Pompe) 79
풍우란(馮友蘭) 134

ㅎ

하나우라의학교(華浦醫學校) 194, 195
하비(William Harvey) 31, 65, 90
하트(合盧多) 91
한글 해부학 교과서 185, 187
『한서(漢書)』 왕망전(王莽傳) 14, 16
『한의학 순환구조론』 170
『해부람요(解剖攬要)』 195, 200, 201
해부학 245, 247, 248, 250, 257
해부학극장 164
『해부학명휘(解剖學名彙)』 198
『해부학용어(解剖學用語)』 198
해부학회(Anatomische Gesellschaft) 197
『해부훈몽』 196
『해시편(解屍編)』 52
『해체신서(解體新書)』 37, 58, 60, 66, 70, 71, 73, 74, 76, 82, 88, 90, 163, 188, 196, 201, 251～253
『해체약도(解體約圖)』 58
『해체학어전(解體學語箋)』 197
허준(許浚) 128
헨더슨(James Henderson) 32
현재주의 129
혈액순환 90
혈액형인류학(Blood Group Anthropology) 103, 111, 118, 119, 120
『형영야화(形影夜話)』 163
호르터르(J. de Gorter) 189
호정광(胡廷光) 167
혼종성(heterogeneity) 144
홉슨(Benjamin Hobson) 195, 253
『화란전구내외분합도(和蘭全軀內外分合圖)』 42
활발신기(活潑神氣) 95
『황정경(黃庭經)』 92
『황제내경(黃帝內經)』 15, 25, 65

『황제내경소문』 칠편대론 29

『황제내경·영추(黃帝內經·靈樞)』 166

후카마치(深町穗積) 118

휘그주의 129

히포크라테스 83, 84

힐슈펠트(Ludwick Hirschfeld) 118

A-Z

Anatomische Tabellen 37, 57, 188

Ontleedkundige Tafelen 58, 73, 188

연세대학교 의학사연구소

2008년 5월에 설립된 국내 최초·유일의 의학사 전문 연구기관이다. 의학에 대한 역사적 연구를 통해 현대 한국사회에서 의료가 처한 현실을 역사적인 관점에서 파악하고, 근본적인 문제점을 진단하여 대안적 성찰을 내놓음으로써 의료가 한국의 문화와 현실 속에 올바로 자리잡을 수 있게 기여하고자 설립되었다. 연세대학교 의사학과 여인석 교수가 소장을 맡고 있으며, 의학사 연구 활동을 활발히 하고 있다. 향후 세계적 연구소들과 국제적인 연구 네트워크를 구축하고 의학사뿐 아니라 의철학·의료인류학 등 의료인문학과 관련된 연구와 사업을 지속적으로 전개해 나갈 예정이다.

동아시아 해부학 전통과 제중원 해부학 교과서

초판 1쇄 인쇄 2021년 3월 15일
초판 1쇄 발행 2021년 3월 30일

엮 은 이 연세대학교 의학사연구소
펴 낸 이 주혜숙

펴 낸 곳 역사공간
등　　록 2003년 7월 22일 제6-510호
주　　소 04000 서울시 마포구 동교로19길 52-7 PS빌딩 4층
전　　화 02-725-8806
팩　　스 02-725-8801
전자우편 jhs8807@hanmail.net

ＩＳＢＮ 979-11-5707-421-1 94910
979-11-5707-042-8 (세트)

• 책값은 뒤표지에 있습니다. 잘못된 책은 바꾸어 드립니다.